BUŁGARSKI BLOCZEK

JOANNA CHMIELEWSKA

BUŁGARSKI BLOCZEK

WARSZAWA 2003

Redaktor: **Anna Pawłowicz**
Korekta: **Julita Jaske**
Projekt okładki: **Włodzimierz Kukliński**
Typografia: **Piotr Sztandar-Sztanderski**

© Copyright for text by **Joanna Chmielewska**,
Warszawa 2003
© Copyright for cover by **Włodzimierz Kukliński**,
Warszawa 2003
© Copyright for the Polish edition by **Kobra Media Sp. z o.o.**,
Warszawa 2003

ISBN 83-88791-45-1

Wydawca:

Kobra Media Sp. z o.o.
UP Warszawa 48, al. Niepodległości 121
02-588 Warszawa, skr. poczt. 13
www.chmielewska.pl

Dystrybucja:

L&L Sp. z o.o. 80-445 Gdańsk, ul. Kościuszki 38/3
tel. (58) 520 35 57/58, fax (58) 344 13 38
(również sprzedaż wysyłkowa)

Druk i oprawa:
Łódzka Drukarnia Dziełowa SA

Cześć, stara, nie mam czasu ani siły na te różne wersalskie fidrygały. Rwie się ze mnie jak para z kotła! Słuchaj, ja ją nawet lubię i cenię, no dobrze, może i kocham jakoś tam, ale dłużej z nią nie wytrzymam!!!

Tak brzmiały początkowe słowa korespondencji, którą otworzyłam na pierwszym piętrze mojej klatki schodowej. Z reguły otwierałam wszelkie listy na schodach, żeby móc iść wolniej, a nawet niekiedy przystawać dla odpoczynku. Trzy wysokie piętra to było dla mnie stanowczo za dużo.

Teraz też się zatrzymałam, chociaż nie czułam się jeszcze schetana, ale list mnie zdziwił. Kogo, do licha, mógł dotyczyć? Spojrzałam na adres, zgadzał się, spojrzałam na nadawcę, nie było. Rzuciłam okiem na podpis, niewyraźny gzygzoł, który chyba już kiedyś widziałam. Nie usiłując go sobie przypomnieć, zdecydowałam się czytać dalej.

Ona chyba nie myśli, wiesz? Rozumiem, że trudno w to uwierzyć, ale jednak! Nie odczeka sekundy, bormaszyna ci warczy w pysku, a ona dzwoni, żeby natychmiast, wszystko jedno co! Gryziesz dentystę w palec, zrywasz się z fotela, lecisz załatwiać, a potem się okazuje, że obarczyła zadaniem jeszcze ze trzy osoby, jedna już to odwaliła, ale ona nie zdążyła cię zawiadomić. A dentysta obraził się na ciebie na zawsze. I ten jej sposób mówienia, spójrzmy prawdzie w oczy, napastliwy, agresywny, despotyczny, awanturniczy, ja wiem, że nie do mnie ma pretensję, ale aż mi się wszystko w środku wzdryga i protest się lęgnie. Skoki lenistwa i energii, na zmianę, nie do przewidzenia, raz ci wetknie do gęby pieczonego kurczaka, a drugi raz musisz sama gmerać u niej w lodówce, robić herbatę i zmywać. Nie, ona nie każe, bez przesady, w powietrzu jest coś takiego, o, nie wiem co, ale jest! Wpadnie w ciąg, nie popuści, zdechnij, ale zrób swoje! Wepchnie ci ofiarę, której trzeba pomóc, wal łbem w ścianę, uduś rozmówców, ofiara ci wisi na karku, życia za mało, żeby dać jej radę, a ona swoje! Przejdzie jej, koniec pieśni, umówiłaś sprawę, uzgodniłaś termin, a ona nie i nie, no i świeć oczami. Albo się zgodzi i proszę bardzo, zrobi co trzeba, ale co przeżyjesz, to twoje! I te pieniądze cholerne, dziesięć złotych to dla niej śmieć, a dla mnie może nie, co? Tylko mi nie mów, że da, pożyczy, zapłaci, sama wiem, mówię przecież, ona fajna. Ale nie do zniesienia!

No, ulżyło mi. Chyba to jest ten jej sposób mówienia i postępowania. Treść też. Powie wszystko, co jej akurat do łba wpadnie, a człowiek aż zgorzeje. Nietakt za nietaktem, nieprzyjemność za nieprzyjemnością, i żeby chociaż specjalnie, na złość, a właśnie nie! No, czasem, złośliwie. Na ogół jednak, ty sama zobacz, ona sobie z tego nie zdaje sprawy, ona nie myśli!!! I przecież znasz ją, to wszystko leci, iskrzy, cholera wie, co i kiedy nastąpi! Nie wytrzymam!!!

Wytrzymam, wytrzymam. Wypisałam uczucia i już mną nie miota. Ale gdyby jej tak ktoś powiedział, że czasem trzeba posłuchać innej osoby? Dzwonisz do niej, masz zgryzotę, słowem się nie zdążysz odezwać, bo ona ci rąbie swoje od pierwszego kopa! Osobiście też. Jakby ją gówno obchodziło, co ktoś inny myśli, czuje, chce, nic, jak głuszec,

ona dla siebie najważniejsza i wiesz, mam takie wrażenie, ona zakłada, że dla innych też. Nic nie zakłada, ma to w sobie. Nie umie słuchać. To egocentryzm chyba, nie? O jej wadach piszę, nie o zaletach, więc zaletami nie zawracaj mi głowy. Gdyby nie miała żadnych, nikt by jej nie zniósł, więc ma. Zbiorę siły, bo przede mną parę dni spokoju, i zniosę. Nie przejmuj się. Ucałowania!
Gzygzoł.

Skończyłam lekturę przed drzwiami własnego mieszkania, wygrzebałam z kieszeni klucze, weszłam do środka, zrobiłam sobie herbatę i wciąż zastanawiałam się, co, na litość boską, właściwie przeczytałam.

Było w tym coś znajomego. Nie siliłam się na razie odgadywać co, bo zaintrygowały mnie osoby. Kto to pisał i, do pioruna, o kim?! Baba o babie i do baby, same baby wchodzą w grę, jakieś ciekawe charaktery, no, adresatka mniej ważna, adresat za treść korespondencji do siebie nie odpowiada, ale te dwie pozostałe...? Jedna od drugiej w jakimś stopniu zależna, pracują chyba razem i wygląda na to, że zrywami. Ta nieznośna jest ważniejsza.

Poczułam ulgę, że to nie ja mam z nią do czynienia, też bym pewnie nie wytrzymała. Ciekawe, swoją drogą, jakie przy tylu wadach może mieć zalety? Znów mi tu zabrzęczało znajomo, ale uparcie odsuwałam tę kwestię na margines, próbując dociec nie wiadomo czego. Rozgryźć ich umysłowość, osobowość? A co ja jestem, psychiatra?

Pewne było w każdym razie, że listu żadnej z nich nie oddam, bo nie mam pojęcia, kim są. Mała strata, autorka się wypisała i zrzuciła ciężar z duszy, adresatka zaś niewątpliwie zna omawianą postać doskonale i niczego nowego by się nie dowiedziała. Mogę mieć spokojne sumienie, nic nie robiąc.

Ogólnie list mnie trochę korcił, ale zajęłam się własnymi sprawami i akurat szukałam katalogu numizmatycznego, żeby sprawdzić brakteat Jaksy z Kopanicy, kiedy zadzwonił telefon.

— Cześć, witaj — powiedziała z tamtej strony Anita, zaprzyjaźniona ze mną naczelna jednego z kolorowców. — Jak myślisz, jeśli dostałam list, zaczynający się od słowa „Joanno", to on chyba nie do mnie? Może do ciebie?

— Od kogo? — zaciekawiłam się.

— Od Grażynki.

— I co w nim jest?

— Mało treści literackiej, a za to cała dwustronnie zapisana kartka, pełna jakichś dziwnych znaczków i cyfr. I nazw geograficznych, o, Nowa Zelandia tu widzę, Australia, Francja, Jugosławia... Nazw znacznie mniej niż tej reszty.

— A! — ucieszyłam się. — To jest spis jednej takiej kolekcji filatelistycznej, chcę go dostać bardzo strasznie! Grażynka miała mi dostarczyć, żebym się zastanowiła, rwać się do tego czy nie. Skoro Nowa Zelandia, to chyba rwać. Oddasz mi?

— Bardzo chętnie, mnie potrzebne jak dziura w moście. Wpadniesz czy ci odesłać pocztą?

— A nie możesz gońcem? Tak czym prędzej?

Anita zawahała się.

— Właściwie mogę. Musiałby trochę zboczyć, więc jeśli dasz mu pięć złotych napiwku...

— Dam mu z przyjemnością nawet dziesięć złotych! Czekam na to w silnych emocjach, więc niech już leci!

— No dobrze, zaraz go wypchnę.

Porzuciłam brakteat Jaksy z Kopanicy na korzyść katalogów filatelistycznych i opróżniłam kawałek stołu, żeby mieć je gdzie położyć. Więcej płaszczyzn poziomych nie posiadałam, a jeśli nawet posiadałam, nie były mi dostępne. Spis owych znaczków tak mnie ucieszył, że ani jednej myśli nie poświęciłam okolicznościom towarzyszącym.

Dopiero kiedy młodzieniec, bardzo zadowolony z dziesięciu złotych, dostarczył mi kopertę z nazwiskiem i adresem Anity i kiedy przeczytałam krótki komunikat Grażynki, że jedzie dalej i pocztą spis przyjdzie wcześniej niż ona wróci, coś mnie jakby delikatnie tknęło. Marnie i nędznie, bo wciąż upragniony i niecierpliwie oczekiwany spis był ważniejszy, ale gdzieś tam owo tknięcie zostawiło ślad.

Spis dotyczył kolekcji znaczków filatelisty, który umarł ze starości i cały spadek po sobie zostawił siostrze, niemal równie wiekowej, a z pewnością głupszej. Usiadła na tych znaczkach niczym kwoka na jajkach i za skarby świata nie chciała nie tylko ich sprzedać, ale nawet o nich rozmawiać, aczkolwiek w dobra doczesne nie opływała w najmniejszym stopniu. Przeciwnie, żebrała kawałka chleba w opiece społecznej. Na walorach filatelistycznych znała się jak krowa na malarstwie, cielę też patrzyło na malowane wrota, nie wiedząc co widzi, były to dla niej papierki, ukochane przez brata nieboszczyka z przyczyn niepojętych. Gdybyż jeszcze czciła pamiątki po nim, ale skąd! Powyrzucała, co jej pod rękę wpadło, nawet nowe szelki oddała księdzu, zniweczyła niemal wszelki ślad braterskiego istnienia, a znaczków tknąć nie pozwoliła.

Z szelkami zresztą wyszło jej nie najlepiej, bo podwędził je księdzu jego nieletni siostrzeniec i wykorzystał jako procę, w pierwszej kolejności wybijając szybę w zakrystii. Później dokonał jeszcze kilku innych zniszczeń, aż wreszcie złapano go razem z narzędziem zbrodni w ogrodzie zoologicznym w Warszawie, gdzie strzelał w małpy niedojrzałymi śliwkami. Właśnie w małpy, a nie DO małp, bo żadnej małpie nie zamierzał zrobić nic złego, przeciwnie, wszystkie chciał uszczęśliwić smakołykiem. Czynił to z dość dużej odległości, żeby, w razie wpadki, nie było na niego, ale miał niefart i działalność mu ukrócono.

Cała niezła polka z tego wynikła, a wieści o niej uzyskałam, bo filatelista-nieboszczyk, jego siostra i ksiądz mieszkali w Bolesławcu, gdzie Grażynka posiadała jakąś niezmiernie daleką rodzinę, wizytowaną przy okazji przekraczania granicy. Siostrzeniec księdza pochodził z Warszawy i stąd miejsce zatrzymania przestępcy. Dzięki jednakże owej rodzinie i różnym innym tajemniczym układom miała doskok do spadkobierczyni i nawet była przez nią dobrze widziana, co pozwoliło wreszcie po długich pertraktacjach zajrzeć do skarbu.

Zważywszy, iż Grażynka jechała właśnie do Drezna na ślub ukochanej przyjaciółki, a spis wykonała po drodze tam, a nie z powrotem, rzeczywiście poczta mogła być od niej szybsza. Bardzo rozumnie uczyniła, wysyłając mi go w liście.

No i tak dotarłam do listu...

Zdążyłam przedtem chciwie rzucić okiem na spis i doznać wstrząsu, bo zawierał w sobie jedną pozycję, dla mnie godną salwy armatniej. Potem już mogłam przeczytać go w upojeniu, potem wnikliwie ocenić numery katalogowe, potem otworzyć katalogi, rozpocząć sprawdzanie metodyczne i upewnić się, że mnie oczy i pamięć nie mylą, potem znów nalać sobie herbaty, a potem wreszcie, w drodze z kuchni do pokoju, oderwana na moment od cudownej lektury, pochwalić w głębi duszy Grażynkę. I wtedy właśnie pomyślałam o liście.

Usiadłam z tą herbatą przy stole, na razie omijając wzrokiem katalogi. Zaraz. Dlaczego, do licha, mój list dostała Anita? A ja dostałam jakiś inny list, skierowany nie wiadomo do kogo, wnioskując logicznie, do Anity. Grażynka pomyliła koperty. Powinnam zapewne zwrócić Anicie jej list, na wieść o spisie zapomniałam o nim kompletnie, ale teraz nic nie stoi na przeszkodzie.

Ciekawa rzecz, o kim ta Grażynka pisała...?

Kochałam Grażynkę niezmiernie, istne złoto, nie dziewczyna. Obowiązkowa, pracowita, miła, sympatyczna, uczynna, świetna w zawodzie, życzliwa, zgodna i bardzo ładna. Do tego jeszcze przyjemnie mi było pomyśleć, że przy mnie Grażynka więcej zarabia niż gdzie indziej, sama, dzięki temu, czułam się lepiej. Niewątpliwie miała jakieś tam wady, ale ja ich prawie nie odczuwałam.

O kim był jej list...?

Porzuciłam namiętność kolekcjonerską, udałam się do kuchni, znalazłam pomyloną korespondencję i przeczytałam ją ponownie. A następnie jeszcze raz.

Ślad tknięcia przeistoczył się w oparzenie trzeciego stopnia.

Znałam opisywaną przez nią osobę. Znałam ją doskonale i cierpiałam przez nią prawie przez całe życie. Była cudowna, zachwycająca i absolutnie nie do zniesienia. Nie tylko dla mnie, dla nikogo. No, z wyjątkiem ojca, który już za życia powinien był mieć aureolę i skrzydła. Była to, co tu ukrywać, moja matka.

No tak, ale Grażynka mojej matki wcale nie znała...

Niedobrze mi się zrobiło. Łyso okropnie i w ogóle głupio.

Niedaleko pada jabłko od jabłoni, tak mi się jakoś samo pomyślało. Przed myślą, że mój mąż miał rację, usiłowałam się obronić, ale atak był zbyt silny, myśl pozostała nietknięta, triumfująca i wstrętna. Jako normalny mężczyzna nie był skłonny do wnikliwej analizy psychicznej, mówił tylko zwyczajnie, że ze mną nie można wytrzymać. Awanturował się, kiedy go poganiałam. Wśród ludzi błagał niekiedy, żebym nie otwierała gęby, czyniąc to szeptem, z rumieńcem zażenowania na twarzy. Boże jedyny, możliwe, że czasem wyrywało mi się coś niewłaściwego, ale czy naprawdę było to aż tak rażące...?

A ten agresywny i napastliwy sposób mówienia...? To nie moja matka, to ciotka! Rany boskie, czy po całej rodzinie odziedziczyłam wszystkie wady?!

Podła i złośliwa pamięć podsunęła mi nagle rozmaite drobnostki. Grzecznie byłam proszona przez telefon, żebym na chwilę zamilkła, bo osoba dzwoniąca chce mi powiedzieć coś ważnego, w tym celu dzwoni, a czasu jej brakuje. Zmusiłam, też przez telefon, ciężko chorego kumpla do poszukiwania adresu, na którym mi akurat zależało, i czepiałam się go, aż zostałam odgryziona od słuchawki, tym razem niegrzecznie, przez jego oburzoną siostrę. Wtrąciłam się do jakiejś rozmowy, pojęcia nie mam jakiej, bo nic mnie to nie obchodziło, przerywając ludziom niezmiernie dla nich istotną dyskusję. Poleciałam z wizytą do przyjaciół, przejęta własnymi przeżyciami, i siedziałam do drugiej, a im się oczy zamykały, z najwyższym wysiłkiem trzymali je otwarte. Miałam nienormowany czas pracy, oni, niestety, zaczynali rano. Urocza postać...!

Dlaczego nie ukręcili mi łba? Powinni chyba...?
I ten wieczór, kiedy moja przyjaciółka tak straszliwie milczała, a mnie zirytowało, że jest jakaś niezadowolona z życia, podczas gdy ja się świetnie bawię. Należało może zapytać, co jej jest, a w dodatku wysłuchać odpowiedzi...? Jednakże naprawdę nie przyszło mi do głowy, że jej chłopak tak gorliwie współpracuje ze mną, bo bezwiednie wymienia ją na mnie, wcale go nie chciałam, mogłam współpracować z innym grafikiem i odurzenie by mu przeszło. Ale tak mi się podobała jego wściekła usłużność...! No i rozeszli się.

Nie dziwię się właściwie mojemu mężowi, że zdecydował się w końcu na rozwód, dziwię się raczej, że tyle lat ze mną wytrzymał. Czułam się ciężko urażona, kiedy mnie potępiał i krytykował, w końcu on też nie miał anielskiego charakteru, ale za to okazuje się, że miał rację. Fakt. Atmosferę musiałam chyba wytwarzać okropną!

List Grażynki wstrząsnął mną do głębi. Więc ona tak mnie widzi...

Teraz dopiero przyszło mi na myśl, że spaskudziłam jej podróż do Drezna. Wyjechała o dwa dni wcześniej, żeby mieć czas na przyduszanie baby, potem robiła spis, była solidna i obowiązkowa, z pewnością sprawdzała wszystko i konfrontowała notatki nieboszczyka-filatelisty ze stanem faktycznym. A tak chciała jechać świeżutka, wypoczęta, prosto od fryzjera i kosmetyczki! Dwa dni to przykrość nawet dla manikiuru, nie mówiąc o uczesaniu, u rodziny w Bolesławcu musiała spędzić dwie noce, a luksusów sanitarnych u nich nie było, to wiedziałam, jedna łazienka na sześć osób, z Grażynką licząc siedem, w tym dwoje małych dzieci, trzecie nieco starsze, oraz jakaś babcia. Świetny początek wystrzałowego występu!

Chyba nie oddam Anicie tego listu. Powiem jej o nim, oczywiście, ale pouczającą treść zachowam dla siebie.

☆ ☆ ☆

Grażynkę, w drodze powrotnej z Drezna, zatrzymano w Bolesławcu jako podejrzaną o zamordowanie baby od znaczków.

Czekali na nią na granicy. Opinia ludzka typowała ją na pierwsze miejsce z przyczyn następujących:

Zwłoki odkryła pracownica jednej z restauracyjnych kuchni, która to kuchnia, w porozumieniu z opieką społeczną, cicho i bez szumu, dożywiała najuboższych mieszkańców miasta i okolic. Jakieś tam resztki zawsze zostawały, całkowicie jadalne, to zupka, to kartofelki, to jarzynki, i te resztki chętnie brali biedni ludzie. Przychodziła po nie także i denatka, która zresztą miała imię i nazwisko, mianowicie nazywała się Weronika Fiałkowska. Otóż Weronika przyszła wieczorem, zabrała cały elegancki półmisek z zestawem dań, po czym nie pojawiła się o poranku, aczkolwiek poprzysięgała, że bladym świtem półmisek odniesie. Zazwyczaj była słowna i wszystko odnosiła w terminie.

Odpowiedzialna za półmisek pomocnica kuchenna zdenerwowała się i w niewielkiej przerwie pomiędzy ruchem porannym a południowym poleciała do Weroniki. Drzwi parterowego domku zastała otwarte, weszła i ujrzała zwłoki, które były zwłokami tak bardzo, że nie pozostawiały miejsca na żadne wątpliwości. Pomocnicę najpierw zatchnęło, potem wydała z siebie krzyk straszny, następnie zaś, wciąż z tym krzykiem, wypadła na zewnątrz. Scenę oglądał sąsiad, pracujący tuż obok, w swoim ogródku, aczkolwiek emeryt, to jednak w pełni sprawny umysłowo, a do tego jeszcze aplikant z prokuratury, który szedł służbowo, więc nie musiał swojej obecności na miejscu zdarzenia ukrywać. Pomocnica minęła go, lecąc biegiem, a w chwilę później pojawiła się przed nim znowu, dziko wrzeszcząc. Czas, jaki spędziła w domku, absolutnie wykluczał jakiekolwiek działanie, dzięki czemu alibi miała doskonałe.

Aplikant prokuratury stanął na wysokości zadania, wezwał posiłki i nie dopuścił do wnętrza domku ani jednej żywej istoty. Władze śledcze dochodzenie miały ułatwione.

Liczni sąsiedzi Weroniki złożyli zeznania z wielkim zapałem i z tych zeznań wynikło, że przez ostatnie dwa dni składała wizyty Weronice jedna taka przyjezdna, podobno jakaś krewniaczka nauczycielki ze szkoły podstawowej. Wczoraj w ogóle siedziała u niej, u nieboszczki znaczy, cały dzień, do późnego wieczora, a potem nikt już Weroniki żywej nie widział. Zatem niewątpliwie musiała ją zamordować krewniaczka nauczycielki.

Ponadto dom Weroniki został splądrowany i wyglądał jak po przejściu ordy tatarskiej, ewentualnie trąby powietrznej. Krewniaczka nauczycielki miała na plądrowanie mnóstwo czasu.

Na pytanie, czego też mogła szukać u jednostki tak ubogiej, ludność okoliczna udzieliła odpowiedzi zgodnie i bez wahania. Taka ona uboga, jak każdy z nich nosorożec, udawała biedotę, bo skąpa była i chciwa do obłąkaństwa. Po bracie dużo różności jej zostało, złoto nawet, dolary, pieniądze rozmaite, podobno takie zabytkowe, no i jakaś kolekcja znaczków, której nieboszczyk strzegł niczym skarbu, też pewno nie byle co. I kto ją tam wie co jeszcze. Zapytana o krewniaczkę nauczycielka, nieco zdziwiona, bez najmniejszego oporu wyznała, że owszem, była tu jej kuzynka, odwiedzała Weronikę Fiałkowską, a interesował ją zbiór filatelistyczny, pozostały po Fiałkowskim Henryku. Coś na ten temat mówiła, niewiele, a w dodatku nikt nie miał czasu słuchać, więc szczegółów nie zna. Kuzynka wyjechała do Drezna, ale za kilka dni wróci, a w ogóle o co chodzi?

Informacji oficjalnych nie uzyskała, wieść gminna jednakże dotarła do niej szybko, zdenerwowała się i zadzwoniła do Grażynki. Grażynka w tym akurat momencie uczestniczyła we wstępnych uroczystościach przedślubnych, wyłączyła zatem komórkę, po czym zapomniała ją włączyć. Komunikat, iż popełniła morderstwo i policja już na nią czeka, dotarł do niej z dużym opóźnieniem i nie został potraktowany poważnie.

Zbiór filatelistyczny byłby doskonałym motywem zbrodni i zrozumiałym celem plądrowania, gdyby nie to, że nie został zrabowany. I nawet nie był zbyt głęboko ukryty, leżał sobie spokojnie na dolnych półkach biblioteki, która poza tym zawierała w sobie ogromną ilość nadtłuczonej i popękanej porcelany. Złoczyńca, najwyraźniej w świecie, nie interesował się nim wcale, co trochę stropiło władze śledcze, pewne już bliskiego sukcesu.

Niemniej jednak Grażynka od granicy do Bolesławca dojechała w asyście i od razu zaczęła być przesłuchiwana ze względów czysto ludzkich, mianowicie z ciekawości. Zarówno przydzielony do sprawy nadkomisarz, jak i prokurator, zasugerowani cholernymi znaczkami, które powinny były stanowić przedmiot kradzieży i nie spełniły obowiązku, nie wytrzymali, żeby nie dowiedzieć się czym prędzej, o co właściwie jej chodziło i dlaczego tak nieestetycznie rąbnęła obcą babę. Znając życie, nadziei na zaskoczenie podejrzanej nie mieli, ale liczyli trochę na jej brak wiedzy o postępach w dochodzeniu.

Zaczęli nader subtelnie.

— Pani znała Weronikę Fiałkowską?

— Znałam — przyznała się od razu Grażynka.

— Czy mogłabym dostać kawy? Chętnie zapłacę, niby z bliska jadę i taka znowu strasznie zmęczona nie jestem, ale przy kawie przyjemniej się rozmawia. Chyba że panowie preferują piwo, na tym dreźdeńskim weselu do piwa przywykłam.

Panowie woleli kawę i poczęstowali przesłuchiwaną za darmo.

— Kiedy pani widziała Weronikę Fiałkowską ostatni raz?

— W przeddzień wyjazdu. Zaraz, niech policzę... Osiem dni temu.

— Była pani u niej z wizytą?

— Byłam.

— Po co?

Grażynka westchnęła ciężko.

— O, proszę panów, długo by mówić. Chcą panowie od początku czy tylko efekt końcowy?

Panowie przez chwilę byli niezdecydowani, co wywołało małą przerwę w konwersacji, aż zdanie prokuratora przeważyło. Z natury był ciekawszy niż nadkomisarz, zdążył się już przywiązać do pierwszej koncepcji śledczej i bardzo pragnął jej potwierdzenia.

— Wszystko nas interesuje, a ta ostatnia wizyta szczególnie.

— Byłam z nią umówiona — wyznała smętnie Grażynka. — Robiłam spis znaczków jej nieżyjącego brata. Właściwie przepisywałam jego spis i trochę sprawdzałam, czy się wszystko zgadza. Dosyć długo to trwało. Skończyłam i wyszłam.

— I w jakim stanie ją pani zostawiła?
— Zniecierpliwienia. Prawie w drzwiach już stała. Też chciała wyjść, wybierała się do restauracji, tak w każdym razie mówiła.
— I wyszła?
— Nie wiem. Nie widziałam.
— Jakoś nikt nie widział — skomentował prokurator z przekąsem. — Ciekawe...

Atmosfera potępienia zapanowała w pomieszczeniu, bo najwyraźniej w świecie podejrzana szła w zaparte. Nie zatrzymano jednakże Grażynki w areszcie, nadkomisarzowi coś się bowiem nie zgadzało, ponadto areszt był akurat mocno zatłoczony i nie dało się jej tam upchnąć. Wzbroniono tylko wyjazdu z miasta pod groźbą poszukiwania listem gończym.

☆ ☆ ☆

— No, rozumiesz, nie mogłam na to pozwolić, bo akurat nie mam żadnej przyzwoitej fotografii, a ta w paszporcie to istna mazepa — tłumaczyła mi się Grażynka nazajutrz. — Rozplakatują po mieście moją gębę w charakterze zmazy, jeszcze czego! Madzi na głowie siedzieć nie chcę, ale pozwolili mi zamieszkać w hotelu. No i mieszkam, sama widzisz.

Widziałam. Zamieszkałam w tym samym hotelu, w pokoju obok.

Zanim dotarła do mnie wieść o zbrodni Grażynki, zdążyłam przeczytać jej list czternaście razy, popadając kolejno w rozmaite stany. Co któryś tam raz usiłowałam wątpić, czy rzeczywiście o mnie mowa, ale powątpiewanie miało nader nikłą siłę przebicia i uparcie wracałam do pierwszej osoby. Od czasu do czasu ogarniała mnie wściekłość, nie na Grażynkę, broń Boże, i nawet nie na siebie, a na mojego byłego męża, który przez tyle lat nie umiał mi wyjaśnić, co właściwie tak we mnie gani i krytykuje. No proszę, a Grażynka jednym listem umiała...!

Zarazem przeleciała po mnie ponura ulga, że nareszcie zrozumiałam, dlaczego Janusz, mój aktualny konkubent, tak często musi ode mnie odpoczywać. Nie na żadne dziwki lata, tylko zbiera siły do dalszych kontaktów z potworem. A ja... O, mój Boże! A ja czyham na niego z rozcapierzonymi pazurami, żeby natychmiast czegoś od niego chcieć, do czegoś go zagonić, zapędzić, czegoś wymagać, obojętne, czy mają to być ciężkie zakupy w sklepie, namiętna miłość czy mycie samochodu. Może bodaj raz należałoby powitać go upieczoną kaczką, czerwonym winem i świecami na stole...? Nie, upieczoną kaczką nie, dobra tylko na świeżo, prosto z pieca, lepiej potrawką z kurczaka w sosie koperkowym.

Bo w te różne seksowne utensylia mogę się ubrać w każdej chwili. No dobrze, ubiorę się, niech mu będzie...

Doznałam wrażenia, że nie te akurat kwestie Grażynka miała na myśli, i przestawiłam się z lekkim wysiłkiem na właściwe tory. Pokwikiwał we mnie bunt, okropna jestem, przyduszam, wymagam, ale przecież nie bez powodu! Trzeba to trzeba, i nie ma co się wyłgiwać! No dobrze, ale może te parę godzin wielkiej różnicy nie zrobi...? O, różnie, czasem zrobi, czasem nie, zdaje się jednak, że moja nieznośność nie na tym polega, pracę każdy szanuje, zaraz, co ta Grażynka tam napisała...?

No a co ja na to poradzę, że muszę pracować fanaberyjnie...?

Z dużym oporem przyznałam się samej sobie, że chyba gorsza jestem na gruncie prywatnym. Ohydna pamięć miała rację, podsuwając wstrętne wspomnienia, powinnam troszeczkę liczyć się z tymi nieszczęsnymi ludźmi, mającymi ze mną do czynienia, zastanowić się czasem, w co im włażę zabłoconymi gumiakami, pohamować swoją wściekłą spontaniczność. Na własnej skórze wszak odczuwałam, jak to wygląda, nie raz, nie dwa, nie trzy...

Gwałtownie zapragnęłam poprawy.

Pierwszym objawem pozytywnym była myśl, że Grażynka trupem padnie, jeśli się dowie, że jej list trafił do mnie. Zatem nie może się dowiedzieć, za nic w świecie i nigdy w życiu.

Zadzwoniłam do Anity.

— Muszę ci coś powiedzieć w cztery oczy i ma to być straszna tajemnica na zawsze — oznajmiłam.

— Tajemnica, którą zna więcej niż jedna osoba... — zaczęła ostrzegawczo Anita.

— Wiem, ale musisz ją znać, bo inaczej coś ci się wyrwie...

— Zaraz — przerwała mi Anita. — Chyba jakoś dziwnie mówisz. Wyrwie mi się, jeśli nie będę jej znała? Jakim cudem?

— Znasz połowę. I nie wiesz, że jest to tajemnica.

— Zaciekawiłaś mnie teraz do nieprzytomności. Trudno, spóźnię się na kolegium. Mów, byle szybko!

— Dostałaś od Grażynki list do mnie. I niech cię ręka boska broni powiedzieć jej o tym!

Anita milczała przez chwilę.
— Spóźnię się gwarantowanie — zapewniła mnie.
— Ale to pewnie znaczy, że ty dostałaś list do mnie?
— Owszem. I Grażynka umrze, jeśli wykryje pomyłkę. Albo ucieknie na pustynię, też niedobrze. A listu ci nie dam.
— Dlaczego? — zdumiała się. — Skoro jest do mnie...?
— Bo jest o mnie. Nic tam więcej nie ma, tylko komplementy pod moim adresem, których nie mam chęci rozpowszechniać. Dla ciebie, jak sądzę, żadna nowość, znasz mnie od dawna, i to z najgorszej strony.
— Co ty powiesz? — zainteresowała się Anita. — Niech szlag trafi kolegium. Aż tak...?
— No proszę! — ucieszyłam się. — Wiedziałam, że mnie znasz! Więc nie musisz mnie poznawać korespondencyjnie, a ja przynajmniej odniosłam korzyść naukową. Poznaj samego siebie, czy jak to tam brzmi. Uświadomienie sobie własnych błędów jest pierwszym krokiem do poprawy, bardzo wychowawcze.
— Ty, słuchaj, ale chyba nie masz pretensji do Grażynki?
— Broń Boże, przeciwnie! Samą prawdę tam napisała i bardzo wnikliwie, chociaż w nerwach, ale z pewnością nie zamierzała mi tego powiedzieć w takich prostych, żołnierskich słowach. Więc sama rozumiesz. Poza tym ogólnie ona mnie lubi, co stanowi dużą pociechę, kiedyś ci to może pokażę, jak już zdezaktualizuję chociaż ćwiartkę. Ale niech ona się o tym nie dowie!
— Tu masz rację — zgodziła się Anita z troską.
— I musi w tym tkwić przeznaczenie, bo ja zaraz

potem, jak ci ten list odesłałam, dzwoniłam do niej na komórkę, żeby sobie pochichotać, ale szczęśliwie miała wyłączoną. A potem mówili do mnie coś po niemiecku, więc się nawet nie nagrałam. Zwyczajna łaska boska. No, dobra, będę milczeć przeraźliwie, a teraz lecę na to kolegium. Cześć!

Doznałam ulgi potężnej, na Anitę można było liczyć bez pudła. Zaczęłam nabierać rozpędu i zastanawiałam się gorączkowo, co by tu jeszcze zrobić, co odkręcić, komu zaoszczędzić jakiejś nieprzyjemności. Przypomniałam sobie faceta, któremu nie tak dawno zatrułam życie, numizmatyk, to u niego właśnie oglądałam brakteat Jaksy z Kopanicy, miał katar, numizmatyk, nie Jaksa, ponadto zdaje się, że oderwałam go od jakiegoś zajęcia, do którego bardzo chciał wrócić, a ja mu spętałam ręce i umysł. Mój ekspiacyjny rozpęd był nie do zahamowania, postanowiłam załatwić sprawę natychmiast.

Znalazłam numer, zadzwoniłam, przypomniałam mu się.

— Chciałam pana bardzo przeprosić — rzekłam ze skruchą.

— Mnie? — zdziwił się facet. — Za co?

— Za natręctwo. Pokazywał mi pan brakteat Jaksy z Kopanicy, bo czepiałam się pana jak rzep... — w ostatniej chwili powstrzymałam rwące mi się z ust słowa: psiego ogona. To by chyba też było trochę nietaktowne...? — A pan, o ile pamiętam, był zaziębiony i zajęty...

— Chwileczkę, proszę pani. To chyba jakaś pomyłka? Nigdy w życiu nie miałem brakteatu Jaksy z Kopanicy!

— Pan Józef Pietrzak? — upewniłam się po sekundzie zaskoczenia.

— Tak, to ja, ale...
— No więc tak. To u pana widziałam tę idiotyczną blaszkę...
— Jak pani może nazywać idiotyczną blaszką brakteat Jaksy z Kopanicy!
— Miałam na myśli rozmiar — usprawiedliwiłam się czym prędzej. — Z całym szacunkiem dla numizmatu. U pana...
— Niemożliwe, proszę pani. Nie miałem i nadal nie mam tego brakteatu, chociaż przyznaję, że poluję na niego od dawna.
— To może miał pan od kogoś pożyczony.
— Kto pożycza takie rzeczy?!
— Nie wiem. Ja, w każdym razie, oglądałam...
— To nie u mnie — zdenerwował się Józef Pietrzak. — Nie mam pojęcia u kogo, ale jeśli pani to sobie przypomni, bardzo proszę o informację. Też bym chętnie jeszcze raz w życiu obejrzał.

List Grażynki spowodował, że przestałam się upierać. Uświadomiłam sobie, że znów popełniam jakąś niewłaściwość, może facet ma swoje powody, żeby wyprzeć się tego Jaksy, może ktoś go słucha, może boi się rabunku, ostatecznie brakteat Jaksy z Kopanicy to raczej droga rzecz. A ja się znów czepiam.

No i proszę, pięknie mi wyszło odkręcanie nietaktu!

Diabli wiedzą jakie jeszcze głupoty zdołałabym popełnić, gdyby nie to, że zadzwoniła kuzynka Grażynki z Bolesławca z informacją o zbrodni. Grażynka właśnie wjechała do kraju, a gliny trzymają się jej pazurami. Niech coś zrobię, bo to przecież ja osobiście wypchnęłam ją do ofiary!

Tego mi już mówić nie potrzebowała, szarpnęło mną, wyjechałam o bladym świcie i wczesnym po-

23

południem znalazłam się w Bolesławcu. Z drogi zawiadomiłam o dramacie kogo tylko mogłam i, przy okazji, odbyłam kilka nad wyraz użytecznych rozmów, pilnie bacząc ze słuchawką przy uchu, czy drogówka gdzieś przede mną nie stoi. A nawet gdyby stała, za uzyskaną wiedzę gotowa byłam zapłacić dowolnie wysoki mandat.

Grażynkę znalazłam w ogródku hotelowej restauracji, melancholijnie siedzącą przy piwie. Wbrew sytuacji, kwitła urodą.

— Powiedz porządnie wszystko, jak było — zażądałam. — Nie zabiłaś jej przecież, bo na cholerę nam taki kwiatek. Chcę kupić te znaczki, a teraz nawet nie wiadomo, kto jest spadkobiercą.

— Podobno syn siostrzeńca, znaczy syna ich najstarszej siostry — odparła Grażynka z westchnieniem. — Można uczynić założenie, że prędzej sprzeda on niż nieboszczka albo jej brat. Więc owszem, motyw da się znaleźć.

— Co to za motyw, masz źle w głowie? Przecież, zabiwszy babę dla kolekcji, podwędziłabyś kolekcję! Gdzie w tym sens, gdzie logika?

— No właśnie, kolekcja została, żeby zaciemnić motyw. Inaczej byłoby za proste.

— Makiawelizm — zaopiniowałam z niesmakiem. — Przesadny.

— Gorzej, że natychmiast po zbrodni wyjechałam do Drezna. Mogłam wywieźć różne inne ukradzione przedmioty i szukaj wiatru w polu.

— Jakie przedmioty?

— Rozmaicie o tej babie mówili. Czekaj, rozumiesz, ja ją przecież znam od wieków, to znaczy osobiście od niedawna, ale z widzenia owszem. U jej sąsiada Madzia kupowała witaminy, bo nigdy nie pryskał, byłam tam parę razy, raz pomogłam tej Weronice zdejmować pranie ze sznurków przed deszczem, tak jakoś trafiłam przypadkiem, więc nawet mnie lubiła. Już się pchałam do jej brata, bo mi kazałaś, ale wtedy był chory i nie dopchałam się. A do niej owszem.

— A co o niej mówili? Przecież była biedna! Co, do licha, chcieli u niej kraść? I co za przedmioty mogłaś wywozić?

— Otóż to! — ożywiła się Grażynka. — Podobno była tylko skąpa, a wedle tego, co zrozumiałam, miała dużo. W złoto i dolary nie wierzę, ale jakieś srebra zabytkowe, jakaś pamiątkowa biżuteria, to wcale nie jest wykluczone. Sama widziałam u niej dwa świeczniki, co najmniej Księstwo Warszawskie, a może i starsze, i teraz myślę, że mogły być srebrne. Nie wiem, ile kosztuje srebrne Księstwo Warszawskie, ale darmo go nie rozdają, to pewne. No i numizmaty. Lepiej ode mnie wiesz, że prawie każdy filatelista numizmatami też się interesuje, ten jej brat mógł mieć monety, starannie ukrywane. I tych monet ktoś szukał.

Zastanowiłam się.

— Kolekcja filatelistyczna, wedle mojej pobieżnej oceny, warta jest około ośmiu tysięcy złotych. Byłam i jestem gotowa ją kupić, chociaż trochę tam jest śmiecia, ale przy pierwszych szwajcarskich Pro Juventute człowiek weźmie wszystko z dobrodziejstwem inwentarza, pomijając już nawet moją prywatną fanaberię, bułgarski bloczek numer 105. Po cenach katalogowych, no, zależy od stanu, bo jeśli trzymał to w metalowym pudełku po mleku w proszku...

— W klaserach. Widziałam.

— Jeśli zatem złoczyńca zlekceważył ten zbiór, to czego się spodziewał?

Grażynka też się zastanowiła.

— Czekaj, bo ja dopiero teraz zaczynam myśleć, przedtem byłam trochę ogłuszona. Ona, ta kolekcja, wiesz, że tego nie było dużo, leżała w czterech klaserach tak zwyczajnie, na dolnej półce koło biurka. Nigdzie nie ukryta...

— Złodziej mógł myśleć, że to gówno warte — podsunęłam żywiutko. — Bo cenne dobra powinny być rzetelnie pochowane.

— No właśnie. A gadania, że ona coś ma, było dużo.

— Samo gadanie na zbrodnię by nie wystarczyło — stwierdziłam po namyśle. — Ona przecież wychodziła z domu, nie? Mógł się zakradać etapami i szukać. Sprawdzać. Skoro poszedł i zabił, musiał mieć informacje konkretne. Ja już coś tam słyszałam, tu się wszystko szeroko rozchodzi, latała po knajpach...

— Po jednej knajpie — sprostowała Grażynka. — Miała swoją, umówioną.

— Dobrze, po jednej, dostawała pożywienie. Poszła w końcu tego wieczoru czy nie?

— Osobiście sądzę, że poszła, nie sznurowałaby butów tylko dla kamuflażu. Miała takie wysokie, staroświeckie, sznurowane buciki, mogła przecież udawać, że chce iść w czymkolwiek, bodaj w kapciach. Ale tego wyjścia nie widziałam, a co gorsza, słyszałam, jak zamykała za mną drzwi. Przekręcała klucz. Nie przyznałam się do tego policji.

— A nie ma w tym domu tylnego wyjścia? — spytałam podejrzliwie.

Grażynka zaczęła sobie usilnie przypominać.

— A wiesz... Może i jest. Ja tam bywałam od frontu, ale mi się jakoś majaczy... Jak to pranie z nią zbierałam... Część wisiała z tyłu, w ogródku, i ona jakoś z tym naręczem znikła... Wcale nie widziałam, żeby leciała dookoła domu, do frontowych drzwi!

— Zatem tylne wyjście jest i ona tamtędy wyszła — rzekłam stanowczo. — I tamtędy wróciła. Dlatego jej nikt nie widział. Gdzie leżała jako zwłoki?

— Nie mam pojęcia, nie powiedzieli mi. Z pytań wywnioskowałam, że gdzieś w środku domu, ale nie wiem dokładnie gdzie. Nie wierzą mi. Myślisz, że mnie oskarżą?

— Puknij się. Przecież brała żarcie w knajpie, skoro nazajutrz facetka przyleciała po półmisek. A ty wróciłaś do tej twojej Madzi. Tu chyba też, jak wszędzie, ludzie mają zegarki.

— Nie muszą na nie bez przerwy patrzeć — zauważyła Grażynka ponuro. — Skąd ty właściwie to wszystko wiesz? Przecież dopiero co przyjechałaś!

No owszem, przyjechałam dopiero co, ale droga z Warszawy do Bolesławca trwa parę godzin, a przez parę godzin można przez telefon załatwić mnóstwo spraw. Drogą kolejnych kumoterskich przybliżeń uzyskałam owe wstępne informacje od młodej żony protokólanta, która to żona była bratanicą dawnego współpracownika Janusza, mojego osobistego konkubenta. Złapawszy go telefonicznie późnym wieczorem, bo akurat ode mnie odpoczywał w pewnym oddaleniu, wbrew pierwotnym zamierzeniom występowania w charakterze anioła zmusiłam go do energicznych działań, które zaraz nazajutrz dały rezultat. Być może, uroczysta przysięga, że więcej nie będę, bo właśnie zmieniam sobie charakter na lepsze, wywarła swój wpływ, stwarzając mu potężne nadzieje.

Nie musiałam tych zakulisowych chodów rozgłaszać.

— Chcę to zobaczyć — oznajmiłam z wielką energią, podnosząc się od stolika. — Jadę tam. Jaki to adres, bo nie zapamiętałam?

— Co chcesz zobaczyć? — zaniepokoiła się Grażynka.

— Ten dom. I tylne wyjście.

— Gliny to chyba już sprawdziły?

— Na pewno. Ale nie szkodzi, ja też chcę.

— Czy ja muszę iść z tobą? Wolałabym nie, bo podobno morderca zawsze wraca na miejsce zbrodni...

— Owszem, jeśli zostawił, na przykład, sztuczną szczękę, która mu w nerwach wypadła...

— ...i tym bardziej by mnie posądzili. Więc tego...

— Tego, tego — uspokoiłam ją. — Siedź na tyłku, pójdę sama, tylko powiedz, gdzie to jest.

Zaopatrzona w planik, narysowany przez Grażynkę na serwetce śniadaniowej, udałam się na peryferie Bolesławca. Ciekawa rzecz, tyle razy po tym Bolesławcu błądziłam, a w okolicy domu nieboszczyka-filatelisty znalazłam się pierwszy raz. Z ciekawością przyjrzałam się okolicy.

Domek jak domek, nieduży, parterowy, z poddaszem, nawet ładny, otoczony malutkim ogródkiem. Wedle moich wyliczeń powinien mieć cztery izby, trzy pokoje z kuchnią i niewątpliwie z łazienką, bo cały Bolesławiec był przyzwoicie skanalizowany. Zabudowa dookoła prezentowała się raczej luźno, ogródki od frontu prawie się stykały, a to „prawie" pozwalało bez trudu przejść na tyły.

Przeszłam zatem na tyły.

No pewnie, że istniało drugie wyjście! Ogródek na owych tyłach był w ogóle nieco większy, odgadłam miejsce, gdzie denatka wieszała bieliznę i stwierdziłam, że dom posiada przybudówkę, jakby skrzyżowanie oranżerii z ganeczkiem, silnie ukwiecone, z pewnością można było tamtędy wejść i wyjść. Postanowiłam sprawdzić, ale nie zdążyłam.

Jakaś starszawa facetka szarpała się na drodze z potężnym ciężarem. Stękała i pojękiwała, usiłując go wlec za sobą, najwidoczniej unieść się nie pozwalał, składał się z dwóch grubych worów foliowych, grubszych niż śmieciowe, wypchanych czymś kanciastym, i robił odpychające wrażenie. Pociągała go kawałkami, to jeden wór, to drugi, wzniecając kurz i szurając żwirkiem, bo była to droga gruntowa między ogrodami, utwardzona dość przyzwoicie. Prowadziła wprost do normalnej ulicy miejskiej, znajdującej się zaledwie o pięćdziesiąt metrów dalej.

Na mój widok szarpiąca się baba powstrzymała wysiłki i otarła pot z czoła.

— Pani! — zawołała żałośnie. — Pani mi pomoże, co? Pomóż pani, o mój Jezu, bo nie dam rady!

Wcale nie chciałam jej pomagać, co innego miałam na głowie, poza tym całe życie byłam przeciwna temu, żeby ciężary dźwigały kobiety, od ciężarów są mężczyźni. Tymczasem one dźwigały, sama dźwigałam, co nie przeszkadzało namiętnym protestom mojej duszy, moralne obciążenia to jeszcze, nie można zbyt wiele od mężczyzn wymagać, ale sił fizycznych zawsze mieli więcej. Czegóż ta baba sama się tu męczy?

Podeszłam do niej z wielką niechęcią.

— Co pani z tym chce zrobić...?

Spróbowałam podnieść jeden wór i urwałam. Wedle mojego rozeznania ważył tysiąc ton, to znaczy prawdopodobnie ze dwadzieścia kilogramów, o, na pewno dygować tego nie będę! Facetka też nie powinna, na Horpynę mi nie wyglądała, a młodość miała raczej daleko za sobą.

— Chce się pani podźwignąć? — spytałam krytycznie. — Co pani tu ma takiego, na litość boską? I gdzie pani z tym idzie?

— A, nie wiem — odparła z zakłopotaniem. — To syna. Chciał, żeby do domu przenieść, a nie miał czasu, to kto ma pomóc, jak nie matka?

Miotnęło mną.

— Ja też nie mam czasu — warknęłam i pełną gębę już miałam dalszego ciągu, że chyba zgłupiała bezdennie, i to już dawno, że jak tego syna wychowała, niech teraz pokutuje za własne błędy, niech tu wrośnie w ziemię razem ze swoimi worami, ja nie tragarz, a ten syn...? Co za zwyrodnialec jakiś, żeby na matkę zwalać takie rzeczy, zbrodniarz młodociany, podlec, który źle skończy...!

I ugryzłam się w język, bo w oczach stanął mi list Grażynki. Rany boskie, zdaje się, że znów chciałam zachować się agresywnie i nietaktownie, obsobaczyć babę, zostawić ją własnemu losowi i zająć się sobą. Owszem, bardzo chciałam. A tymczasem miałam zmieniać swój zły charakter...

— Niech pani przestanie się szarpać, szkoda pani zdrowia — powiedziałam ponuro. — Niech pani tu zaczeka, podjadę samochodem i wepchniemy to do bagażnika. Podrzucę panią tam, gdzie pani się z tym wlecze, bo przenieść nijak nie da rady. Mało, że ciężkie jak piorun, to jeszcze twarde i kanciaste. Z drugiej strony domów stoję, ale zaraz tu będę.

Baba się rozpromieniła, z wyrazem wdzięczności na twarzy otworzyła usta i nagle je zamknęła. Otworzyła ponownie, wdzięczność na obliczu zmieniła jej się w zakłopotanie, zaczęła coś bąkać, ale nie słuchałam. Śpieszyło mi się, żeby odwalić samarytański uczynek i wrócić do denatki i tylnego wyjścia. Popędziłam do samochodu.

Kiedy podjechałam do baby z worami, przelazła już kawałek dalej, zazipana i zziajana. Biło od niej jakieś rozpaczliwe skrępowanie i rozterka. Najwyraźniej w świecie coś ciągnęło ją w dwie przeciwne strony, z jednej dziko spragniona była pomocy, z drugiej za nic nie chciała jechać samochodem. Uważała, że jest zbyt elegancki dla jej tobołów, czy jak...? Duży był, owszem, ale zarazem nieziemsko brudny, więc elegancją nie lśnił, poza tym zawartości bagażnika nie widać, więc co to miało znaczyć?

Nie bacząc na stan jej ducha, rozwinęłam ożywioną działalność. Baba poddała się bezradnie, wspólnymi siłami, stękając jednakowo, wepchnęłyśmy wory do bagażnika, usadziłam ją na miejscu pasażera, zjechała w dół tak, że prawie nie było jej widać, rozglądała się przy tym niespokojnie dookoła. Dziwaczna reakcja na tak skuteczną pomoc, jakiej tej ofierze dostarczyłam.

— Dokąd jedziemy? — spytałam, starając się, żeby wypadło niezbyt wrogo.

— Ja pokażę...

Było dość blisko, z drugiej strony ulicy, też na peryferiach, w podobnym otoczeniu jak tamto poprzednie. Podjechałam, ustawiając się tyłem do wąskiej furtki.

No i nie było siły, musiałam jej pomóc jeszcze i przy wyciąganiu worów. Dookoła panowała pustka kompletna, żywy duch się nie plątał, a wypatrywałam pilnie, czy nie dojrzę jakiego chłopa. Nic, ani na lekarstwo. Metodą szarpania, wściekła jak diabli, dowlokłam razem z nią nieporęczne toboły aż do samych drzwi domku. Pozostał do pokonania już tylko próg.

— Teraz może pani to rozpakować i wnosić po kawałku — zaproponowałam, tłumiąc furię. — Będzie lżej.

— A, nie, to już syn — odparła żywo zadyszana baba.

Pozbyła się jakoś niezrozumiałej rozterki i na nowo rozpromieniła wdzięcznością. Zaprosiła mnie na herbatę, uparła się, byłabym odmówiła z wielką energią, ale znów mi wszedł w paradę list Grażynki. Śpieszę się, odmówię, no dobrze, a może zrobię jej przykrość? I tak zaczynała mnie już traktować jak, co najmniej, królową Elżbietę albo świętą Teresę, jeszcze dojdzie do wniosku, że nią wzgardziłam i popadnie w kompleksy. Cholera.

Wypiłam tę herbatę, na szczęście ekspresową, więc żadne słomkowate pomyje nie wchodziły w rachubę, zabawiana rozmową, której prawie nie słuchałam. W planach już miałam nie tylko to tylne wyjście, ale także restaurację i pomocnicę kuchenną, która obdzielała denatkę pożywieniem. Ponadto intrygował mnie półmisek, jak też wyglądał o poranku, kiedy zwłoki zostały odnalezione? Czysty był czy brudny, pełen czy pusty? Jeśli pusty i czysty, kiedyś nieboszczka musiała zjeść jego zawartość, Grażynka nie stwierdziła, żeby pani domu jadła przy niej kolację, zatem później, po jej wyjściu, bo sama się ta wieczerza nie zjadła. A jeśli jeszcze był porządnie umyty? W życiu nie uwierzę, żeby morderca po dokonaniu czynu starannie mył naczynia, chyba że sam ich używał. Zaraz, ale mycie naczyń do Grażynki by pasowało...

— ...i taki był nerwowy, proszę pani, że już się zlitowałam — wpadło mi w ucho. — Zabrać do domu i zabrać do domu, a sam gdzieś lecieć musi, a jeszcze mu kto ukradnie, to co było robić, łaska boska, że pani mi pomogła. A ja widzę, że pani nietutejsza, to z kim tu pani może gadać?

Matko jedyna, o czym ta baba mówi...?

— No, z nikim chyba — zgodziłam się dosyć słabo.

— Toteż właśnie. I nie było tu pani, więc się nie przyczepią. A kogo obchodzi, że Wiesio złom zbiera i sprzedaje, jak już uzbiera, to łakome, po co ma kto wiedzieć, że ma. To tak chciałam sama i po cichu...

Zrozumiałam, że słyszę historię tobołów. Złom, znaczy, targałam Wiesiowi, żeby to piorun strzelił, rzeczywiście, już nic lepszego nie mam do roboty! I czy rzeczywiście tak ten złom kradną? Złoty on czy srebrny...?

— A jeszcze że tam zbrodnia była, to już całkiem lepiej się nie pokazywać — dodała baba z rozpędu i zamilkła.

Należało może zastanowić się nad tą osobliwą informacją, ale zła byłam taka na babę, na Wiesia, na siebie i na Grażynkę, że przestałam myśleć. Pożegnałam się wśród nerwowych podziękowań i wyszłam.

Wróciłam na drugą stronę ulicy, podjeżdżając od razu od tyłu, od strony ogródka i przybudówki. Ogrodzenie nie zasługiwało na tak szumną nazwę, istniało w zasadzie tylko teoretycznie, zamierzałam zatem zwyczajnie podejść do domu, popatrzeć z bliska i spróbować drzwi. Nic z tego nie zdołałam zrobić.

Radiowóz policji podjechał tuż za mną, zostałam grzecznie zawrócona z owej drogi gruntowej i zaproszona do komendy. Owszem, miałam nawet w planach tę wizytę, tyle że nieco później, jak już odpracuję topografię, skoro jednak chcieli od razu, niech im będzie, zgodziłam się.

W wersalskiej atmosferze usadzono mnie naprzeciwko dwóch panów, prokuratora i nadkomisarza. Prokuratura w Bolesławcu najwidoczniej nie była zawalona pracą, skoro jej przedstawiciel mógł sobie pozwalać na osobisty udział w dochodzeniu. Istniał kiedyś w prokuraturze wydział dochodzeniowy, prokuratorzy z dochodzeniówki nadzorowali śledztwa, ale nie miałam pojęcia, czy ów podział istnieje nadal i czy prokurator nie siedzi tu dla własnej, prywatnej przyjemności. Nawet jeśli, właściwie nie miałam nic przeciwko temu.

Odwaliłam personalia i usłyszałam pierwsze pytanie:

— Czy zna pani może Weronikę Fiałkowską?

Zniecierpliwiłam się od razu.

— Proszę panów, szkoda czasu na te podstępy, nawet gdybym ją znała kiedykolwiek, czas teraźniejszy nie wchodzi w rachubę. Całe miasto wie, że padła ofiarą morderstwa. Ale nie znałam jej, wiedziałam tylko, że istnieje. I nic poza tym.

— Skąd pani wiedziała?

— Od Grażyny Birczyckiej, waszej, o ile się orientuję, pierwszej podejrzanej.

— I co pani wiedziała od pani Birczyckiej?

— Że Weronika Fiałkowska mieszka w Bolesławcu i że jest spadkobierczynią brata. Dowiedziałam się o tym, kiedy ten brat umarł, a interesował mnie, ponieważ miał kolekcję znaczków. Spadkobiercy często sprzedają zbiory po nieboszczykach.

Nie spodobały im się moje odpowiedzi, Bóg raczy wiedzieć dlaczego, bo były przecież jasne i obszerne.

Możliwe, że mieli przygotowany jakiś inny zestaw pytań i weszłam im w paradę.
— I pani chciała kupić?
— Sądzę, że tak. Najpierw chciałam się dowiedzieć, co tam jest.
— I po to pani kręciła się dziś koło domu denatki? — spytał kąśliwie prokurator.

Z kąśliwymi prokuratorami miałam do czynienia, żadne dziwo dla mnie.

— Nie. Po to wysłałam do nieboszczki nieszczęsną Grażynkę. Teraz zaś miałam zamiar sprawdzić, jak tam wygląda, i upewnić się, że panowie prowadzą dochodzenie rzetelnie i wnikliwie.

I znów ukąsiłam się w język, doznałam bowiem wrażenia, że zabrzmiało to nie bardzo taktownie, a za to napastliwie. Sądząc z wyrazu ich twarzy, wrażenie było trafne. Spróbowałam złagodzić wypowiedź.

— Rzecz w tym, proszę panów, że od panów nie dowiem się niczego, dla dobra śledztwa będziecie milczeć jak zmurszałe głazy, a ja swoje wiedzieć muszę, bo czuję się odpowiedzialna za Grażynkę. Znaczy, za panią Birczycką. Ja ją tam wypchnęłam prawie siłą, dla mojej przyjemności wplątała się w ten cały interes, a niewinna jest jak dziecko. Znam ją dziesięć lat, na zbrodniarkę nadaje się mniej niż ja na primadonnę, poza tym wcale nieprawda, że ofiara po jej wyjściu nie ruszyła się z domu, poszła przecież do knajpy po żarcie, nie? A jeśli poszła tyłem? I jak ten półmisek nazajutrz rano wyglądał?

Zabrzmiało to jeszcze gorzej, ale wywarło pozytywny skutek. Panowie się zdenerwowali.

— A uważa pani, że dlaczego pani Birczycka jeszcze nie siedzi? — warknął nadkomisarz.

— Z braku miejsca — odparłam bez namysłu. — Areszty i więzienia są przepełnione.

— Na jedną osobę jeszcze by się znalazło — zauważył jadowicie prokurator. — Ale nie jest wykluczone, że my też od czasu do czasu coś myślimy. I, wbrew pani obawom, sprawdzamy różne drobiazgi.

— No i co? — wyrwało mi się chciwie.

— No i chcielibyśmy usłyszeć od pani, co pani wie o stanie posiadania denatki. Bo skoro już jesteśmy przy pani zainteresowaniach, skoro wysłała tam pani Birczycką po znaczki, musiała pani mieć jakieś pojęcie nie tylko o niej, ale także o jej bracie, zmarłym mniej więcej przed rokiem. Musiała pani utrzymywać z nim jakiś kontakt, nie wiodło pani chyba wyłącznie przeczucie?

— Nie. Przeczucie nie. Raczej nadzieja. Zaraz, chwileczkę...

Z wysiłkiem zaczęłam sobie przypominać, skąd mi się ten Fiałkowski w ogóle wziął. W Bolesławcu zatrzymywałam się milion razy, no, może odrobinę mniej niż milion, przy każdej podróży w kierunku Stuttgartu, podobnie jak Grażynka. Jakoś tamtędy prowadziła dla mnie najkrótsza droga do Francji, można niby przez Wiedeń, ale od wielu lat już nie lubiłam gór i wolałam tereny nieco bardziej płaskie. I za którymś razem spadło na mnie skojarzenie. Czytywałam niekiedy „Filatelistę", w ogłoszeniach wystąpił Fiałkowski w Bolesławcu, szukał czegoś, chciał się wymieniać czy coś podobnego, zapewne spytałam o niego w hotelu, umiejscowił mi się wreszcie i tkwił w pamięci. Potem usłyszałam o nim od kogoś, nic znaczącego, bo nie był to żaden wielki zbieracz, ale ciekawostki mógł posiadać i korcił mnie coraz silniej.

— Co i od kogo? — spytał prokurator bez żadnej kąśliwości, ale za to z naciskiem, kiedy w głośnym myśleniu doszłam do tego miejsca.
— A bo ja wiem? Zaraz, niech się zastanowię...
Ścisłych kontaktów filatelistycznych nie utrzymywałam właściwie z nikim, czasem tam parę słów w klubie albo w sklepie, małe spotkanko czy wizyta, w najmniejszym stopniu nie zaliczałam się do poważnych kolekcjonerów, zdarzało mi się najwyżej szukać usilnie jakiejś drobnostki... no, jeśli drobnostką można nazwać bułgarski bloczek numer 105... A, zaraz! Czy to nie przy tym bloczku...?
Znów zaczęłam myśleć na głos.
Był taki facet, zapewne nie jeden, ale ja się natknęłam akurat na jednego, który więcej sprzedawał niż zbierał. Handlował tym w ogóle, uczciwie, bez żadnego oszustwa, zarabiał na pośrednictwie skromnie i bez przesady, szukał dla mnie tego cholernego bloczka, nie do zdobycia nigdzie w Europie, a pytałam w Niemczech, w Danii, we Francji, w Anglii, nawet Gibbons nie miał...! Nie, zaraz, niech tu nie popadam w emocje. I chyba właśnie ten facet napomknął w którymś sklepie coś o drobnych zbieraczach, zdolnych do ukrywania rarytasów, jak na przykład, jakiś tam w Mławie albo w Bolesławcu...
— Jak się ten gość nazywał i który to był sklep? — spytał urzędowo nadkomisarz.
— Co do nazwiska, w życiu go nie słyszałam, więc nawet nie mam co sobie przypominać. W sklepie pytałam o niego per „ten pan". A sklep...? Diabli wiedzą...
Zawahałam się. W oczach mi nagle stanęło, że był to sklep przy Bagateli, w dodatku mówiło się nie tylko o znaczkach, także o numizmatach, w do-

datku jeszcze gorzej, dostałam tam spod lady rzadkie 100 złotych z ochroną środowiska. Do licha, a w liście Grażynki przeczytałam, że gadam, co mi ślina na język przyniesie i bez żadnego zastanowienia robię ludziom nieprzyjemności...
Gdyby nie ten cholerny list, rąbnęłabym Bagatelą, teraz mnie zatrzymało. Trochę taktu, do licha, nie walić donosami na prawo i na lewo, co ci ludzie są winni, że jakiś łobuz trzasnął Weronikę! Niechże się opanuję!

— Nie wiem — powiedziałam z troską, szczerze zmartwiona, bo ogólnie powodów mi nie brakowało. — Nie pamiętam. Bywałam w różnych, na Wiejskiej, na Hożej, na Bagateli, na Starym Mieście, gdzie popadło. Mogłam go spotykać wszędzie. Ale chodzi mi po umyśle coś innego, niewyraźnie, bo niewyraźnie, ale chodzi. Numizmaty. Pod szubienicą nie zdołam tego porządnie powtórzyć, niemniej jednak gotowa jestem przysięgać, że o monetach była mowa, jakaś sensacyjka w powietrzu drżała, ktoś coś posiadał, czy był to złoty Oktawian August, czy 20 groszy z 1926 roku, albo może 5 groszy z pięćdziesiątego drugiego, pojęcia nie mam, tyle że Bolesławiec przy tym się plątał. Więc jedyne, co mogłabym przypuszczać w kwestii tego stanu posiadania, to to, że nieboszczka siedziała na monetach po bracie. Nic więcej. Bo w plotki nie wierzę.

— Jakie plotki?

— A co, nie słuchają panowie głosów społeczeństwa? Już te precjoza u niej, złoto, brylanty i dolary, przerosły kopiec Kościuszki. Nie wierzę. Wiem na pewno tylko o znaczkach, które, o ile się orientuję, nie zostały ukradzione, więc właściwie nawet moja niewiara jest trochę chwiejna.

— A tak dla formalności — wtrącił się nagle prokurator. — Gdzie pani była jedenastego maja i co pani robiła?

— Siedziałam w domu, w Warszawie, i miałam całe zbiegowisko — odparłam niecierpliwie. — Akurat przypadkiem pamiętam datę, degustacja win, na którą zaprosiłam parę osób, wszyscy wyszli prawie trzeźwi, a nawet gdyby nie, firma ma to na piśmie. Łatwo sprawdzić. Było to u mnie, więc nie mogło mnie nie być. Jako sprawczyni, odpadam w przedbiegach, ale moralnie czuję się obciążona Grażynką, poproszę zatem uprzejmie o odpowiedź na moje malutkie pytanko: co z półmiskiem?

Zawahali się, popatrzyli na siebie i chyba przemogli służbowe opory.

— No dobrze, powiemy pani — zdecydował się prokurator. — Ale, oczywiście, to wyłącznie do pani wiadomości, jeśli pani komuś coś powie...

Wpadłam mu w słowa, bo, jak zwykle, nie miałam cierpliwości czekać.

— Będą panowie wiedzieli, że kłapię gębą na cztery strony świata. Nic podobnego, nie ja jedna będę taka wtajemniczona, policzcie ludzi u siebie. Każdy ma żonę, męża, narzeczoną, przyjaciółkę i tak dalej. Sprzątaczki też posiadają uszy. Mnie na rozgłaszaniu wcale nie zależy, chcę uniewinnić Grażynkę i cześć. Potrzebna jest w Warszawie, a nie tu, w areszcie hotelowym!

— W porządku, nie musi nas pani agitować. Owszem, zostało sprawdzone. Półmisek był, pusty, nie umyty.

— Laboratorium kryminalistyczne... — zaczęłam z irytacją i urwałam. Spokojnie, bez przesady, laboratorium kryminalistyczne znajduje się w Warszawie, już widzę, jak wysyłają tam naczynie w trybie przyśpieszonym dla sprawdzenia, ile minut zasychały resztki pożywienia. Cha, cha.

— Co do tylnego wyjścia, istotnie, denatka mogła tamtędy opuścić dom — kontynuował sucho prokurator, pomijając mój nietaktowny wtręt. — Pewnie spyta pani o czas, powinna pani wiedzieć, jak niedokładne są zeznania świadków...

Owszem, wiedziałam.

— Otóż wszystko rozgrywało się około godziny dwudziestej. Pół godziny pomyłki w jedną i w drugą stronę daje nam razem całą godzinę, a dom Fiałkowskiej to nie zamek królewski, przez godzinę można w nim zrobić dowolny bałagan.

— Można też nie znaleźć tego, czego się szuka — dołożył uprzejmie nadkomisarz.

— Z tego wynika, że będę musiała ponawiązywać potworną ilość prywatnych znajomości — mruknęłam.

— Czas, ścisłe wyliczenie czasu uniewinnia Grażynkę. No i ten półmisek... W śmieciach jedzenia nie było?

— Nie było — odparli razem i patrzyli na mnie tak jakoś dziwnie, że coś niepokojącego przyszło mi do głowy.

— A nie było tam przypadkiem kota albo małego pieska?

— Owszem, był kot — powiedział nadkomisarz jeszcze bardziej uprzejmie.

— Dlaczego małego? — zainteresował się równocześnie prokurator.

— Duże psy nie włażą na stół, małe bywają głupie i bezczelne. Ale już i kot mi wystarczy, rozumiem panów. Co ona jej dała na tym półmisku, muszę sprawdzić, zaraz, czego kot nie tknie...? Cebula? Kiszona kapusta? Widziałam, jak kot rąbał gotowaną marchew i w ogóle włoszczyznę z rosołu, ale takich, na przykład, korniszonów już nie. Więc, jeśli tam była surówka na ostro, kot odpada.

— Nie bierze pani pod uwagę jeszcze jednej ewentualności, z którą my musimy się liczyć — zauważył prokurator. — Mianowicie wspólnictwo. Pani Birczycka wyszła, zadbała o pozostawienie drzwi otworem, denatka również wyszła, przez ten czas wkradł się wspólnik, pouczony, czego ma szukać...

— To albo wspólnik debil, albo Grażynka po polsku nie umie. Pouczony i nie ukradł...? A, cudzoziemiec może...? Bo Grażynka miała na oku znaczki i nic więcej, czego zatem miał szukać? Nie zrozumiał, co się do niego mówi? Pouczony porządnie, nie zrobiłby bałaganu, wziąłby swoje i w krzaki. Nie, przykro mi, brak w tym logiki, pomijając już oczywiście charakter Grażynki.

— Skąd ta pewność pani, że podejrzana zajmowała się wyłącznie znaczkami?

— Ze spisu, który dostałam. To była duża robota, musiała porównywać specyfikację nieboszczyka ze stanem faktycznym i z katalogiem, i zrobiła to, bo wiedziała, że ja sprawdzę. Zajęcie na dwa dni, nie tylko na jeden. Na nic więcej nie mogła mieć czasu, a nie zrobiła tego wcześniej, bo już wiem, że zaraz pan mnie o to spyta, ponieważ nie mogła przewidzieć zaproszenia na ślub przyjaciółki i spaskudzenia sobie wyjazdu. To znaczy, ściśle biorąc, nie mogła przewidzieć, że ja jej ten wyjazd spaskudzę.

— To znaczy, dla jeszcze większej ścisłości — upewnił się nadkomisarz — że ta wizyta u denatki i pobyt u niej nastąpiły z pani inicjatywy?

— Nawet na moje bardzo usilne życzenie. Grażynka jest ustępliwa.

— A co pani właściwie tak na tym zależało? I dlaczego nie mogła pani sama się tym zająć?

Z ciężkim westchnieniem opisałam im wszystkie trudności, jakie były moim udziałem od chwili uzyskania wieści o kolekcji nieboszczyka Fiałkowskiego, który, jak na moje potrzeby, umarł zbyt wcześnie. Z siostrą nikt, z wyjątkiem Grażynki, nie potrafił się dogadać, mnie zaś korciły nadzieje. Może ma coś, czego szukam i co mi jest potrzebne? No i proszę, wnioskując ze spisu, ma rzecz dla mnie bezcenną, chętnie to odkupię od spadkobiercy.

— A propos — dodałam żywo. — Czy spadkobierca już się znalazł? Podobno to jakiś siostrzeniec?

— Owszem — przyznał prokurator po chwili milczenia i trochę niechętnie. — W korespondencji znaleźliśmy życzenia od niego, ale zanim będzie mógł dysponować spadkiem, upłynie dużo czasu...

— Wiem — przerwałam. — Postępowanie spadkowe i tak dalej. Testamentu zapewne nie było?

I nagle uświadomiłam sobie, że moje ustawiczne wpadanie im w słowa wywołuje w panach śledczych rosnącą irytację i opór. Pisała coś Grażynka w swoim liście o moich, pożal się Boże, talentach dyplomatycznych...? Wykazuję tu właśnie uzdolnienia zgoła epokowe, należało robić z siebie idiotkę i patrzeć na nich z czcią i podziwem, za chwilę przestaną ze mną rozmawiać i poszczują mnie psami. Nie zdziwię się zbytnio.

Jednakże nie przestali.

— Był — powiedział prokurator. — Dosyć dziwny, ale prawomocny. Dziedziczy, istotnie, siostrzeniec. Moment. Czy zna pani może niejakiego Tadeusza Tajdala?

— Jak proszę...?
— Tadeusza Tajdala.
Zaskoczyli mnie.
— Z całą pewnością nie. Nie jest to nazwisko, które łatwo można zapomnieć. W życiu o takim nie słyszałam. Kto to jest?
— A Piotra Gulemskiego?
— Też nie.
— A Józefa Pietrzaka?
— Też... Nie, no, co ja mówię! Jednego Józefa Pietrzaka znam, ale nie wiem czy właściwego, bo nazwisko popularne.
— Kim jest ten znany pani Józef Pietrzak?
— Starszym panem w średnim wieku. Kim jest ogólnie, pojęcia nie mam, ja go znam jako filatelistę i numizmatyka, nawet to drugie bardziej. Poznałam go dawno, ktoś mi go przedstawił na wyścigach, kiedy jeszcze tam często bywałam, pogadaliśmy trochę i raz złożyłam mu wizytę. I rozmawiałam z nim przez telefon. I tyle. A co...?
— Gdzie mieszka?
— Na Belgijskiej, drugi dom od Puławskiej. Pierwsze piętro.
— Złożyła mu pani wizytę... Po co?
— Żeby obejrzeć jego zbiory. Miał jeden błędnodruk, naszych bokserów na odwrót, chciałam to zobaczyć, bo nigdy przedtem nie widziałam. I monety, też chciałam obejrzeć z bliska i przez lupę, szczególnie srebrne, które czernieją. Interesowałam się, tak sobie, bez racjonalnego powodu, dla przyjemności.

No i teraz gotowa byłabym przysiąc, że oglądałam również ten cholerny brakteat Jaksy z Kopanicy, chociaż ostatnia rozmowa z panem Pietrzakiem zbiła mnie z pantałyku. Wyparł się, a ja tę blaszkę miałam w oczach. Brakteat Jaksy z Kopanicy ciągnął mnie z przyczyn patriotycznych, do licha, Kpenick czyli Kopanica, księstwo słowiańskie, to był przecież Berlin! A należało wspomóc Jaksę, nie dać się wypchnąć, ocalić słowiańszczyznę nad Łabą, cholerny Hitler nie zawracałby nam głowy! Brakteat pozostał jedynym dowodem materialnym, nędznym, bo nędznym, ale jednak, chciałam chociaż na niego popatrzeć. Upierałam się przy patrzeniu!

Byłabym, rzecz jasna, opowiedziała im to wszystko z wielkim zapałem i detalami, gdyby mnie znów Grażynka nie cofnęła. Dosyć tego trucia Pietrzakowi, w końcu to on mnie otruje, nie mogąc się inaczej pozbyć wstrętnej megiery. Stanęłam na monetach ogólnie, bez brakteatu.

Spytali mnie jeszcze o jakąś Melanię Grys, też baby nie znałam, aczkolwiek nazwisko nie brzmiało mi obco. Musiałam je słyszeć bodaj z raz, kto to mógł być? Jakaś pracownica którejkolwiek biblioteki? Dziennikarka? Kasjerka na wyścigach? Sekretarka w Klubie Filatelistycznym? Postać polityczna? Pielęgniarka w poradni dermatologicznej? Wszystko było możliwe, z którąś narzeczoną mojego syna włącznie. W kwestii Melanii Grys nie mieli ze mnie pociechy.

Drzwi za moimi plecami szczęknęły, obejrzałam się, wszedł sierżant. Możliwe zresztą, że był to kapral albo plutonowy, z biegiem różnych zmian straciłam rozeznanie w szarżach, które niegdyś znałam doskonale, poczynając od belek i gwiazdek, a kończąc na nomenklaturze. Uczyniłam po prostu założenie, że jest to sierżant.

Zaczął coś mówić. Brzmiało mniej więcej jak:

— Kopećsięzer... zdaradziewzapar...
Wysoce interesująca wypowiedź. Wbiłam w niego zachłanny wzrok, ale, niestety, dalszego ciągu tekstu zostałam pozbawiona. Hipotetycznemu sierżantowi nadkomisarz zamknął gębę jednym spojrzeniem, prokurator zaś żywo zwrócił się do mnie:
— Dziękujemy pani, bardzo nam pani pomogła....
Obłuda z niego aż tryskała.
— ...bylibyśmy wdzięczni, gdyby zechciała pani zostać w Bolesławcu do jutra. Żaden nakaz, broń Boże, zwykła prośba. Pani deklaracje stwarzają nadzieje...
Nie wyszłabym, gdyby nie list Grażynki. Zaparłabym się zadnimi łapami, że wysłucham meldunku sierżanta, że pozwolą mi go zrozumieć, wyciągnąć własne wnioski, wziąć udział w dochodzeniu i Bóg wie co jeszcze. Rozpętałaby się tam awantura, deklaracje owszem, uporczywie kocham policję, jestem po jej stronie, ale nie kocham prokuratury, diabli wiedzą co mi taki namąci, na żadną mafię mi to nie wyglądało, ale trudno przewidzieć, kto, kiedy i za co przystawi prokuratorowi brzytwę do gardła, w drugiej rączce trzymając waluty własne i obce, nie puściłabym tego luzem. I znów... Cholera.
Podobno jestem agresywna, gwałtowna i nieznośna...
Wyszłam z godnością i wcale nie wróciłam do Grażynki. Miałam co robić.

☆ ☆ ☆

— Iiii tam, proszę pani, jaki kot by to zeżarł! — rzekła ze wzgardą pomocnica kuchenna, niejaka Lolka. — Ja bardzo dobrze pamiętam, bo goście narzekali, że za kwaśne, możliwe, to kapusta. Surówka, znaczy się. Pieczeń wieprzowa, to tak, była, ryż został i ziemniaki, ale pieczeń mocno z cebulką. No i tej surówki najwięcej.

Z tego co wiem o kotach, kiszoną kapustę i cebulkę zostawiłyby odłogiem. Zastanowiłam się, kto mógłby mi coś powiedzieć o upodobaniach spożywczych nieboszczki, lubiła kapustę czy nie? Chyba tylko ta dziewczyna, miewająca z nią stałe kontakty.

— Pani Weronika takie surówki lubiła? — spytałam ostrożnie.

— A jak! Na ostro było, kiszona kapusta, ogórki, korniszony, marynowana cebulka, pieprzu dużo, ocet, papryka, do wieprzowiny to idzie. A ona aż się trzęsła do takich rzeczy, mówiła, że kwaśne jej dobrze robi, sam ocet mogła pić, a ta kapusta rzeczywiście chyba jakoś nie najlepiej wyszła, bo to różne bywają. I możliwe, że za dużo do sałatki poszło, bo tak normalnie to się uważa, żeby nie tego. No, nie zakwasić za bardzo. A tu wszyscy... No to niech ma. W ogólności, to jak raz bardzo dużo dostała.

— Tej kapusty...?

— Wszystkiego. Przez to na tym wielkim półmisku wzięła, kopiasto było, we trzy garnki by weszło.

Tknęło mnie. Wprawdzie, z racji kapusty, nie kot zeżarł, tylko świętej pamięci Weronika, ale czy dałaby radę na jeden raz? Podzieliła się z mordercą...?

— I o której tu była u pani?

— A bo ja wiem? Już mnie policja maglowała i maglowała, skąd ja takie rzeczy mogę pamiętać, czy ja mam czas na zegar patrzeć, na odczepnego powiedziałam, że przed ósmą. A tak naprawdę to nie wiem.

— Ale nie tylko pani Weronika te...

Zawahałam się, bo na końcu języka już miałam resztki. Odpadki...? Jeszcze gorzej. Jak by tu eleganscko...

— ...dotacje. Dostawała. Tę pomoc żywieniową...
— Pewnie, że nie. Taki pan Arturek przychodzi, biedny człowiek, tyle zje, co od nas, i taka Paulina, czworo dzieci ma, a sama ledwo zipie, nam opieka społeczna całą listę dała, to już się ich pamięta. I taka dziewczynka, Krysia, bierze, ona u babci i dziadka pod opieką, sierota, babka z dziadkiem opiekę nad nią wzięli, bo inaczej do domu dziecka by poszła, ale jaka to opieka, dwa stare próchna, a dziewczynka się nimi opiekuje. Do szkoły chodzi, dobre dziecko. I jedna taka, Królakowa, mąż chory leży, troje dzieci, jedno niewydarzone, małe wszystko, gdzie jej do pracy jakiej, tu pomoże, tam pomoże, i co ona z tego ma? I Rybczakowa, stara bardzo, tyle się wyżywi, co z tych naszych resztek, a dużo jej nie trzeba...
— I wszyscy byli wtedy wieczorem?
— Zawsze są. Każdego dnia. Co oni by jedli inaczej...?

Z tego całego towarzystwa wybrałam sobie Krysię. Lolka w rozpędzie podała mi jej adres, pojechałam natychmiast, wyliczywszy sobie, że dziewczynka powinna była właśnie wrócić ze szkoły.

Wyliczyłam doskonale, spotkałam dziewczynkę w wejściu do domu, niekoniecznie eleganckiego. Oceniłam ją na jakieś trzynaście lat, okazało się, że dobrze. Spytałam, czy ma chwilę czasu, i zaprosiłam na cokolwiek, lody, frytki, ciastka, co tam jej pasuje. Przyjęła zaproszenie bardzo chętnie.

— O tym zabójstwie Weroniki Fiałkowskiej wiesz oczywiście, bo całe miasto wie — zaczęłam wprost.
— Widziałaś ją tam wtedy, tego ostatniego wieczoru?
— A pewnie — odparła natychmiast Krysia, żywa, inteligentna dziewczynka, wybrawszy sobie osobli-

wy zestaw dań: frytki, drożdżówkę, kiełbaskę z rożna i lody. — Jak raz byłam, jak przyszła, taka zadyszana.

Zdziwiłam się odrobinę.

— Dlaczego zadyszana?

— Bo leciała. Zawsze wcześniej przychodziła, a wtedy jej później wypadło i bała się, że czegoś tam nie dostanie. Na cytryny czatowała, kwaśne lubiła, a takie cytryny, co to ktoś napoczął i nie wycisnął całkiem, to ona strasznie chciała. Wyciskała sobie do reszty.

— I kiedy to było? O której?

— A, to ja wiem na pewno, ale nikt mnie nie pytał. Za dziesięć ósma.

— Skąd wiesz tak na pewno?

— A bo ja tak pilnowałam godziny, bo po ósmej zaraz szedł ten serial „Na Wspólnej" na TVN, a ja to oglądam i nawet miałam o tym w wypracowaniu napisać, taką recenzję, a my nie mamy telewizora i ja to oglądam u mojej przyjaciółki, i chciałam donieść dla babci i dziadka kolację i jeszcze zdążyć na początek.

— I zdążyłaś?

— Zdążyłam. Akurat reklamy skończyli.

— A ta twoja przyjaciółka to pamięta?

— A dlaczego nie ma pamiętać? — zdziwiła się Krysia. — We drzwiach stała i na mnie czekała, bo wiedziała, że w wypracowaniu mam napisać, i jeszcze tupała nogami. I „gdzie jesteś, prędzej, prędzej" na mnie krzyczała. A zaraz na drugi dzień o pani Weronice się rozeszło.

Za dziesięć ósma... Jak oni to śledztwo prowadzą, skoro bystrej, przytomnej dziewczynki w ogóle nie spytali? Za dziesięć ósma Weronika była żywa, dłużej nawet, musiała przecież wrócić do domu, zatem, powiedzmy, do ósmej. Grażynka zdążyła do kuzynki na prognozę pogody po dzienniku, ósma dziesięć, samochodem jechała, niechby tylko pięć minut, jeśli nie wyszła wcześniej niż Weronika, zaczekała na nią, zostawało pięć minut... Niechby osiem. Czy rzeczywiście w ciągu ośmiu minut można zamordować człowieka i zrobić mu w domu taki dziki chaos? Nie, zaraz, mogła zacząć wcześniej...

Wyobraziłam to sobie. Weronika leci do restauracji, Grażynka u niej zostaje, zaczyna demolować mieszkanie, osiąga duży sukces, Weronika wraca, Grażynka chwyta ów tasak, który został użyty, wali... Nie, chwileczkę, nic z tego, przecież Weronika zjadła kolację! Musiała zjeść, skoro półmisek był pusty. To jak niby, Grażynka demolowała, a Weronika jadła? Puknijmy się w czółko, już widzę tę sielską scenę. Zaraz, a może jeszcze inaczej, Grażynka zjadła dla zmącenia sprawy... Nad trupem tak jadła...? No dobrze, oddała kotu, ale co z kapustą? Zabrała ze sobą i wyrzuciła do śmietnika gdzieś po drodze? Nonsens, nie zdążyłaby na prognozę pogody, kot je powoli, gdyby konsekwentnie chciała realizować podstępny plan, musiałaby zaczekać, aż zeżre wszystko, chyba że zabrała ze sobą całość...? Jednak to laboratorium kryminalistyczne okazuje się niezbędne, stwierdziliby bez trudu, czy kot wylizywał półmisek...

Uniewinniłam Grażynkę, zarazem jednak pojawiło mi się następne pytanie. Skoro Weronika była w knajpie za dziesięć ósma, z domu musiała wyjść wcześniej, co najmniej za piętnaście ósma. Grażynka wyszła przed nią, Weronika zamykała drzwi, dołóżmy im chociaż ze trzy minuty, zatem Grażynka wyszła za osiemnaście ósma, a do kuzynki dojechała pięć po. Co, na litość boską, robiła przez dwadzieścia trzy minuty... co najmniej dwadzieścia trzy! ...skoro samochodem przemierza się tę trasę w ciągu czterech minut, i to bez żadnego pośpiechu? Sprawdziłam, sama tak przejechałam. Ciekawe, czy już musiała tę kwestię wyjaśniać...

Wszystko to zdążyło przelecieć mi przez głowę, zanim zadałam Krysi następne pytanie. Prawie nie było przerwy w rozmowie.

— Czy pani Weronika mówiła coś w tej restauracji? Wiesz chyba, o co chodzi, wszyscy wiedzą, pani Weronika miała gościa...

— No! — przyświadczyła Krysia skwapliwie. — Taką jedną panią z Warszawy. Podobno to ona ją zabiła, tak ludzie gadali, ale ja nie wierzę.

— Dlaczego nie wierzysz?

— Bo ona już wyszła. Poszła sobie. Pani Weronika powiedziała, że wreszcie poszła, a siedziała i siedziała, i ona nie mogła przyjść. A jak poszła, to nie mogła jej zabić, nie?

Bardzo logiczny wniosek. Wynika z niego, że przyczepili się do tej Grażynki bez powodu i bez sensu, co im do łba wpadło? To chyba sąsiedzi. Pierwsze zeznania, obca facetka, cały dzień tam tkwiła, a potem nikt Weroniki nie widział, bzdura. Może zasugerowali się myślą, że, ukradłszy coś, od razu wywiozła, dopiero po jej powrocie ruszyli dochodzenie porządniej, bo jednak Grażynka ani przez chwilę nie siedziała, a to musi oznaczać, że rozum im wrócił.

Właściwie swój cel osiągnęłam, tylko o to mi przecież chodziło, żeby ostatecznie uniewinnić Grażynkę, mogłabym teraz lecieć do nich, pokłócić się i wypchnąć ją z powrotem do Warszawy, miała tam co robić. Zreflektowałam się na błysk: jeśli się uprę, oni też się uprą, natura ludzka jest ułomna, będą ją trzymać w Bolesławcu mnie na złość i na własną szkodę, nie pokochali mnie chyba po tej pierwszej rozmowie. Trzeba dyplomatycznie, więcej danych, więcej faktów!

A poleciałabym tam, do nich, do komendy i prokuratury, bez jednej sekundy namysłu, gdyby nie cholerny list Grażynki...

Po większą ilość faktów udałam się do Madzi, kuzynki, zapomniawszy kompletnie, że Madzia pracuje i zapewne nie ma jej w domu. Przypomniałam sobie o tym pod samymi drzwiami, ale równocześnie przypomniałam sobie, że jest nauczycielką i, skoro Krysia wróciła już ze szkoły, nauczycielka mogła wrócić również. W każdym razie powinny były wrócić dzieci, ponadto była tam jakaś babcia.

A owszem, była babcia. Dzieci również. Babcia gotowała obiad, przeszkodziłam jej w tym, z czego, dziwna rzecz, wydawała się bardzo zadowolona.

— A to już nas tu wszystkich pytali, kiedy Grażynka do domu wróciła, każdego oddzielnie, każdy widział to samo, jak raz na pogodę dojechała, bo samochodem była, jeszcze się kłopotała, bo deszcz, mówili, od zachodu idzie, a ona na zachód się wybiera. Aby na sam ślub nie doszedł, tak się troskała, bo to zła wróżba. Na poręczy od fotela przysiadła i w ten ekran patrzyła, a zięć się z córką sprzeczał o te czekoladki, co na reklamie były dopiero co. Gdzie jej tam było Weronikę mordować, sama ją zaprowadziłam i dom pokazałam, bo Fiałkowskich od młodości znałam, a Henio nawet dosyć długo za mną latał i przez to Weronika mnie nie lubiła, chociaż ja na niego nie reflektowałam. Ale udawała, że nic takiego, więc grzeczna była, a kawy to już się pani na pewno napije!

Wszystko to usłyszałam, zanim w ogóle zdążyłam cokolwiek wyjaśnić, nawet pytania o powrót Grażynki nie było mi dane skończyć. Babcia postawiła przede mną kawę, zgasiła w kuchni gaz, na którym coś bulgotało, zdarła z siebie fartuch kuchenny i zasiadła przy stole, również nad kawą. Z dzieci widoczne było jedno, trzyletnie, chłopczyk. Siedział w kącie i pracowicie rozkręcał na drobne kawałki duży aparat fotograficzny, raczej wiekowy, więc miałam nadzieję, że nie jest to najnowszy zakup rodziców.

— Tak długo...? — zaczęłam.

Babcia była szybsza.

— Pewnie, że długo, czterdzieści pięć lat tu mieszkam, krótko po ślubie przyjechaliśmy, mój mąż w hucie szkła pracował, a Fiałkowski ekonomistą tam był. I zaopatrzeniowcem. Dwie córki urodziłam, syna chcieliśmy mieć, a tu nic, chłopiec się jakoś nie przytrafił, ale gdzie mnie było do romansów, też pracowałam, ledwo dziewczynki do szkoły poszły, Henio żonę miał, ale mu umarła i drugi raz już się nie ożenił, a zaraz potem Weronika do niego przyjechała i tak już zostało. Jak owdowiałam, akurat Madzia za mąż poszła i Jola na świat przyszła, a potem Ania, tośmy te dwa mieszkania zamienili na jedno większe, a tu proszę, Grzesia mamy! U Jadzi też pobyłam trochę, ale oni nad samym morzem, drugi zięć w rybach robi, a mnie tam jakoś tak zimno było i morza się boję, więc wolę tu. I jedna córka, znów dziewczyna, już myślałam, że wnuka nie doczekam, a oto jest! To już do samej śmierci się nie ruszę, a młoda to ja, proszę pani, nie jestem, siedemdziesiąt cztery lata skończyłam, byle Grzesia wychować. I sama pani widzi, jakie rozumne dziecko, nie w telewizję się gapi jak te różne głupie, tylko mechanizmy go tak ciągną, aż się trzęsie, a zmyślny taki, że wszystko sam zgadnie!

Wyraźnie poczułam, że muszę zwekslować pogawędkę na inne tory, bo inaczej grozi mi cała epopeja o następcy tronu, który z wielkim zapałem niweczył resztki przyrządu. Udało mi się zrozumieć, że babcia miała dwie córki, starsza, Jola, mieszka nad morzem i ma jedną córkę, młodsza zaś, Madzia, posiada dwie, Jolę i Anię, a od trzech lat także i Grzesia. Pojęłam też przyczyny, dla których panowie śledczy nie wydusili z babci całej wiedzy, jaką niewątpliwie posiada, a może się okazać, iż jest to wiedza wysoce użyteczna. Czułam się lepsza od nich i postanowiłam przetrzymać wszystko.

— Bardzo mądrze! — pochwaliłam z przekonaniem i możliwie głośno. — Telewizja dzieci ogłupia. To co ona miała takiego, ta Weronika, że ktoś spróbował ją okraść?

Babcia, która już zaczęła o pierwszych ząbkach Grzesia, ucięła nagle.

— Co?

— Znała ich pani tyle lat, pan Fiałkowski pracował, kochał panią, jak to się mogło stać, że jego siostra nagle znalazła się w nędzy? Plotki krążą, że coś po nim zostało, a ona tylko symulowała biedę, ja akurat wiem, że zostały znaczki, pani też pewnie wie, ale te znaczki to żaden majątek. Znam się na tym trochę. A musiał chyba coś mieć, skoro całe mieszkanie jej rozbebeszyli, a kto ma o tym wiedzieć lepiej niż pani?

Babcia zachybotała się jakoś i zeszła z Grzesia.

— Pod koniec życia, to już on nie tak bardzo — wyznała z lekkim oporem i zrozumiałam, że zanik płomiennych uczuć nieboszczyka jest dla niej w pewnym stopniu kamieniem obrazy. — Ale w ogóle, to możliwe, że owszem. O, nic nie powiem o Weronice, świeć, Panie, nad jej duszą, ale skąpiradło z niej było, że gorszego świat nie widział!

— Nie wstyd jej było tak udawać? — zgorszyłam się.

— Wstyd...! Wstydu to ona wcale nie miała! Wszystko po nim posprzedawała, wszystko, a jeszcze gadała, ale tak półgębkiem, że na rupiecie pieniądze potracił, a ona teraz żyć nie ma z czego! Może to i były rupiecie, ale jak kto ma swoje kiełbie we łbie i rupiecie sobie zbiera, to i zapłaci za to, nie? A Henio zbierał, pokazywał mi nawet kiedyś, a taki zadowolony, że aż świecił, aż się w końcu wydało, że woli te rupiecie ode mnie. No to niech ma!

Oj, dramat to musiał być wystrzałowy, sądząc z dźwięczącego w głosie babci zapiekłego żalu i urazy. Ciekawe, co też Henio pokazywał, na pytanie wprost babcia nie odpowie, obrazi się ponownie, bo dla mnie też te rupiecie okażą się ważniejsze niż romansowe układy międzyludzkie, zawiedzione nadzieje i zranione serca. A niechby nawet tylko ambicje! Jakoś dyplomatycznie trzeba...

— Bo oni tacy są, proszę pani, ci mężczyźni — powiedziałam w natchnieniu, starając się, żeby wypadło z rozgoryczeniem i ponuro. — Od wieków byli. Zawsze jakieś tam struple albo prace naukowe były ważniejsze od nas, tysiąc lat temu kobiety przez nich płakały, o jednym słyszałam, który, nie uwierzy pani... — zawahałam się, kogo wybrać, bo doprawdy o różnych słyszałam — guziki zbierał! Guziki! Rozmaite, a co starsze, to na targowiskach kupował, cały wór tego po nim został.

Zaciekawiłam babcię.

— I co?

— I żona wszystko wyrzuciła. Zwyczajnie, na śmietnik.

— A pewnie...

— Zaraz. A potem się okazało, że niektóre z nich były srebrne, złote, zabytkowe, jeden nawet z brylantem w środku. Majątek!

Babcia się niemal zachłysnęła.

— Coś takiego...! I jakże to wyszło na jaw?

— Śmieciarz znalazł, przegrzebał i zaczął sprzedawać, bo co mu szkodziło. Nie znał się, więc go oszukali, ale zaraz potem ruszyli się zbieracze, no i cena poszła w górę. Ktoś tam się zainteresował, skąd ten skarb...

— No wie pani...! To i Henio może...?

— A może. Ale guzików chyba nie zbierał?

— Nie. Pieniądze. Znaczy, mówił, że pieniądze, chociaż gdzie to tam było do pieniędzy podobne. Poczerniałe, obgryzione, całkiem byle co, człowiek by się po to nawet nie schylił. Całe pudła miał tego, przegródki porobił, takie jakby tacki, a patrzył na te śmieci, jak w życiu na mnie nie spojrzał! No to już swoje wiedziałam...

Opanowałam emocje i zapaliłam papierosa, żeby w pełni odzyskać głos. Popielniczka stała na stole, nie było obaw, że popełniam niewybaczalne *faux-pas*.

— Tak jakby ich pani nie znała, tych mężczyzn — rzekłam z wyrzutem. — Mówiła pani o tym komuś?

— A skąd! Raz jeden to było, a Henio kazał mi przysięgać, że nikomu nie powiem, jak mi pokaże swój skarb. Myślałam, że naprawdę skarb i taka się poczułam... no... ważna. A tu śmieci...
— A Weronika?
— Co Weronika?
— Wiedziała o tym?
— Jak by taka nosacizna mogła o czym nie wiedzieć...! — wyrwało się babci z goryczą. — Znaczy, chciałam powiedzieć, świeć, Panie, nad jej duszą, niech jej ziemia lekką będzie... Kto ją tam wie, pewno wiedziała, jak nie od zawsze, to później. Dość miała rozumu, żeby nie wyrzucać.
— Nie bardzo jej ten rozum na zdrowie wyszedł — westchnęłam. — Ale teraz przynajmniej wiadomo, po co ją jakiś tam zamordował i czego u niej szukał. Duże to było?
Babcia wydawała się lekko skołowana i przepełniona zgrozą.
— Co czy duże?
— Ten zbiór. No, te pudła. Mówi pani, że było w pudłach?
— W pudłach. Żelaznych. Albo może blaszanych, ale chyba żelaznych, bo ciężkie, Henio sapał, jak przenosił na stół. Nawet sobie pomyślałam, że co on taki słaby, no, niby młody nie był, sześćdziesiątki dochodził, ale zdrowy mi się wydawał, chłop jak rydz. A mój mąż już chorował...

Cały ten układ kolekcjonersko-damsko-męski mogłam sobie doskonale wyobrazić. Babcia musiała mieć wtedy czterdzieści parę, pod pięćdziesiątkę, kobieta, można powiedzieć, w zaawansowanym kwiecie wieku. A mąż chory... Stały wielbiciel pod ręką bardzo by się przydał, bez względu na grymasy ewentualnej przyszłej szwagierki. Ale nie jest to już wiek ślepych ogni, rzucających się sobie w objęcia wbrew całemu światu...

Byłabym spytała babcię brutalnie i wprost, czy udzieliła glinom wieści o zbiorach nieboszczyka, ale znów mnie cofnęło. Dysonans. Nietakt. A cóż to za potwornie uciążliwe życie z tą subtelnością i szacunkiem dla cudzych uczuć, jak w tych warunkach prowadzić dochodzenie...?!

Co do żelaznych pudeł, byłam pewna, że ich nie znaleźli, a jeśli nawet, to bez zawartości, bo inaczej spytaliby o nie Grażynkę. W każdym razie ruszyliby temat. Znaczki, na które czatowała i które powinna była ukraść, pozostały nietknięte, co ich zapewne zbiło z tropu w pierwszej kolejności, niemożliwe, żeby nie próbowali wydusić z niej wiedzy o innych walorach. O ścisłej więzi babci z Henrykiem Fiałkowskim zapewne nie mieli najmniejszego pojęcia...

Babcia sama wskoczyła mi w temat.

— A tak naprawdę, to ja o tym w ogóle nikomu nie mówiłam — rzekła z westchnieniem lekkiego zakłopotania. — Henio też się nie chwalił, bo i nie było czym, a w dodatku bał się trochę Weroniki. Mnie też było dosyć nie bardzo, bo tu mąż chory, a tu już drugi się wciska, ludzie by zaraz gadać zaczęli, to na co mi to? Teraz, na starość, to już wszystko jedno, ale wtedy młoda jeszcze byłam i całkiem do rzeczy, dziś pewno nikt by nawet nie uwierzył.

Oko mi samo poleciało do portretowych zdjęć ślubnych, wiszących na ścianie. Widać było na nich różnicę czasów, w środku babcia z dziadkiem, a po bokach obie córki. Owszem, owszem, pół wieku temu babcia była piękną kobietą, urodę miała z gatunku długotrwałych i w okolicach pięćdziesiątki wciąż chyba jeszcze mogła się podobać. Nie powiększyłam grona niedowiarków.

— Ja wierzę... — zaczęłam.

— A, co tam, pani nietutejsza, a jeszcze do Grażynki się przyczepili, może pani wiedzieć, bo dlaczego nie? I tak nikogo to nie obchodzi, a ja pociechę mam największą, wnuka! Widzi pani? Jakie to zmyślne dziecko!

Zmyślne dziecko zdążyło doprowadzić aparat fotograficzny do stanu absolutnej drobnicy, a teraz właśnie przystępowało do odkręcania od ściany gniazdka elektrycznego. Na szczęście miało z tym kłopot, nie mogło dosięgnąć.

Ostrzegłam babcię przed możliwością porażenia prądem, co, drogą niewiadomych skojarzeń, poderwało ją z krzesła.

— O mój Boże, tam mi makaron rozmiękł całkiem, a Madzia ze Stasiem zaraz pewno przyjdą! Chyba już muszę dokończyć ten obiad. Ale jeszcze pani powiem, że ta Weronika to milkliwa była, już tam ona, żeby złote góry miała, słowem by się nie zdradziła, tylko o tej swojej nędzy gadała, to tak, a więcej nic. Prędzej Henio, ale on też taki mruk, a na starość zeskąpiał prawie jak siostra. Już tam wcale ostatnimi czasy do nich nie chodziłam i nawet nie wiem, jak żyli, tyle co od ludzi, znaczy, póki jeszcze on był żywy, to nawet gość jakiś czasem się pokazał, a potem to już prawie nic. Tyle co Grażynka i tak prawdę mówiąc, ona najwięcej wie.

Nagle zrozumiałam, dlaczego trzymają Grażynkę w Bolesławcu i postanowiłam pogadać z nią od serca.

☆ ☆ ☆

Grażynka siedziała w kącie hotelowej restauracji, podobnie jak przedtem w ogródku, tyle że tym razem towarzyszył jej jakiś facet. Ruszyłam ku niej niecierpliwie, dziko spragniona dalszych wyjaśnień, i nagle mnie zastopowało. Znów to samo, coś okropnego, przez ten piekielny list na każdym kroku zaczynam dostrzegać samą siebie, przecież za chwilę wdarłabym się im w środek spotkania, możliwe, że romansowego, niczym rozpędzony słoń do sklepu z porcelaną. Jak zwykle, na nic nie bacząc, ślepo i bezmyślnie realizuję swoje, kicham na cudze potrzeby i uczucia, i tak dalej, i tak dalej. Rzeczywiście, charakter mam cudowny...

Cofnęłam się gwałtownie, walnęłam plecami w klatkę piersiową jakiegoś człowieka i obcasem wlazłam mu na stopę.

— O, mać...! — wysyczał głucho, podskoczył na jednej nodze i chwycił się za drugą.

Zdążyłam ucieszyć się, że to nie kelner, bo mogłabym mieć na sobie cały posiłek, na przykład, dla dwóch osób, po czym zaczęłam go najgoręcej przepraszać. Zdziwił się bardzo wyraźnie.

— Pani mnie przeprasza, zamiast sobaczyć? Inna baba już by awanturę robiła, że czego jej się tu pcham na plecy i nogi podstawiam, a pani tego...? Ale ja się nie pchałem, jak Boga kocham, myślałem, że pani idzie dalej!

— Ja też tak myślałam. Zmieniłam zamiar, jak pan widzi, mam nadzieję, że nic złego panu nie zrobiłam?

— Nic, pestka, tylko po cholerę ja tak buty czyściłem? Teraz mi się różne zrobiły.

— Może panu chusteczkę pożyczyć...?

— Nie, ja mam, drobiazg, nie ma błota, to się wyrówna...

Wzajemne rewerencje trwały dostatecznie długo, żeby mnie Grażynka dostrzegła. Chyba słusznie nie runęłam na nią z rozpędem, bo jakoś bardzo szybko zakończyła pogawędkę z facetem, który zostawił ją przy stoliku i znikł z horyzontu. Nawet nie zdążyłam go obejrzeć, chociaż wydało mi się, że jest całkiem przystojny, taką nieco demoniczną urodą.

Grażynka pomachała do mnie ręką, nie było już zatem po co zwłóczyć.

— No i co? — spytała z niezwykłą u niej gwałtownością, zaledwie zdążyłam usiąść.

— Mnóstwo — odparłam natychmiast. — Słuchaj, ze wszystkiego wynika, że jesteś najważniejszą osobą. Główny świadek i bez ciebie nic. Czy ty wiedziałaś, że przed laty babcia od tej twojej Madzi romansowała z nieboszczykiem?

Grażynka popadła w zadumę.

— Ja wiem, że skróciłaś myśl, ale najlepiej z tego rozumiem, że babcia cię dorwała? I wreszcie miała nowego słuchacza? I mogła sobie dać upust?

— A co? Starzy słuchacze już dla niej do niczego?

— Kompletnie. O komplikacjach z Heniem i Weroniką wszyscy słyszeli około miliona razy i nikt już nie ma cierpliwości słuchać po raz milion pierwszy. Chociaż... — zawahała się. — Mam delikatne wrażenie, że tak naprawdę nikt nigdy nie wysłuchał babci porządnie. Cały ten, pożal się Boże, romans, taki był jakiś niemrawy, jakby wcale nie istniał. To znaczy, ja to znam też ze słyszenia tylko, bo mnie przy tym nie było, zdaje się, że miałam wtedy dwanaście lat i wcale tu nie przyjeżdżałam. Dopiero później...

— Czekaj, a numizmaty?
— Co numizmaty?

— O kolekcji numizmatycznej Henia też babcia gadała na prawo i na lewo?

Grażynka spojrzała na mnie jakoś dziwnie, zawahała się i zastanowiła.

— Czy ja wiem... Otóż, zdaje mi się, że nie. Nie... nie przypominam sobie, żeby u Madzi jakieś słowa na ten temat padły, a w końcu i po śmierci Henryka, i teraz, było dużo gadania. Więc raczej nie...

— Ale ty o niej wiesz?

Kelnerka nam przeszkodziła, uświadomiłam sobie, że od rana nic nie jadłam i obiad mi zbytnio nie zaszkodzi. Zamówiłam sobie pierogi, bo wiedziałam, że mają bardzo dobre, a Grażynka zdecydowała się na jeszcze jedną kawę i piwo. Piwo do pierogów pasowało, poparłam ją, pomyślawszy, że nikt mnie nie goni i nigdzie tak zaraz jechać nie muszę. Ponadto Bolesławiec nie Londyn, można iść piechotą.

Wróciłam do tematu z lekkim jakby przeskokiem.

— Ona cię tam pilnowała bez chwili przerwy? Nie pozwoliła ci się ruszyć? Patrzyła ci na ręce? On też?

— Kto? — zdumiała się Grażynka, lekko zaskoczona.

— Świętej pamięci Henio. I Weronika.

— A...! Henio i Weronika to były dwa różne światy. Z Heniem w ogóle ty sama rozmawiałaś przez telefon, a ja go widziałam na oczy wszystkiego raptem dwa razy...

— Ja ani razu.

— Oporny był, to też wiesz, ale za drugim razem trochę się rozkrochmalił...

Zamilkła nagle i znów się zawahała. Zaintrygowało mnie to wreszcie.

— Słuchaj, co ty tak dziwnie ze mną rozmawiasz? Nie zabiłaś przecież Weroniki, a Henio, o ile wiem, umarł sam z siebie, legalnie. Co się dzieje? Odblokuj te zamki pancerne!

Grażynka wsparła się łokciami na stole, brodę wsparła na zwiniętych pięściach i zadumany wzrok utkwiła w oknie. Westchnęła.

— No właśnie nie wiem. Coś mi tu nie gra w tym całym interesie. Właściwie nic mi nie gra. I jak się tak zastanawiam, wychodzi mi, że, cokolwiek bym powiedziała, zrobię się przez to jeszcze bardziej podejrzana. Nie chcę. I nie chcę, żeby... Nie chcę nikomu innemu zaszkodzić, jakiejś, rozumiesz, niewinnej osobie. Bo w końcu inaczej na różne rzeczy patrzy normalny człowiek, ty albo ja, a inaczej policja i nie ma na to siły.

— Oni muszą — zwróciłam jej uwagę.

— Toteż właśnie. I dlatego tak strasznie myślę, że aż mi to szkodzi.

— To widać. Nie myśl zbyt kameralnie, lepiej powiedz, co myślisz. A jeszcze lepiej, powiedz, co było i co widziałaś. I co wiesz. Napomykał Henio o numizmatach czy nie?

— Ja to nawet widziałam — wyznała Grażynka po długiej chwili z szalonym oporem.

Ożywiłam się gwałtownie.

— Pokazywał ci?

— Wręcz przeciwnie. Ukrywał.

— To jakim sposobem widziałaś?

Znów przeszkodziła nam kelnerka, przynosząc zamówienie. Pierogi nie zawiodły moich oczekiwań, piwo było zimne, sama radość, wysoce użyteczna w sytuacji skomplikowanej i stresującej. Ciało głowy nie zawraca, wszystkie siły dla ducha!

Tym razem trzymałam się tematu ściśle, bez odskoków.

— Cokolwiek to było, mów. Jakim sposobem widziałaś?

— Podejrzałam — wydusiła z siebie z trudem Grażynka. — Przez przypadek. I nawet nie wiedziałam, co podglądam. I to było rok temu, jeszcze przed jego śmiercią.

Zażądałam szczegółów. Grażynka zamyśliła się, zastanowiła, znów westchnęła.

— Kazałaś mi iść do niego koniecznie — przypomniała z subtelnym wyrzutem. — To była ta druga wizyta... Nie, czekaj, przy pierwszej był zły, taki naburmuszony, może dlatego, że przyszłam wcześniej, coś robił, ale nie zorientowałam się co, bo wypchnął mnie z pokoju. Ledwo zdążyłam drzwi otworzyć, zapukałam przedtem, oczywiście, i zdawało mi się, że powiedział „proszę". Więc weszłam i od progu zaczęłam przepraszać, że za wcześnie przychodzę, ale wiesz, jechałam wtedy w tamtą stronę, i nie przez Drezno, tylko wprost, nie miałam zamówionego hotelu, pogoda była dosyć parszywa, chciałam dojechać jak najdalej. No więc wyjechać jak najwcześniej. Dwóch słów nie zdołałam powiedzieć, bo zerwał się z miejsca... jakby coś, co miał przed sobą, zasłonił czy zamknął... taki ruch mi w oczach został... zerwał się, popędził do mnie i tak elegancko, pod łokietek, wypchnął mnie za drzwi. Rozmawialiśmy na tym ganeczku od frontu, nawet usiąść nie było gdzie, na stojąco, a tyle było tej rozmowy co kot napłakał. Potwierdził telefony od ciebie, powiedział, że może znajdzie swoją specyfikację znaczków, pokaże mi ten zbiór, ale nie teraz. Teraz nie ma czasu. Za wcześnie w ogóle przyszłam, on się jeszcze nie namyślił, następnym razem. Umówimy się na później. No więc uzgodniłam z nim, że wstąpię w drodze powrotnej, za trzy tygodnie. I cześć.

63

— No dobrze, i co dalej? — spytałam niecierpliwie, bo Grażynka na chwilę zamilkła.

— No i za tym drugim razem nie mogłam się do niego dodzwonić z drogi, żeby ustalić godzinę, ciągle zasięgu nie było. Tylko dzień miałam umówiony. Do Madzi dojechałam dosyć późno, wszyscy mówili, że o tej porze już się po ludziach nie dzwoni, bałam się mu narazić, gdyby już spał, a czy ja wiem, może on chodził spać z kurami, więc zaczęłam rano. Odbierała Weronika i mówiła, że brat zajęty, więc poprosiłam o przekazanie informacji, że przyjdę koło dziesiątej i diabli ją wiedzą, przekazała czy nie, ale o dziesiątej poszłam. Dom zamknięty, dzwonek nie działa, popukałam, nic, wydawało mi się nietaktownie walić pięściami i kopać, okna tam nisko, obeszłam dookoła i pozaglądałam wszędzie. No i w jego pokoju, w tym, z którego mnie wypchnął, porozkładane były na biurku... i chyba nawet obok, na krzesłach, na stoliczku... takie płaskie, czarne tace, a na nich coś. On to oglądał z jakimś facetem.

— Z jakim facetem? — spytałam surowo.

— Nie wiem. Widziałam go od tyłu, schylonego. Nie znam człowieka.

— Wyglądał staro czy młodo?

— Garbu, w każdym razie, nie miał — skrzywiła się Grażynka. — Nie miał też warkocza ani długich, siwych splotów. Nie był łysy, w okolicy ciemienia mu nie błyskało. Nie masował się po kręgosłupie. Nie był potwornie gruby ani szkieletowato chudy...

— Szkoda.

— Ja też żałuję. Znaków szczególnych brak. Patrzyłam tak, bo nie wiedziałam co zrobić, zapukać w okno czy jednak kopać w drzwi, z tego patrzenia zauważyłam jeszcze takie wielkie pudła koło biurka, na podłodze, jedno na drugim, niezła kupa tego była i wydawały mi się żelazne. Że nie znaczki, byłam pewna, więc co mnie to obchodziło, chciałam być tylko jako tako dobrze wychowana. Cofnęłam się, odeszłam stamtąd i zaczęłam myśleć na zewnątrz, za furtką, i na to nadeszła z miasta Weronika. Z zakupami. Jakaś taka zakłopotana się wydawała, zgadłam, że pewnie zapomniała bratu powiedzieć o moim telefonie, głupio mi było naciskać, no, wiesz jak to jest...

Wiedziałam. Równie dobrze wiedziałam, że ja bym nacisnęła rzetelnie i zażądała jeszcze później ekspiacji. Nie ja nawaliłam, tylko Weronika i niech się przyzna! No tak, w ten właśnie sposób objawia się pewnie ta moja agresywność...

Kochałaby mnie potem przyciśnięta Weronika bez opamiętania...!

Wyraźnie z tego wynikało, że Grażynka miała więcej rozumu i postąpiła słusznie, nie naraziła się przyszłej spadkobierczyni. Zaświtało mi to gdzieś tam, na samej górze, a tuż obok błysnęło coś więcej. Dziwnie Grażynka składała tę relację, o sobie, o podglądaniu, o widokach w pokoju rzeczowo i normalnie, nad facetem natomiast prześlizgnęła się wężowym ruchem. Był, drobiazg, mało ważne, a otóż nic podobnego, bardzo ważne! Skoro oglądał tacki z żelaznych pudeł, znał kolekcję numizmatyczną nieboszczyka Henia, kolekcji nie ma, jeśli podwędził ją zabójca Weroniki, musimy szukać kogoś, kto o niej wiedział. Żelazne pudło, samo w sobie, nie jest skarbem, chyba tylko dla zbieracza złomu...

— Poprosiła mnie, żebym jej pomogła — kontynuowała Grażynka, już jakby swobodniej. — Pomogłam, oczywiście, wniosłyśmy to do kuchni, nawet nie zwróciłam uwagi, że Weronika zamknęła drzwi, teraz to sobie przypominam, podawała mi te rzeczy, a ja układałam w lodówce...

— Dziwne — przerwałam cierpko. — Każda normalna pani domu lubi sobie poukładać w lodówce wedle własnego gustu...

— Może ona nie była normalna. Ale mówiła, co z przodu, co z tyłu, co wyżej, co niżej... Zmieniała zdanie i trochę to trwało, chociaż ogólnie produktów przyniosła niewiele. W każdym razie, jak wyszłam, Henryk był sam i już na mnie czekał. W bardzo dobrym nastroju, rozmawiał jak człowiek, owszem, zgodził się udostępnić spis tych swoich znaczków, nawet je pokazać, z tym że ciągle trochę kręcił, nie teraz, nie tak zaraz, ma w tym bałagan i tak dalej. Pomijam już to, że dużo by mi przyszło z oglądania, nie znam się... Porozumie się z tobą, na tym stanęło, ale to wiesz już dawno. W każdym razie numizmaty miał i ja je widziałam, bo dało się podpatrzeć, co na tych tackach leży. I nie przyznałam się, nie powiedziałam o nich ani słowa, zresztą, prawdę mówiąc, nikt mnie nie pytał. Poza tobą.

No proszę, wciąż byłam szkodliwa dla otoczenia...

— Nic ci nie poradzę, ale tego człowieka trzeba odnaleźć — oznajmiłam stanowczo. — On, ten świętej pamięci Henryk, rzeczywiście swoją kolekcję ukrywał, bo nawet ci, a niewielu ich, którzy o znaczkach wiedzieli, o monetach nie mieli pojęcia. I te znaczki to też nie taki znowu wielki szał, chyba że dla mnie. A ten jeden wiedział, oglądał, nie twierdzę, że osobiście kradł i mordował, ale mógł komuś powiedzieć albo coś w tym rodzaju. Od tyłu go poznasz?

W Grażynce wykiełkował nagle jakiś tajemniczy opór.
— Wątpię. Chyba nie.
— Może drogą eliminacji? — zaproponowałam, nie rezygnując, mimo to, z szansy. — Płomiennie rudy nie był?
— Nie. Raczej nie.
— Miał może potwornie krzywe nogi?
— Nóg nie widziałam dokładnie. Stolik i krzesła zasłaniały.
— Ale poruszał się? Wstawał, siadał, przechodził z miejsca na miejsce?
— Ogólnie siedział. Owszem, podnosił się i pochylał.
— Wypinał tyłek w twoim kierunku?
— Nie. Nie w moim.
— To jak? Skoro był tyłem...?
— Jakoś tak skośnie. I nie wpatrywałam się specjalnie w jego tyłek.
— O, mój Boże... To w co się wpatrywałaś?
— Tak ogólnie się wpatrywałam. Teraz sobie uświadamiam, że właśnie w tacki. Dlatego dostrzegłam, że na nich są krążki. Bo przecież mogło być cokolwiek, nici na przykład, nie?
— Jakie nici?
— O Jezu, nie wiem. Kolorowe. Do haftu. O, mogły być hafty. Zabytkowe. Kamienie, jakieś okazy geologiczne... Zasuszone roślinki!
— No owszem, mogły być — zgodziłam się, gwałtownie myśląc. — Czekaj. Ale przecież on był ubrany?
— Gdyby był goły, zwróciłabym uwagę — zapewniła mnie sucho Grażynka.
— W co był ubrany?

— W coś normalnego i przeciętnego. Nie miał plażowej koszuli w kwiatki, jak ten półgłówek w telewizji, chociaż było przecież lato, nie miał żadnych pstrokatych farfocli... Jakąś marynarkę albo wdzianko.
— Jasne? Ciemne?
— Pośrednie, między jasnym a ciemnym. No mówię ci przecież, nie rzucało się w oczy nijak. Nie do zapamiętania. Gdyby wyszło na jaw, że miał zamsz albo skórę glacé, też bym się nie zdziwiła. I czego ty się go czepiasz, to mógł być najniewinniejszy człowiek świata, anioł z nieba!
— Miał może duże, białe skrzydła?
— Oszalałaś...!
Z szalonym wysiłkiem spróbowałam odczepić się od faceta. Stanowił mój jedyny punkt wyjścia, jeśli cokolwiek mogło wzbudzić chciwość sprawcy, to tylko ta kolekcja, uparcie i starannie ukrywana. Chyba, że było jeszcze coś, o czym nikt nie wie... Nie ma siły, Grażynkę należy wydoić do imentu, a więcej powie mnie niż glinom, oni jej nie znają, dadzą się wpuścić w gęste maliny.
— Należałoby spytać Weronikę, co wie o gościach brata — powiedziałam z rozpędu. — Już się nie da, szkoda. Zaraz, czekaj. Myśl teraz!
— Cały czas myślę — mruknęła Grażynka i obejrzała się za kelnerką, bo siedziałyśmy w tej restauracji zgoła nieprzyzwoicie, nie mając już nic do picia. Kelnerka dostrzegła jej ruch.
— Bywałaś u Weroniki — podjęłam. — Pomagałaś jej w czymś tam...
— Gabinet Henryka zamknęła na cztery spusty — zwróciła mi uwagę Grażynka.
— Ale ja teraz nie chcę gabinetu Henryka. Gdzieś tam stało Księstwo Warszawskie, widziałaś je. Przy-

pomnij sobie porządnie, może jakaś porcelana, nie, to głupie, skąd u nich epoka Ming, a nawet o wczesną Miśnię nikt nikogo nie morduje, ale może srebra stołowe...? Oryginał El Greco na ścianie? Chełmoński...?

Podeszła kelnerka, złożyłyśmy zamówienie, piwo wydało nam się najłagodniejsze. I zwykły serek, niech będzie.

— Oryginału od kopii nie odróżnię — powiadomiła mnie zimno Grażynka. — Wiem, co masz na myśli. Złoto, dolary, biżuteria, nie, raczej nie. Wypatroszyła ten dom, widziałam, jak rzeczy znikają, tapczan, fotele, szafa, dywanik, makata ze ściany... Posprzedawała. Komódka tam stoi, serwantka, antyki chyba, owszem, ale tak zniszczone, że nikt na to nie poleci, chyba że znawca, a i to za grosze kupi. A do jedzenia, słowo ci daję, miała głównie te resztki z restauracji, rozdzielała sobie na cały dzień i kotu dawała...

Pamięć podsunęła mi pusty półmisek. No proszę, na cały dzień, a tu jeszcze dużo dostała! Kto w końcu, do cholery, to całe żarcie wrąbał...?!

— ...w ogrodzie hodowała pietruszkę i buraki, ale marnie jej rosło. A, i miętę. Mięta owszem, na cały rok jej mogła starczyć.

— Albo rzeczywiście żadnego skarbu nie posiadała, albo nie wiedziała, że posiada — zaopiniowałam, z wysiłkiem trzymając się tematu. — Ale do gabinetu Henryka w końcu weszłaś...

— Na samym końcu — uściśliła Grażynka.

— Nie szkodzi. Pokazała ci klasery, udostępniła ten cały interes. Pudła... zaraz. Jakie te pudła były? W sensie rozmiaru, wszystkie razem, ile...?

— A o — powiedziała Grażynka i pokazała rękami obok stolika. — Taka kupa mniej więcej. Nie widziałam ich wszystkich razem, tylko porozkładane, ale potrafię sobie wyobrazić.

Też potrafiłam. Mniej więcej duża i gruba waliza. Albo zgoła kufer. Wynoszenie czegoś takiego zostałoby zauważone przez sąsiadów, nawet gdyby ktoś wynosił od tyłu. Żelazne, ciężkie jak piorun, niby można po jednym, ale długo by trwało. No dobrze, i co mi z tego...?

W tym momencie przypomniała mi się baba z worami i z synem, zbieraczem złomu. Wspaniale, to co ten syn? Znalazł pudła wyrzucone na śmietnik? A zawartość? Żaden numizmatyk świata nie wsypie cennych monet do worka byle jak, to jak szmaragdy, a może i lepiej, dostatecznie zniszczone przez czas, żeby nie niszczyć ich bardziej, te rzeczy traktuje się delikatnie, każda dodatkowa skaza obniża wartość! Zatem co? Sprawca zbrodni, a zarazem złodziej kolekcji, zabrał tylko tacki z monetami, a ciężkie pudła wyrzucił? A ten syn je znalazł? Gdzie? Kiedy?!

Zanim zdążyłam opowiedzieć Grażynce o wydarzeniu, zastanowiłam się, po co mi w ogóle ten cały galimatias potrzebny, nie ja przecież, do licha, prowadzę śledztwo! A, prawda, mam uwolnić Grażynkę od ciężaru podejrzeń i wiedzy, żeby przestała być tu potrzebna i mogła wrócić do Warszawy. Czy ona wie coś więcej? Jeśli wie, niech powie natychmiast!

— Ale ty z nią rozmawiałaś od czasu do czasu? — spytałam z troską.

— Przy pierwszych trzech wizytach wyłącznie. Dopiero przy czwartej wpuściła mnie do gabinetu Henryka i pokazała mi klasery, a przy piątej usiadłam do roboty. No, a potem już... sama rozumiesz.

— No to ona przecież coś mówiła, nie?

— Mówiła. Z początku tylko o bracie i z przeraźliwą dokładnością dowiedziałam się, jak umarł. Na zawał padł. Miał kłopoty z sercem, jakieś ataki, leczył się... Naprawdę chcesz usłyszeć ze szczegółami? Bo ja usłyszałam, opowiadała sugestywnie, sama zaczęłam zipać, dusić się, słabnąć, łapać się za klatkę piersiową i odczuwać bóle, a w środku mi się telepało. Też tak chcesz?

— Nie, wolę ogólnie.

— Ogólnie, to on tak ze zdenerwowania. Jak wiatr popchnął okno i kwiatek zleciał, Henio o mało trupem nie padł od razu. A w dniu śmierci narzekał, pogoda była dla niego niedobra, poszedł do gabinetu, coś tam robił, ciężary przenosił, a też mu to szkodziło, na obiad nie wyszedł, chociaż go wołała, więc zajrzała i on już leżał nieżywy. Pogotowie przyjechało bezskutecznie. Lekarz stwierdził zwyczajny zawał.

— Jakie ciężary? — zainteresowałam się podejrzliwie.

— Co, jakie ciężary?

— Jakie ciężary nosił w tym swoim gabinecie i skąd ona to wie?

— Ano właśnie, tu ją zastopowało — ożywiła się Grażynka. — Też mnie zdziwiło, meble przestawiał czy jak? Żeby w ogródku, to jeszcze, zrozumiałabym, można rąbać drzewo, ziemię przerzucać, cokolwiek, ale w gabinecie? Spytałam całkiem delikatnie, a ona się prawie obraziła, niby co mnie obchodzi, jakie ciężary Henio przenosił, dopiero o wiele później jej się wyrwało, i też niewyraźnie, że porządki sobie robił. Może i rzeczywiście coś przestawiał albo przepychał z jednego miejsca w drugie...

— Może te żelazne pudła? Porządkował kolekcję...

— Też możliwe. Dźwignął któreś albo nawet dwa naraz, albo mu upadło, albo co... Nie, gdyby upadło, Weronika by usłyszała, a o hałasach nie mówiła.

— Ale i tak, skoro ją, jak mówisz, zastopowało, można wnioskować, że w grę wchodziły pudła. Babcia twierdzi, że o numizmatach Weronika musiała wiedzieć, nie miała ochoty o nich gadać. Może świtało jej, że to cenne i uda się sprzedać? Szukała kupca... O, właśnie, jak skończyła z Henrykiem, co mówiła? Może coś o tym tam jakimś siostrzeńcu, który obecnie ma być spadkobiercą? Mnie ten siostrzeniec interesuje, nadal chcę kupić znaczki, rwę się do nich!

Grażynka zawahała się.

— Czy ja wiem...? Narzekała na samotność, niby to człowiek ma jakąś rodzinę, a nikogo nie obchodzi, jak do spadku, to jak te kruki przylecą, a za życia to ich nie ma. Myślę, że to było właśnie o siostrzeńcu. Testament Henia tak ganiła, chociaż zostawiał jej przecież pełne dożywocie i wszystkie możliwe prawa, mogła nawet... Nie, zdaje się, że właśnie nie mogła. Nie mogła sprzedać domu i ogródka. Ale mogła wynająć, tylko wynajmować nikt nie chciał. Tak zrozumiałam.

— Nazwisko siostrzeńca nie padło?

— Ani razu. Nawet imię. Określała go mianem „rodzina".

— No nic. W testamencie figuruje, jakoś go dopadnę. Czekaj, a ogólnie o gościach brata? O jego znajomych? O tej ostatniej wizycie, na którą sama trafiłaś?

Grażynka wypiła trochę piwa i zamyśliła się w głębokim skupieniu.

— Nie wiem. Ona w ogóle nie była gadatliwa, gdzie jej do naszej babci! Ale, czekaj! Ja już przyjechałam po wszystkim, do tamtego domu mnie nie wpuścili, nic nie wiem, czy nie zrobili żadnego przeszukania? Mogli przecież znaleźć jakieś notatki po Heniu, nie wiem, notes, kalendarze, korespondencję? Wydłubać z tego jego znajomych i całą resztę?

Co znaleźli u Henia, też nie wiedziałam dokładnie, nie zaskarbiłam sobie życzliwości władz śledczych i nie miałam szans na swobodne pogawędki. Głównie interesowały mnie klasery i spadkobierca, zlekceważyłam resztę. Błąd.

— No trudno, głupia jestem — powiedziałam z irytacją. — O tym jakimś, którego widziałaś, trzeba im powiedzieć. Na pewno coś znaleźli... A propos jakiś, co to za jakiś siedział tu z tobą, jak przyszłam? Znajomość lokalna?

Grażynka nie tylko zakłopotała się, ale nawet poróżowiała na twarzy. Opór wokół niej wręcz zawirował.

— Cholera. Chciałam ci nie mówić. Myślałam, że może nie zauważyłaś, bo się tam kotłowałaś z kimś...

— Nie tkaj prywatnych tajemnic do oficjalnego śledztwa — zganiłam ją surowo. — Tylko głupi melanż z tego wyniknie i nic więcej. Mogę milczeć jak głaz. Kto to był?

— Jeden taki — powiedziała Grażynka żałośnie. — Ja się tak waham co do niego, a on był w Dreźnie... I tu też przyjechał...

Przypomniało mi się pytanie, które miałam jej zadać na samym początku i pomyślałam, że chyba już nie muszę go zadawać.

— Rozumiem. To z nim się widziałaś pomiędzy wyjściem od Weroniki a powrotem do Madzi, wtedy, w dzień zbrodni...

— Właśnie nie! — zdenerwowała się nagle Grażynka. — Zaraz, skąd wiesz...? Właśnie się nie widziałam, chociaż byłam umówiona! Skąd wiesz?!
— Z zeznań świadków. Sprawdziłam godziny. Jechałaś ten mały kawałek co najmniej dwadzieścia trzy minuty, a wystarczą cztery. Zastanawiałam się, co robiłaś i gdzie byłaś, ale już odgaduję. Dlaczego się nie widziałaś, skoro byłaś umówiona?
— Bo nie przyszedł. O wpół do ósmej mieliśmy się spotkać w takiej kawiarni na końcu ulicy... Spóźniłam się, od Weroniki wyszłam pięć po wpół, sama rozumiesz, że patrzyłam na zegarek, trzy minuty, no dobrze, spóźniłam się osiem minut. I jego nie było. Pomyślałam, że on też się spóźnia, czekałam, zła byłam, potem przyszło mi na myśl, że był i odjechał po pięciu minutach, bo mnie nie było, żeby mnie ukarać za spóźnienie, więc natychmiast też odjechałam. Spotkaliśmy się dopiero w Dreźnie.
— Też był na tym weselu?

Grażynka wydawała się coraz bardziej zmieszana, co mnie dziwiło, bo w końcu była dorosłą, samodzielną kobietą i mogła spotykać się, z kim jej się żywnie podobało, w dowolnym zakątku Europy. Po chwili dopiero przyszło mi na myśl, że z chłopakiem coś nie gra i ona się tym dręczy. Żonaty, do licha, czy co...?

— Wcale nie był na weselu, nikt go nie zapraszał, pojechał tam za mną. Dla mnie. Trochę... no... trochę może byliśmy pokłóceni i on to chciał wyjaśnić. Możliwe, że ja też... Wyjaśniło się i odjechał wcześniej.
— I tu przyjechał...? Zaraz. Gdzie on mieszka?
— W Warszawie.
— I znów tu przyjechał?

— Znów... O Boże, w ogóle ci go nie chciałam pokazywać!

Teraz już mnie zaniepokoiła poważnie. Do związków z facetami jakoś nie miała fartu, lgnęli do niej nieodpowiedni i wciąż przeżywała jakieś katusze. Kolejny nieudacznik jej się przyplątał? Wrażenie robił całkiem niezłe...

— Powiedz od razu, o co chodzi — zażądałam stanowczo. — Może być w skrócie. Nie jest wstrętny, wiekiem pasuje, wydawał się trzeźwy, więc co? Żonaty?

Grażynka z szalonym trudem usiłowała zachować opanowanie.

— Nie, żonaty nie. Jest... no... Może trochę... Nie wszystko... Tak w jednym zdaniu nie da się powiedzieć...

— Zależy ci na nim?

— Zależy.

— Jemu, jak widać, też. Gdzie zgryzota?

— Och... Wszędzie... On nie jest... On jest...

Nagle dreszcze mi po plecach przeleciały, bo uprzytomniłam sobie, co robię. Dokładnie to, co było w liście. Agresywna, natrętna, nietaktowna, znęcam się nad nią, czepiam się, a niby z jakiej racji, jak ta Grażynka ma ze mną wytrzymać?! Jej życie, nie moje, a któraż z nas ma ochotę przyznawać się do wszystkich głupot...?!

— Dobrze już, dobrze — powiedziałam pośpiesznie. — Dajmy sobie z tym spokój, przesadziłam, mam nadzieję, że z tą tutejszą zbrodnią on nie ma nic wspólnego, niech sobie będzie, jaki chce. Powiedz tylko jeszcze, jak mu na imię, żeby w razie czego było wiadomo, o kogo chodzi.

— Patryk. W razie czego?

— Chociażby rozmowy. Łatwiej używać imienia niż licznych omówień. Odjechał do Warszawy?
— Nie wiem...
— Czort go bierz, niech siedzi na rynku... nie wiem, gdzie Bolesławiec właściwie ma rynek... albo niech jedzie do Argentyny, wszystko jedno...
— Nie dla mnie...
— Przecież mówię, że przestałam się czepiać! — wrzasnęłam rozpaczliwie. — Mamy tu co innego do roboty niż wdawać się w uciążliwe romanse! O Wiesiu ci miałam powiedzieć i o złomie, a nie patroszyć chłopaka!

Wytrącona nieco z równowagi, Grażynka wróciła do spraw bieżących z szybkością godną podziwu.

— O jakim Wiesiu i o jakim złomie?

Opisałam jej własne przeżycia na tyłach domu zbrodni. Ożywiła się i równocześnie zatroskała.

— Glinom o tym mówiłaś?
— Nie, wyleciało mi z głowy. I, prawdę mówiąc, nie jestem pewna, czy należy...

Żeby piorun strzelił te korekty charakteru! Przyszło mi do głowy, że znów zrobię świństwo jakiejś ludzkiej osobie. Baba z worami była zmieszana, zakłopotana, a może ten Wiesio zbiera złom nielegalnie, nie słyszałam, co prawda, o zakazie zbierania złomu, ale diabli wiedzą jakie kretyńskie zarządzenia, skierowane przeciwko przyzwoitym ludziom, mogą u nas istnieć, w tej dziedzinie kwitniemy bujnie. Facetka niewinna jak dziecko, Wiesio pracowity i operatywny, ciężkim wysiłkiem zarabia na utrzymanie swoje i mamusi, a ja na nich gliny napuszczę. Kolejny duży sukces!

— Sama nie wiem, co robić — wyznałam, zmartwiona. — Ostatecznie, od zbrodni upłynęło już prawie półtora tygodnia, gdyby targała żelazne ciężary zaraz nazajutrz, miałoby to jakiś sens, ale teraz...?

— Jednakże ten jej Wiesio skądś to wziął — przypomniała Grażynka. — Może złodziej zabrał tacki, a wyrzucił opakowanie? Wiesio znalazł, powie gdzie, a może ktoś tam coś widział? Powinno się to sprawdzić, nie? Inaczej resztę życia spędzę w Bolesławcu!

Było w tym dużo racji. Pójdę do glin... Zaraz, spokojnie, nie pokochali mnie nad życie. Wiem!

— Pójdę do tej baby osobiście — zadecydowałam. — Od razu, póki jeszcze pamiętam, gdzie mieszka. I niech jej będzie, napiję się herbaty...

Grażynka, nagle ożywiona, zerwała się z krzesła.

— Czekaj, dam ci pretekst! Przywiozłam taką herbatę, namówili mnie, kupiłam, ekspresowa, pakowana w małe paczuszki po dziesięć sztuk. Powiesz jej, że to tak w ramach rewanżu, do spróbowania. Nazywa się Marco Polo.

Też się podniosłam i skrzywiłam.

— Do licha, nie lubię tej Marco Polo. Moje dzieci za nią latają, ale ja w niej nic szczególnego nie widzę...

— To i lepiej, nie będzie ci żal zostawić babie. Zaczekaj, zaraz ci przyniosę, już wracam!

Popędziła w głąb hotelu. Usiadłam z powrotem. Coś budziło we mnie jakby niepokój, nie, to za dużo powiedziane, cień niepokoju. Na peryferiach umysłu plątało mi się nikłe wrażenie, że nie wszystko jest w idealnym porządku, wrażenie było tak mgliste i niepewne, że nawet nie mogłam się go uczepić. Rzuciłam okiem na szklankę, okazało się, że nie wypiłam piwa, może ten fakt wydał mi się nienaturalny...?

Wróciła Grażynka z herbatą, znów się podniosłam, zostawiłam ją przy stoliku i pojechałam do baby. Kanciaste toboły z wejścia już znikły, baba w progu obierała kartofle, dzięki czemu nie musiałam pukać i przedstawiać się wielkim krzykiem. Ucieszyła się na mój widok, chociaż ponownie do tej uciechy dołączyło się lekkie zmieszanie i zakłopotanie. Herbata zadziałała uspokajająco, przyjęła ją chętnie i od razu zaproponowała degustację, co mi było bardzo na rękę.

Przesłuchanie zaczęłam nieco okrężnie, od drezdeńskiego wesela Grażynki, bo nic innego neutralnego do głowy mi nie przyszło, ale rychło przeszłam na agitację buntowniczą, kto to widział, żeby kobiety nosiły ciężary i tak dalej. Zanim zbliżyłam się do tematu zasadniczego, uświadomiłam sobie, na co patrzę i co widzę.

Siedziałam przy kuchennym stole, kuchnia tam była staroświecka, duża, służąca zarazem za jadalnię, i naprzeciwko siebie miałam otwarte drzwi do sąsiedniego pomieszczenia. Trudno było ocenić, co to za pomieszczenie, bo obok siebie znajdowały się: początek drabiniastych schodków na strych, fragment półek zawalonych jakimiś puszkami i narzędziami, mała umywalka i kawałek sedesu z rezerwuarem na górze. Jakoś mi się te elementy ze sobą wzajemnie nie zgadzały, ale nie to było istotne. Pod umywalką, obok półek, leżał stos żelaznych pudeł.

Pudła walizkowego kształtu, dość porządnie opisane przez Grażynkę. Pudła po numizmatach nieboszczyka Fiałkowskiego. Czy może nadal wypełnione numizmatami...?

Zrezygnowałam z dyplomacji, w mgnieniu oka postanowiłam robić za idiotkę, przez całe życie wychodziło mi to znacznie lepiej niż wszelkie kunsztowne zabiegi. Mogłam niby udawać, że chcę skorzystać z toalety i wyjaśnić kwestię niejako własnoręcznie, ale to, niestety, przyszło mi na myśl w drugiej kolejności.

— O! — ucieszyłam się, wskazując stos łyżeczką i przerywając sobie w pół zdania. — To był ten złom, który pani dygowała? Dziwię się trochę, te rzeczy sprzedają na arabskich bazarach jako walizki i wcale nie są takie ciężkie! Wypakowanych porządnie nikt by nie uniósł. Gdzie pani syn to znalazł?

Baba zgorzała, zaczerwieniła się, a potem zbladła. Zerwała się od stołu i popędziła zamknąć drzwi do pomieszczenia. Drzwi, niestety, były potężnie wypaczone, nie pozwalały się zamknąć, otwarcie następowało samoczynnie, uparcie prezentując widok na wnętrze. Przelotnie zastanowiło mnie, jak też udaje się komukolwiek osiągnąć pożądaną intymność w toalecie, ale wpadła mi w oko zasuwka od wewnętrznej strony, zrozumiałam, dociąga się siłą i zabezpiecza zasuwką. Od zewnątrz zasuwka jest niedostępna i drzwi muszą się otwierać, chyba że zastawi się je, na przykład, ciężkim krzesłem.

Ciężkiego krzesła w pobliżu nie było, baba zrezygnowała z wysiłków, usiadła znów przy stole.

— Ja tam nie wiem — powiedziała słabo i niepewnie. — Wiesio tak różnie znosi... Nie ciężkie one wcale, nie, to inne rupiecie tak ważyły, szyna była. Kawałek. I jakieś takie połamane... Rozmaite, nie patrzyłam, sam rozpakował, ale jeszcze do skupu nie zawiózł, po więcej pojechał, żeby już razem...

— A gdzie zostawił? — spytałam z wścibskim uporem. — Te wory, cośmy je wiozły, to skąd pani targała? Z daleka?

— Gdzieżbym tam z daleka dała radę! Tam, zaraz blisko, taka szopa... A na co to pani wiedzieć?

W okropnym pośpiechu spróbowałam wyobrazić sobie siebie na jej miejscu. Załóżmy, mój syn kradnie... a diabli go wiedzą, może i morduje... obca osoba dociska mnie o szczegóły, po cholerę jej...? Wszystko jedno, syna muszę chronić... Ależ zełgałabym cokolwiek! Możliwie przekonywająco, z zapałem nawet, wmówiłabym w nią byle jakie miejsce, wymyśliłabym, że kumpel przywiózł mu wózeczkiem z drugiego końca miasta, kumpla nie znam, na oczy go nie widziałam! Albo lepiej, pudeł wcale nie woził, dostał je miesiąc temu od nieboszczki, wówczas jeszcze żywej, leżą tu już od dawna, puste. A jeśli osoba zechce zajrzeć...?

W roli matki złoczyńcy poczułam się nad wyraz niewygodnie, z dwojga złego wolałabym już chyba sama być złoczyńcą. Baba zapewne też, nie zaczęła od łgarstwa, to było widać. Miejsce pobytu pudeł musiało tu grać istotną rolę, równie dobrze było widać, że rozpaczliwie usiłuje znaleźć temat, który by zawiódł moją ciekawość na jakiekolwiek manowce i odczepił mnie od złomu.

— A, bo widzi pani — odpowiedziałam na jej pytanie — ja znam takie pudła. W tym się czasami przechowuje kolekcje... — zawahałam się, jakie kolekcje, do licha, bez przesady z tą prawdą...! — między innymi filatelistyczne... A ja, szczerze mówiąc, pertraktowałam jeszcze z panem Fiałkowskim, a potem z tą zamordowaną nieboszczką, on miał albumy, chciałam odkupić. I możliwe, że je trzymał w tych pudłach, a tam, o ile wiem, coś mało tego zostało, więc kto wie czy nie zostały wyniesione... A może coś z nich wypadło? To tak byle jak wygląda, może złodziej nie zwrócił uwagi? Zależy mi, wie pani jak to jest, człowiek do końca ma nadzieję, chciałam popatrzeć, poszukać. Złodziej wyrzucił, pani syn znalazł... Dlatego pytam, gdzie to było? Zbiłam facetkę z pantałyku doszczętnie. Wprowadziłam w jej umysł straszliwe zamieszanie, kim jestem w końcu, wrogiem, sprzymierzeńcem czy wspólnikiem? Niewinność Wiesia wciąż jeszcze wydawała się możliwa, z całym przestępstwem nie miał nic wspólnego, ale boi się wplątać, bo reszta jego biografii słabo przypomina kryształ. A mój głupkowaty upór i jakieś tam poszukiwania mogą nabruździć. Na jej miejscu sama bym się zastanawiała, co ze mną zrobić. Przeważyła nieufność.

— Tak naprawdę, to na drodze leżało — wyznała.
— Wiesio już worki ciągnął, upakował na chybcika, a śpieszył się... No to poszłam, bo gdzieś tam, powiadał, żelastwa wyrzucili, z dawnego POM-u czy jak... Łakome, więc poleciał.

Nawet jeśli nie było w tym cienia prawdy, miejsce chciałam obejrzeć. Straciłam jednakże złudzenia, baba da się namówić, pojedzie ze mną i zrobi to, co wymyśliłam na początku dla siebie. Pokaże mi byle jakie miejsce, które w życiu żadnego pudła na oczy nie widziało.

— No to nie ma co szukać — westchnęłam.
— Szkoda. Nie będę pani głowy zawracać... Mogę spojrzeć, czy w tych pudłach nic nie zostało?

Gorliwość, z jaką zerwała się dla dokonania prezentacji, wystarczała najzupełniej, mogłam nie patrzeć, pudła bez wątpienia były puste. No i były, spojrzałam dla zachowania pozorów, zdziwiłabym się, gdyby cokolwiek się w nich telepało. Przeprosiłam nieszczęsną babę, podziękowałam i wyszłam.

Wsiadłam do samochodu i zastanowiłam się nad sobą. Co ja w ogóle robię, do licha, o co mi chodzi? Klasery ze znaczkami leżą w zaplombowanym domu zbrodni nietknięte, zaginione numizmaty nic mnie nie obchodzą, cała zbrodnia nie dotyczy mnie w najmniejszym stopniu, nie ja prowadzę dochodzenie, czego się czepiam? Jedyne, co mi leży na sumieniu i nie tylko na sumieniu, co tkwi, można powiedzieć, w mojej egzystencji, to Grażynka. Z głupoty zaliczona do grona podejrzanych. Nie, niezupełnie z głupoty, raczej z posuchy, kompletny brak innych kandydatów, ewentualnie taki nadmiar, że nie sposób w nich wybierać. Każdy bandzior, każdy półgłówek, zapatrzony w rzekome mienie Weroniki, nawet jakieś przypadkowe bydlę na gościnnych występach, każdy chciwiec tchórzliwy, z fartem, bo go nikt nie widział, a zarazem z niefartem, bo go Weronika złapała na gorącym uczynku... Do wyboru, do koloru, śledztwo prowadzone beznadziejnie, gdzie oni podzieli mikroślady...?! Oportunistycznie uczepili się Grażynki, zaniedbując resztę, a teraz co, ja mam za nich nadrabiać te zaniedbania? Czy ja nie mam co robić...?!

Nie zapalając silnika, rozważałam sprawę. Z chwilą zwolnienia Grażynki z aresztu hotelowego, mogę temu wszystkiemu dać spokój, nie poświęcę przecież życia rozwikływaniu zbrodni w Bolesławcu! Pytanie, kiedy władze odzyskają rozum i zwolnią Grażynkę. Jak w ogóle z nimi rozmawiać, żeby nie pogorszyć sprawy po tym moim pierwszym występie? Jak się dowiedzieć...?

We wstecznym lusterku ujrzałam nagle babę, która wybiegła z domu. Stałam z boku, za jakimś gęstym krzewem, nie zauważyła mnie, chociaż się rozejrzała, albo może zwyczajnie nie skojarzyła. Pobiegła w przeciwną stronę.

Zawróciłam, ruszyłam za nią. Znikła mi z oczu. Bez żadnych podstępnych zamysłów pojechałam tam, gdzie mnie ciągnęło od początku, na tyły domu Weroniki. Po drodze w moim umyśle zaszły jakieś procesy, które kazały mi zaparkować od frontu i dalej udać się piechotą, w dodatku niejako od odwrotnej strony.

Jeśli nawet myślałam cokolwiek, nie zdawałam sobie z tego sprawy. Ogólnie biorąc, byłam zła na siebie, cała sytuacja nie podobała mi się w najwyższym stopniu, ja sama sobie jeszcze bardziej, beznadziejność poczynań waliła obuchem, brak sensu wręcz skwierczał niczym słonina na patelni. Wyszłam na gruntową drogę parę posesji dalej i całość doznań odwróciła mi się do góry nogami.

Musiała istnieć jakaś krótsza droga od domu baby do domu Weroniki, bo baba pojawiła się tam równocześnie ze mną. No owszem, z tej całej niepewności jechałam powoli i ślamazarnie, możliwe, że jakoś okrężnie, po zaparkowaniu nie wysiadłam od razu, trwało to w nieskończoność, ona zaś leciała jak z pieprzem. Zdyszana była i zziajana. Wniknęła w roślinność, zarastającą zrujnowane parkany, dwa domy od Weroniki, zaledwie kilkanaście metrów od miejsca, skąd ją zabrałam razem z jej worami.

Poszłam tam i zajrzałam przez zielska.

Fakt, iż oparzyła mnie wyjątkowo wyrośnięta pokrzywa, nie miał wielkiego znaczenia, aczkolwiek dobitnie świadczył o moim ogłupieniu. Nie zauważyłam dorodnej pokrzywy...?!

No dobrze już, dobrze, miałam co innego do zauważania. Zadyszana facetka weszła do domku, który robił wrażenie opuszczonego. Niezamieszkanego. Zwyczajny, stary domek, drewniany, z tych, które można przerobić na cacko, ale najwidoczniej nikt jeszcze przerabiać go nie zaczął. Szyby w oknach istniały, także okiennice, z których jedna zwisała naderwana, drzwi niewątpliwie udawało się zamknąć, bo facetka otworzyła je kluczem, dach był w całości, tyle że porośnięty mchem i głowę bym dała, że rynny miał zapchane. Ale nie na inwentaryzację tu przyjechałam... Całość wielkim głosem krzyczała o opustoszeniu, jeśli nawet ktokolwiek w tym lokalu mieszkał, aktualnie go nie było i musiało go nie być już co najmniej rok. Najkrótszy okres, możliwe, że i trzy lata. Reszta posiadłości pasowała do stanu budynku, skrzywiona nieco szopa stała przy samym ogrodzeniu, ziejąc otworem bez żadnego zabezpieczenia.

Powinna była wejść do tej szopy. A otóż nie, weszła do domu. Tkwiłam za zwałem roślinności, w ogródkach zazwyczaj niepożądanej, sama zdumiona, że zdobywam się na taką cierpliwość, pełna współczucia dla nieszczęsnej kretynki. Biedna ofiara, usiłująca chronić syna-łajdaka.

Wyszła w końcu. Ściśle biorąc, wybiegła. Wpadła do szopy. Na krótko, wyszła z niej nieco spokojniej, na ile mogłam dostrzec z daleka, na pobladłej twarzy miała wypieki. Nie rozglądając się, ruszyła w drogę powrotną.

No dobrze, dowiedziałam się, skąd Wiesio targał pudła. Ciekawe, co mi z tego przyjdzie...

Po raz pierwszy w życiu włamałam się do cudzego domu.

☆ ☆ ☆

— Na litość boską — powiedziała z przerażeniem Grażynka na mój widok. — Coś ty robiła? Miałaś wypadek?! Gdzie byłaś w ogóle?!
Czym prędzej z lekkim niepokojem obejrzałam się w lustrze, co aż do tej chwili jakoś do głowy mi nie przyszło. Może dlatego, że na żadne nie trafiłam, pierwsze napotkane zwierciadło znajdowało się w wejściu do hotelowej restauracji.

— No owszem, nieźle — pochwaliłam własny wygląd zewnętrzny, złapawszy dech, bo też istotnie widok stanowiłam dość osobliwy. — To co, chyba nie mogę tak wejść między ludzi...?

— No pewnie, że nie! Co się stało?!

— Zaraz ci wszystko opowiem... nie, nie miałam żadnej katastrofy... tylko się trochę ogarnę. Skoczę do pokoju i wrócę.

W łazience przyjrzałam się sobie ponownie, prawie z podziwem. Bluzkę pod szyją miałam rozerwaną, rękaw od kurteczki nieco naddarty, jedną kieszeń częściowo odprutą, ale było to nic w porównaniu z szaloną malowniczością twarzy, obficie udekorowanej czarnymi plackami i smugami. Szczytem arcydzieła był wspaniały turban z pajęczyn, zdumiewająco solidny, omotujący mi całą głowę i spływający w dół, aż na odzież. Zdaje się, że plątały się w nim dwa nieduże pajączki, może trzy, nie liczyłam uważnie. Drzazgi, trociny i coś długiego, nadgniłego, co wydało mi się bardzo starą, kiszoną kapustą, rozrzucone było po mnie nieregularnie, głównie jednak we włosach. Mogłam od razu iść na wystawę malarstwa, względnie rzeźby, jako abstrakcja katastroficzna.

Kiedy wróciłam do Grażynki, wyglądałam już jak zwyczajna, trochę zaniedbana kobieta, rzecz jasna, w odzieży całej i jako tako czystej. Grażynka patrzyła na mnie wzrokiem prawie wyzutym z przerażenia i zawierającym w sobie tylko troskę, przemieszaną z ciekawością.

— Już mówię — uspokoiłam ją. — Zdaje się, że nie wypiłam piwa, mogę teraz ten błąd naprawić. Znów moje prywatne złe we mnie wstąpiło, ostatni podryg młodości zapewne albo co. Spenetrowałam jaskinię zbójców.

Grażynka wydała z siebie jęk i zamówiła piwo. Zaczęłam myśleć na głos.

— I po cholerę ja się wtrącam? Bułgarski bloczek bułgarskim bloczkiem, ale przecież i bez wykrycia zbrodniarza mogę go od spadkobiercy odkupić, to na jaki plaster mi te chabry, maki i kąkole? Co mnie obchodzi, kto zabił Weronikę? A, prawda, to ty... Ale co mi z tych wszystkich odkryć, skoro ważne jest to, co masz w głowie, jesteś najważniejszym świadkiem, dopóki nie powiesz tego, co ukrywasz, dopóty się od ciebie nie odczepią, te gliny też mają węch. Wątki uboczne to za mało, ktoś był źródłem, inspiratorem, nie musiał sam odwalać czarnej roboty, wątpię, czy taki Wiesio waliłby tasakiem za bezdurno, niemożliwe, żeby z Weroniki ani jedno słowo nie wyszło, sąsiedzi też nie ślepe... Zaraz, sąsiedzi... Czego ja się pcham w pajęczyny, z ludźmi rozmawiać, śladów niech pies szuka, dlaczego ja, musiałam zgłupieć do reszty. No dobrze, ale z ludzi ty jesteś pierwsza...? Może to ciebie trzeba przyciskać?

Grażynka patrzyła na mnie, a twarz jej stopniowo ciemniała. Opalona była, oznaczało to rumieniec. Ocknęłam się ze swojego głośnego myślenia, zamilkłam i popatrzyłam na nią pytająco. Uświadomiłam

sobie, że niczego jej nie wyjaśniłam, a możliwe, że któreś z moich odkryć okazałoby się przydatne...
— No dobrze, powiem ci, co znalazłam — zgodziłam się z własnej woli. — Mówiłam ci o Wiesiu i jego mamusi, przez dwie godziny zapomnieć nie mogłaś, bez względu na to, jakie emocje po tobie szalały. Chyba wystraszyłam babę, doprowadziła mnie do takiej opuszczonej chałupy i wlazłam tam. Stąd pajęczyny i reszta. Otóż wyobraź sobie, znalazłam ślady, bardzo wyraźne...
Ślepy jełop zauważyłby, że pusty dom był częściowo użytkowany. Jakiekolwiek surowce wtórne Wiesio by zbierał, gdzieś je musiał lokować, jako magazyn służył mu ów samotny budynek. O zacieranie śladów nie starał się zbytnio, magazyn znalazłam z łatwością, kurz wskazywał drogę, w dodatku wory pakowane były zapewne w pośpiechu, bo co pomniejsze żelazne szczątki poniewierały się jeszcze gdzieniegdzie. Poszukując nie wiadomo czego, znalazłam zupełnie nową sprzączkę od paska, wnioskując z nikłej ozdobności raczej męskiego niż damskiego, poczerniałą srebrną łyżeczkę i dziurę. Budynek był zdewastowany, nie tknięty remontem chyba od chwili urodzenia, podłoga przegniła i załamała się obok pieca, widniała w niej dziura, niewątpliwie użytkowana. Niektóre deski i drzazgi robiły wrażenie świeżo odłamanych, wyglądało to tak, jakby ktoś gwałtownie starał się ów otwór powiększyć, kurz dookoła był malowniczo rozmazany. Oczywiście zajrzałam tam, bo wydawało mi się, że z dziury coś wystaje, i moja ciekawość została solidnie ukarana. Zarwały się pode mną dodatkowe deski, coś przewróciło się obok, chcąc uniknąć złamania nogi, wsparłam się o piec, który zaprezentował całkowity brak

stabilności. Jego zawartość legła mi na twarzy, ponadto wpadłam głową do kąta za nim, gdzie zniweczyłam doszczętnie robotę niezliczonych pokoleń pająków, wyplątując się z pułapki, wpadłam do dziury i wydostałam się z niej z lekką szkodą dla odzieży. Zdumiewająca ilość drzazg czyhała tam na wroga.

Jednakże wystawanie czegoś z dziury nie okazało się złudą.

Skoro już się tam znalazłam... Dziura nie była głęboka, stanowiła po prostu przestrzeń pomiędzy podłożem a deskami niegdysiejszej podłogi, wspartymi na legarach. Robili ten dom porządnie, podwójna izolacja od gruntu, przestrzeń wypełniona trocinami, trociny upodobały sobie mnie i moją odzież, ale, razem wziąwszy, zapadłam się zaledwie do kolan. Skorzystałam z ofiarowanej mi okazji, pomacałam dookoła, poświeciłam zapalniczką i wydobyłam spod nóg wystającą rzecz.

Do licha... Jedna z tacek, wyłożonych pluszem, z wgłębieniami na monety. Pusta oczywiście, bez monet. A cóż za barbarzyńca kradł te numizmaty...!

Narażając budowlę na podpalenie, przeszukałam dziurę dokładnie i znalazłam zgniecione opakowanie po papierosach popularnych z filtrem. Świeże, w stanie wskazującym na bardzo krótki pobyt w podziemiach. Nic więcej.

Zabrałam zdobyte przedmioty i wylazłam, nadrywając sobie kieszeń od wdzianka. Stwierdziłam, że coś, przewrócone obok, było beczką, od której odpadło denko i która mocno śmierdziała. Marginesowo zidentyfikowałam woń jako pozostałość wiekowej kiszonej kapusty, ale nie byłam głodna i pożywienie mnie chwilowo nie interesowało. Rozejrzałam się po owej komnacie z dziurą i piecem, gniewnie pomyślałam, że nie ja powinnam się tu plątać, tylko gliny, że zacieram im właśnie stare ślady i tworzę nowe, bez wątpienia mylące, i że dobrze im tak. Było od razu rozejrzeć się porządnie, a nie siedzieć na Grażynce!

Obejrzałam resztę domku, znalazłam jeszcze jeden pokój zakurzony równomiernie i z pajęczyną w wejściu, zatem od dawna leżący odłogiem, i wreszcie kuchnię, a w niej ślady ludzkich pobytów. Dwie butelki po piwie i liczne pety. Barłogu sypialnego nie było, z czego wywnioskowałam, że nikt tu nie mieszkał, jacyś się najwyżej spotykali.

Pety zgarnęłam w jednorazową chusteczkę, niezbyt starannie, bo nie przyszłam tu sprzątać, butelki natomiast potraktowałam nader pieczołowicie, z wielką troską o odciski palców, widoczne na nich nawet gołym okiem. Zabrałam je w przekonaniu, że inaczej przepadną, a w bagażniku plątały mi się torby foliowe, jako opakowanie całkiem niezłe. Skoro gliny zaniedbały sprawę, sama przeprowadzę śledztwo, chociaż potrzebne mi to jak dziura w moście. Może na złość prokuratorowi...?

O tych wszystkich zdobyczach z detalami poinformowałam Grażynkę. Słuchała w wypiekach, po czym zażądała demonstracji. A owszem, drobne przedmioty mogłam jej pokazać, miałam je w torebce.

Pety nie wydały jej się zbyt interesujące, chwyciła natomiast sprzączkę od paska. Byłabym od razu spytała kąśliwie, czy widzi w niej coś znajomego, ale równocześnie na zgniecionym opakowaniu po papierosach dostrzegłam jakiś napis. Rozprostowałam i wygładziłam śmieć. Istotnie, widniał na nim napis, same cyfry, dziewięć sztuk, wyglądało na numer komórki.

— Nie zapisał tego w ostatniej chwili — zaopiniowałam. — Tych z ostatniej chwili tak lekko się nie wyrzuca. Zapisał wcześniej, może sobie potem przepisał na czymś innym albo komuś podał, albo w ogóle jakoś zużytkował. Potem zapomniał o zapisie i wyrzucił pustą paczkę. I działo się to ostatnio, nie dawniej niż dwa tygodnie temu, na dłuższe leżenie ona jest za mało zakurzona. Ciekawe, jak można dotrzeć do właściciela komórki, mając numer, zdaje się, że robią z tego tajemnicę stanu, na stacjonarne miałam różne sposoby, na komórki na razie żadnego...

Zorientowałam się nagle, że Grażynka nie słucha, wpatrując się w sprzączkę od paska, jakby ją ten przedmiot zahipnotyzował. Nie zgłupiałam do tego stopnia, żeby nie wiedzieć co to znaczy, ale zaraz, chwileczkę. Nawet jeśli kochamy faceta bez opamiętania i nad życie, nie jego paski od spodni, nie szelki, nie sznurowadła i nie guziki stanowią dla nas element zasadniczy, który wyoruje w naszej pamięci wieczyste bruzdy. Chyba że...

— Ty mu sama ten pasek kupiłaś, co? — powiedziałam z westchnieniem. — I starannie wybierałaś klamerkę?

— Z jego znakiem zodiaku — wyrwało się bezwiednie Grażynce. — Koziorożec...

Ocknęła się nagle i spojrzała na mnie z tak śmiertelnym przerażeniem, że prawie poczułam się urażona. Co ja jestem, potwór, zionący ogniem z pyska? Zawodowa donosicielka i złośliwy gnom? No, może nie gnom, powiedzmy wiedźma, to już lepiej pasuje.

— Ty głupia! — rozzłościłam się. — Przecież od początku widać, że tkwisz w tym interesie po uszy. Przestań wreszcie wszystko ukrywać, i tak ci to źle wychodzi, razem możemy się zastanowić, jak z tego wybrnąć. Naprawdę uważasz, że to ten twój, jak mu tam, Patryk, zadziabał Weronikę tasakiem? No dobrze, nawet jeśli, tasak wyklucza premedytację, więc może uda się znaleźć okoliczności łagodzące. Puść farbę i przestań się dręczyć!

Grażynka miała już twarz w kolorze indyjskiego różu z lekką domieszką sepii.

— Nie... to nie... tak, ale nie... To niemożliwe... Nie to... Nie tak...

— Sprecyzuj może troszeczkę, chociaż właściwie rozumiem. Wmieszany, ale bez tasaka, tak? Albo ją trzasnął przypadkiem, bo jakoś mu ręka drgnęła?

— No wiesz...! Nie, to niemożliwe! Nie! Ja się nie zgadzam...!

— Mogę też się nie zgadzać, tobie do towarzystwa. Co nie przeszkadza omówić sprawę porządnie. W czym on siedzi? W numizmatyce, w znaczkach, w antykach? Księstwo Warszawskie rzeczywiście poniewierało się tam po kątach?

Grażynka patrzyła na mnie wzrokiem zranionej łani, łzy miała w oczach.

— Tylko nie zacznij teraz płakać — ostrzegłam — bo wszyscy na nas zwrócą uwagę, a Bolesławiec to nie Paryż, plotki tu szybko biegają. W czym leży zgryzota? Zmobilizuj się jakoś, weź pod uwagę, że to ja znalazłam klamerkę, a nie gliny, zawsze to jakaś pociecha, nie?

— Ale ty... — wydusiła z siebie Grażynka ochryple i łzawo. — Ty im to powiesz... Musisz powiedzieć... I co on tam... O Boże...!

— Nie muszę — skorygowałam zimno. — Ale za to muszę wiedzieć, o co tu chodzi i co się dzieje. Pytania zadajesz nieco mętnie, jednakże nadal coś tam rozumiem. Nie wiem, co on tam robił, myślałam, że ty wiesz. Tacka po monetach jest faktem, mam ją w samochodzie, może on śledził złoczyńców, to nie przestępstwo, chce ich teraz szantażować czy jak...? Słuchaj, ja tu nie mogę snuć przypuszczeń w nieskończoność, odezwij się wreszcie ludzkim słowem i spróbuj powiedzieć jakieś jedno całe zdanie. Z podmiotem i orzeczeniem.

— Chyba muszę koniaku... — wydukała Grażynka żałośnie.

Pochwaliłam tę naganną chęć i obejrzałam się na kelnerkę. Nie było tłoku, więc koniak pojawił się szybko i równie szybko Grażynka z niego skorzystała. Odetchnęła głęboko.

— Już ci mówiłam, że chciałam ci o nim wcale nie mówić — przypomniała, zgnębiona. — On budzi we mnie same zastrzeżenia...

— Nie same — mruknęłam. — Coś tam im jeszcze towarzyszy.

— Ja wiem, że nie powinnam... Ale co ci poradzę, no dobrze, no niech będzie, zakochałam się. Zależy mi na nim, aż głupio, chcę go, nie chcę go, jest w nim coś, bez czego nie ma dla mnie życia, i coś, co mnie odpycha...

— Ale odpycha marniutko i słabiutko, i tylko wtedy, kiedy go nie widzisz, a jak zobaczysz, wraca to pierwsze z siłą trąby morskiej...

— Tak! — wybuchnęła Grażynka i zainteresowała się nagle: — Skąd wiesz?

Westchnęłam smętnie.

— Nie ty pierwsza i nie ty ostatnia. Mam za sobą podobne doznania. A kiedy myślisz o nim w oddaleniu i na spokojnie, to co? Analizujesz? Porównujesz za i przeciw? Czy tylko miota ci się w środku, poniżej ciemienia?

— Różnie. Przeważnie się miota, chociaż nie, nie przeważnie, właściwie tak pół na pół. I sama nie wiem, to jest życie na huśtawce, ja tak nie mogę, nie umiem, albo szczyty, albo dno. Wolałabym zwyczajną nizinę, no, niech będzie płaskowyż...

— Akurat! — przerwałam z gniewnym prychnięciem, bo w końcu znałam ją już ładne parę lat. — Facet bez tych wyskoków wydaje ci się nudny, nie zamierzam wypominać, ale był taki. I co? Za dobrze ci było.

Grażynka opanowała się już w znacznym stopniu, ale wciąż jeszcze była trochę roztrzęsiona.

— I możliwe, że teraz żałuję, ale jednak... Nie. Nie zamieniłabym ich. Patryk ma w sobie to coś... A wiedziałam, byłam pewna, że to się źle skończy, że będą komplikacje, ty masz rację z tymi tajemnicami!

— Z jakimi tajemnicami?

— Jeśli ktoś robi z czegoś tajemnicę, wiadomo, że sprawa śmierdzi, tak mówiłaś...

— Zdumiewająco rozumnie mówiłam...

— A on mi właśnie wywijał te numery, same tajemnice, dokąd jedzie i po co, co tu robi, czym jest taki zajęty albo zdenerwowany, dlaczego tak się spóźnił, dlaczego wcale nie przyszedł... Bo nie mógł! Nie mógł, rozumiesz? Dlaczego, do diabła, nie mógł?!

— Zamknął się w wychodku i nie umiał otworzyć, głupio mu było się przyznać — podsunęłam zgryźliwie.

Grażynka nie słuchała.

— I tu też, podobno za mną przyjechał, nieprawda, no owszem, do Drezna za mną, ale tu...? Nie wiem, czy znał Weronikę, ale wiem, że o niej słyszał. Zna Bolesławiec. Skąd? Urodził się tu, bywa tak często...?
— A gdzie się w ogóle urodził?
— Nie wiem! Nie chce o tym mówić!
— Może w byłym Związku Radzieckim? A może jest podrzutkiem i sam nie wie, skąd pochodzi, wychował się w domu dziecka...
— Nic podobnego! Miał rodziców, widziałam ich ślubne zdjęcie, podobny do ojca jak dwie krople wody, skóra zdarta z tatusia! Ale pojęcia nie mam co robi, jakieś interesy, pośrednictwo, zlecenia, wszystko wydaje mi się podejrzane, bo też nie chce o tym mówić!
— A o czym chce?
— O mnie. O nas. O mnie wszystko, bo podobno mnie kocha!
— Ma zawód? Skończył jakąś szkołę?
— Owszem. Metaloznawstwo. Jakaś taka specjalizacja. I musi to być prawda, bo na wszelkim żelastwie zna się bezgranicznie, współcześnie i do tyłu...
— Przytknie w starą podkowę i powie, z czego ona i ile ma lat, dwadzieścia czy dwieście?
— Coś w tym rodzaju. Zgadłaś, trochę rybką, ale jednak. A humanistyczne wykształcenie skaczące, gargulce na Notre Dame zna, można powiedzieć, osobiście, każdą sztukę, Szekspira potrafi cytować, a o Miltonie w życiu nie słyszał! Początki jazzu ma w małym palcu, za to Bacha od Wagnera nie odróżnia!
— Ja też nie — przypomniałam jej. — Jestem niemuzykalna, ryki podobne, organy czy trąby to mnie ganc pomada, a Wagnera w ogóle nie cierpię.

— Sartre kojarzy mu się wyłącznie z czarnymi swetrami...
— To i tak dużo.
— ...a Whartona uważa za przyrodnika, który stwierdził, że gołąbka ma ciepły kuperek...
— Bardzo trafny pogląd — pochwaliłam.
— ...w malarstwie od impresjonizmu po szczytową abstrakcję myli wszystko, Picasso to dla niego dziwkarz stulecia, a Salvatore Dali miał śmieszne wąsy, tylko nie jest pewien, na twarzy czy na obrazach. I wyżej ceni dobrą knajpę niż wszystkie muzea świata...
— Nie on jeden — mruknęłam cichutko.
— I humanitaryzm to dla niego hasło w encyklopedii albo w słowniku wyrazów obcych, ludzie to mierzwa, słaby ginie, silny wygrywa, rządzą prawa przyrody, inne prawa na przemiał, na świecie liczy się tylko ekwiwalent wymienny!
Interesujący facet. Czego ona od niego chce? Przecież ją kocha, prawa przyrody, fajnie, samiec zadba o swoją samicę i potomstwo, sama przyjemność, na jaki plaster jej ta kultura, jeśli w kratkę, to nawet ciekawsze. Uzupełni mu luki. Drzazga zapewne tkwi gdzie indziej.
— A z łóżkiem jak? — spytałam delikatnie. — Coś nie gra?
Grażynka wciąż nie słuchała. Szalała teraz nad literaturą, w której wielbiciel miał przedziwne braki, Prusa w ręku nie trzymał, „Lalkę" widział na ekranie, a i to tylko do połowy, Sienkiewicza znał ze szkolnych bryków, Zegadłowicza mylił z jakimś zegarmistrzem z Włocławka, dlaczego nie, i jeden na „zet", i drugi na „zet"... Pomijając już to, że Wieniawa-Długoszowski istniał dla niego wyłącznie ja-

ko Wieniawa, klacz na wyścigach. Nawet niezła, ale zawsze byłam zdania, że generał Wieniawa-Długoszowski, stuprocentowy mężczyzna, na myśl o klaczy jego imienia przewraca się w grobie.
Wpadłam jej w słowa.
— Czekaj. Uspokój się z tym wykształceniem humanistycznym, wróćmy do życia. Chciałaś może jeszcze, żeby znał Przybyszewskiego? On pisał podobno tylko po pijanemu, zły przykład. Ja cię pytam o sprawy elementarne, co z łóżkiem?

Grażynka opamiętała się w połowie Prousta.
— Co?
— Łóżko. Taki mebel. W tym wypadku symboliczny. Z łóżkiem jak? Nie czarujmy się, w kontaktach dwóch osób różnej płci to dosyć ważny element.
— Och, Boże drogi! — westchnęła, zanim zdążyła się powstrzymać. — W łóżku on jest cudowny...!

I, oczywiście, zastopowało ją radykalnie. Erotomanką Grażynka nigdy w życiu nie była, kontakty męsko-damskie dopuszczała skąpo i nie bez uczuciowych powodów, a zwierzać się na ten temat nigdy nie lubiła. Wyrwało się jej. Widać było, jak usiłuje cofnąć te szczere słowa i opancerzyć się powściągliwością, ale już było za późno. Znów wypełzły jej na twarz intensywniejsze barwy.

— No i fajnie, jak dotąd dostrzegam w nim więcej zalet niż wad — powiedziałam uspokajająco.
— Przejdźmy do sytuacji bieżącej, bo widzę przecież, że to cię gryzie. Co on ma wspólnego z Weroniką, zbrodnią i zaginionymi numizmatami? Bo że coś ma, to pewne, wiem, że nic nie wiesz, ale powiedz, co wiesz.

Grażynka pomilczała chwilę, odetchnęła kilka razy i przestawiła się na odmienne tory.

— No dobrze — powiedziała niemrawo, z oporem i zakłopotaniem. — Już dawno pytał mnie, czego ja chcę od tej Weroniki i po co u niej bywam, nie wiem, skąd wiedział, możliwe, że sama mu powiedziałam, chociaż nie pamiętam. Poprzednim razem, jak wracałam z Drezna, czekał tu na mnie, ale nie mieszkał w hotelu.

— A gdzie? — spytałam czujnie.

— Powiedział, że u znajomych. Nie wiem, jakich znajomych.

— A w Warszawie gdzie mieszka?

— W swoim mieszkaniu. Takie półtora pokoju z kuchnią, na Okęciu. Mówi, że jego, ale wizytówki na drzwiach nie ma.

— Wizytówka o niczym nie świadczy, mogę sobie przyczepić Gretę Garbo i nikogo to nie obejdzie...

— Mnie obejdzie — uparła się Grażynka buntowniczo. — Dla mnie wizytówka świadczy o jakiejś stabilizacji, o własnym miejscu na ziemi, jawnym, uczciwie zdobytym. Ukrywanie się jest podejrzane.

Zgodziłam się na jej pogląd z lekkim wahaniem, bo byłam zdania, że różnie bywa. Może jakiś natręt szuka mnie po drzwiach, a ja wcale nie chcę, żeby znalazł...

Natręt...!!!

Boże jedyny, zupełnie zapomniałam o tym cholernym liście! A cóż ja tu robię innego, jak nie natrętnie i nachalnie duszę Grażynkę?! Gdzie ten takt i ta subtelność, którą miałam w sobie zakorzeniać i rozwijać, gdzie względy dla innych, gdzie szacunek dla cudzych uczuć...?!

Coś we mnie jęknęło, ale cichutko, bo równocześnie zdążyłam sobie uświadomić, że bez duszenia niczego nie osiągnę. Grażynka dobrowolnie, sama z siebie, słowa nie powie, zagmatwana sprawa nijak się nie wyjaśni i co mam zrobić, nieszczęsna, z butelkami po piwie i pustą tacką po monetach? Wyrzucić do śmieci? Ależ rękę by mi sparaliżowało! Niemniej jednak mój rozpęd nieco się załamał. Zakłopotałam się, postanowiłam spróbować łagodniej.

— Zamknij się — zażądałam rzeczywiście nader łagodnie. — Odczep się od jego osobowości, wróć do faktów. Kiedy po raz pierwszy padły między wami jakiekolwiek słowa o Weronice? Przed śmiercią Henryka czy po?

— Nie wiem — zamyśliła się Grażynka. — Czekaj, niech się zastanowię... Już wiem, po. Zaraz po mojej pierwszej wizycie u niej, ledwo wróciłam do Warszawy...

— Znaczy, w Warszawie cię pytał, a nie tu?

— W Warszawie. Wie, co robię i gdzie, nawet jeśli go przy mnie nie ma. Wie, że byłam u Weroniki, a po co? Jakoś tak pytał... na zasadzie, że nieprzyjemna baba, co ja mam do niej, niech się nie angażuję przez moje dobre serce i tak dalej, więc powiedziałam, że gdzie tu serce, załatwiam twoje interesy. Zaciekawił się zwyczajnie i na krótko... To chyba nie była tajemnica? — zaniepokoiła się nagle.

— Jeśli nie czatuje specjalnie na bułgarski bloczek sto pięć...

— Raczej nie, nic mu w oku nie błysnęło. A potem znów, razem wziąwszy, ze trzy razy. Za którymś coś... jakieś słowa... nie, nie potrafię powtórzyć, ale kojarzą mi się z tym momentem numizmaty. Tak jakby... że znaczki to jest nic w porównaniu z monetami, takie skojarzenie mi w umyśle zostało. I nic więcej. Nie, słuchaj, nie wiem, co on ma z tym wspólnego, owszem, obawiam się, że coś ma, ale nie wierzę, że ją zabił! W życiu w to nie uwierzę!

— Byłoby dobrze... — zaczęłam i urwałam. Jasne, że byłoby dobrze sprawdzić, dlaczego nie przyszedł na spotkanie i co w tym czasie robił, ale cholerny list wstrzymał mi na ustach nietaktowne słowa. Pomyślałam, że bez władz śledczych się nie obejdzie. Zarazem przyszło mi do głowy, że nader pracowicie będę musiała spędzić następny dzień...

☆ ☆ ☆

Dokładnie w momencie, kiedy w komendzie usiadłam na wskazanym mi krześle, do gabinetu komendanta wpadła jakaś dziewczyna.

Jej pojawienie się, na moje oko, było jednakowo zaskakujące zarówno dla mnie, jak i dla nadkomisarza. Nie pozostawiła nam dużo czasu na jakiekolwiek wątpliwości.

— A jak mówię, to mówię! — wrzeszczała. — Ja nie chciałam! Przymusił mnie! Uczepił się jak ten... Nic nie mogłam! Mówiłam, że skargę złożę, to się śmiał, łobuz taki! Ale żeby się ożenić, to już nie, a ja nie popuszczę, jak nie ślub, to do sądu! Do piwnicy mnie zaciągnął i tam tego, na siłę, to ja do protokółu podam, zgwałcił mnie, bandyta...!

Milczałam kamiennie i komendant również. Dziewczyna zamilkła na chwilę, obrzuciła nas bacznym spojrzeniem i już otwarła usta dla ciągnięcia donosu, ale nadkomisarza właśnie odblokowało. Grzmiący ryk zagłuszył jej słowa.

— Grzelecki...!!!

Sierżant zmaterializował się w drzwiach w mgnieniu oka.

— Weź panią Rudek do zatrzymań, tam pusto, i spisz zeznanie — rzekł do niego zwierzchnik normalnym już głosem.

Równocześnie jednak skorzystał z chwili, kiedy wzburzona donosicielka odwróciła się ku nowej postaci i mrugnął do podwładnego tak wyraźnie, że nawet ja zorientowałam się w powadze rozkazu. Wynikało z niego niezbicie, że ma jej dyplomatycznie zatkać gębę i nie uwiecznić na piśmie ani jednego słowa. Zaciekawiła mnie ta scena, ale nie do tego stopnia, żebym zapomniała, po co tam przyszłam.

— Nie zamierzam być obrzydliwa — zaczęłam ostrożnie — ale na Grażynie Birczyckiej zależy mi bardziej niż panom, chcę ją mieć w Warszawie, więc dołożyłam przesadnych wysiłków i znalazłam dowód rzeczowy. Tak mi się przynajmniej wydaje. Proszę.

Wyjęłam z torby i położyłam mu na biurku tackę po monetach. Nadkomisarz patrzył na nią przez chwilę, a potem pytająco spojrzał na mnie. Postanowiłam być taktowna.

— Jak to nie jest podstawka do numizmatów Fiałkowskiego, to ja jestem szach perski — podjęłam.

— Owszem, przechowywał je trochę nietypowo, w prywatnych domach rzadko się takie rzeczy spotyka, raczej w muzeach, ale z tego, co słyszałam... Starałam się nie zamazać odcisków palców.

— Skąd pani to ma? — spytał nadkomisarz i cofnął dłoń, którą już sięgał po przedmiot.

Nie powiedziałam, że z miejsca, które sami powini byli porządnie obejrzeć, chociaż miałam na to wielką ochotę. Pewnie bym się nie powstrzymała przed miłą uwagą, gdyby prokurator był obecny, skoro go jednak nie było, nad policją nie zamierzałam się znęcać. Porządnie i rzeczowo opisałam swoje wczorajsze perypetie. Nadkomisarz zainteresował się, z jakiej przyczyny i w jakim celu polazłam do opuszczonego domu.

— Przez złom — mruknęłam niechętnie.

Poprosił o szczegóły. Z westchnieniem wyjaśniłam kwestię baby i Wiesia.

— I nie wiem, jak ona się nazywa, tyle że te żelastwa zbiera Wiesio, syn — dodałam. — Mam nadzieję, że nie jest zabójcą...

— Kopeć — wyrwało się nadkomisarzowi. — Wiesław Kopeć, postać dobrze nam znana. Gdyby nawet miał rąbnąć denatkę, to nie sam z siebie. Podpuszczony. Chociaż, diabli wiedzą, wszystko jest możliwe. Trzeba go będzie poszukać... Co pani tam jeszcze znalazła?

Oddałam mu wszystkie łupy, z wyjątkiem klamerki od paska, której zresztą w torbie nie miałam, zostawiłam ją Grażynce i chwilowo pozwoliłam sobie o niej zapomnieć. Wyraz twarzy mojego rozmówcy wyraźnie świadczył, że władza wykonawcza nie przepada za mną, ale coś wywołało rodzaj ekspiacji.

— To tak jest, jak człowiek pójdzie owczym pędem... Świadkowie, świadkowie... O kant... tego... odwłoku... potłuc takich świadków.

Zrozumiałam to jako usprawiedliwienie faktu uczepienia się Grażynki i nabrałam nadziei na osobisty sukces. Nadkomisarz brzęknięciem wezwał jakąś osobę, której, zwrócona tyłem do drzwi, nie widziałam.

— Grzeleckiego — mruknął.

Przed chwilą na własne uszy słyszałam, że kazał sierżantowi przesłuchiwać ofiarę gwałtu, a teraz znów się go czepia, orze w człowieka jak w perszerona. O mało tego nie powiedziałam, na szczęście sierżant pojawił się od razu.

— Zapiera się ta cała Hania, że ją gwałcił Kopeć Wiesław — oznajmił już od progu. — Akurat, wszystkie tak gwałci. Latają za nim, aż świszcze, ale Rudkówna wykombinowała sobie, że się z nią ożeni i przez to go skarży, bo jemu akurat żeniaczka w głowie...

— Głupia ona jak próchno — zaopiniował z niesmakiem nadkomisarz.

— Zgadza się. Namówiła ją ta Zawadzka, przez złość, bo ją Kopeć w trąbę puścił i chciała się zemścić, choćby i przez Rudkównę. Powiada, że straszne siniaki miała, ale obdukcji nie robiła, bo skąd miała wiedzieć, że ta świnia się na nią wypnie, a teraz już zeszły i nie widać.

— To kiedy to było?

— A już prawie półtora tygodnia temu, jedenastego.

— Kiedy?

— Jedenastego.

— Mówiła, o jakiej porze? Rano, wieczorem?

— Mówiła. Przed wieczorem poszli do tego ich nowego domu, gdzieś koło szóstej, a wyszli o jedenastej, może trochę przed.

— To dosyć długo ją gwałcił — wyrwało mi się nieco zgryźliwie.

— Ma chłopak zdrowie — przyświadczył nadkomisarz. — Ale z tego jedno wynika, że Fiałkowskiej mordować nie mógł. Nie łgała ta głupia Hania?

— A gdzie jej tam było do łgarstwa! — prychnął wzgardliwie sierżant. — Zła taka, że aż furczy. Ale...! Zła na niego, gdyby wiedziała, że mu alibi daje, w życiu...! Do żadnego gwałtu za Chiny by się nie przyznała!

— I tak chłopakowi złe na dobre wyszło — westchnął nadkomisarz filozoficznie i przypomniał sobie nagle, że siedzi tu osoba postronna. — No i widzi pani, jak się wszystko rozłazi. Co nie przeszkadza, że przesłuchać go trzeba, weź no, Tadziu, te śmieci i niech Mietek zaraz posprawdza odciski. Jak tam będzie i Kopeć, mamy punkt zaczepienia. Dodała nam pani roboty, ale niech! Bo w tę Birczycką to ja prywatnie nie wierzę, prokurator się jej uczepił, nie ja. Dobra, puścimy ją, tylko niech z kraju na razie nie wyjeżdża. Pani dopilnuje.

Zapewniłam go, że bardzo chętnie, bo Grażynka potrzebna mi jest w Warszawie, a nie na antypodach.

— Ale zaraz, panowie — dodałam niespokojnie.
— Ja tu chciałam i własną pieczeń odpracować. Spadkobiercy jestem spragniona, czy mogłabym się dowiedzieć, kto jest tym spadkobiercą? Skoro istnieje prawomocny testament, postępowanie spadkowe będzie krótkie i może go dopadnę, zanim się wygłupi z tymi znaczkami, na które czatuję. Mogę dostać nazwisko?

Nadkomisarz zastanowił się i zapewne uznał, że wyjawienie tożsamości siostrzeńca śledztwu niczym nie zagraża, bo kiwnął głową. Zajrzał do akt.

— Niejaki Kamiński. Zamieszkały w Warszawie. Patryk Kamiński.

— Jak...?!

— Patryk Kamiński. Imię, na szczęście, nietypowe, bo ogólnie Kamińskich jak psów. Adres pani chce?

Chcieć chciałam, ale z ogłuszenia nie mogłam wydać z siebie głosu. Patryk...! Jezus, Mario...!

Nadkomisarz sam z siebie uznał, że chcę, bo dołożył:

— Dorotowska dwa, mieszkania osiemnaście. Telefon 822 48 16. Gdyby pani coś przyszło do głowy, proszę się z nami skontaktować, pani Birczycka też. Tu ma pani nasze numery...

Zabrałam kartkę z numerami i wyszłam, aczkolwiek do głowy od razu poprzychodziło mi mnóstwo. Nie było jednakże wskazane wyjawiać im na poczekaniu wszystkie moje pomysły.

To znaczy, ściśle biorąc, czynność wychodzenia tylko rozpoczęłam, siły zewnętrzne stanęły mi bowiem na przeszkodzie. Ofiara gwałtu nie zrezygnowała ze swoich roszczeń, pozostawiona samej sobie zaczęła widocznie się nudzić, bo znienacka z rozmachem otworzyła drzwi i pojawiła się na korytarzu z okrzykiem:

— A to co pan tak poszedł i tego...?!

I nagle zwróciła się do mnie.

— A pani też dobra, kobieta za kobietą ująć się powinna, sama pani słyszała, taki łobuz, filet złamany, dziewicy mu się zachciało, a co to ja, gorsza? Pani powie, albo się żeni, albo do pierdla!

Nie bardzo było wiadomo, co właściwie miałabym powiedzieć i komu, ale i tak wszelkie moje gadanie okazało się niemożliwe. Na krzyk dziewczyny wyskoczył z pokoju sierżant i wpadł mi na plecy. Ratując się przed upadkiem, chwyciłam za ramię przechodzącego osobnika w odzieniu cywilnym, zatem niewiadomej szarży, który na własną szkodę zwolnił, być może z ciekawości, i zachwiał się, zaskoczony chwytem. Sierżant zdążył nas obydwoje porwać w objęcia, inaczej cała grupa, nie wyłączając ofiary gwałtu, tarzałaby się malowniczo po podłodze. Za sierżantem wyskoczył nadkomisarz i też wpadł mu na plecy.

— Rany boskie — powiedział jakimś takim dziwnym głosem bez wyrazu.

— A mówiłam — skomentowała z satysfakcją dziewczyna.

Stanowczo stanęłam w głębi duszy po stronie gwałciciela, który się nie chciał ożenić. Z tak imponującą idiotką dawno się nie zetknęłam. Wolałabym odsiedzieć ten gwałt i nawet płacić alimenty, pomijając już, że jeśli to był gwałt, to ja byłam arcybiskup.

— Za fałszywe zeznania grozi kara do lat pięciu — oznajmiłam odruchowo, dzięki czemu zwróciłam na siebie powszechną uwagę.

Dziewczyna zareagowała prawidłowo.

— Jakie fałszywe? — oburzyła się. — Jak mówię, to mówię!

— I głupio pani mówi — zirytował się nadkomisarz. — Do gwałtu potrzebna jest obrona konieczna, a pani się wcale nie broniła. Po cholerę lazła pani z nim do tego domu? Pchał się za panią na siłę czy jak?

Dziewczyna natychmiast zrezygnowała z argumentów rzeczowych i zaczęła płakać. Na co wdarła się w scenę nowa postać, osoba płci żeńskiej, o potężnie skołtunionym łbie. Pomyślałam, że jako sztuka sensacyjno-romansowa ma to nawet dość niezłe tempo, na dłużyzny nie było miejsca.

— Łże ta szantrapa, łże, aż się dupa marszczy! — wykrzykiwała postać już z pewnej odległości. — Akurat jej do Wieśka, jak ta pijawka za nim lata, a on gdzieś ją ma i kopie po oczach! To jest mój narzeczony, o, i faktycznie, gwałtu jej się zachciało, już to widzę, on jest za delikatny, wiem po sobie! Sama się pcha, a teraz oczy mydli! Po żadnych gwałtach nie latał, z bratem moim wódkę... tego, znaczy, piwo pili...!

— Marlenka, zamknij gębę — poprosił z naciskiem sierżant.

— Bo co? — rozzłościł się zuchwale skołtuniony łeb. — To już powiedzieć nie można? Jak taka kitu nawciska, to jej wolno, a mnie nie?

— Która to...? — spytał półgębkiem nadkomisarz sierżanta.

— Gabryś Marlena — odparł sierżant urzędowo i też cicho. — Odbiła Kopcia Zawadzkiej.

Układy międzyludzkie zrozumiałam od razu. Gabryś Marlena odbiła amanta Zawadzkiej, która ją, rzecz jasna, znienawidziła w mgnieniu oka, po czym oważ Zawadzka zacieśniła przyjaźń ze zgwałconą Hanią, odbijającą z kolei Wiesia Marlenie. Hania, jako narzędzie zemsty, stała się cudem ukochanym i w dziedzinie odbijania uczyniła, co mogła, wzbudzając naturalną, żywą niechęć rozczochranej narzeczonej. Do tego miejsca wszystko było proste, dalej zaczynały się jeśli nie schody, to co najmniej pochylnia. Która z nich łgała? Chwila gwałtu stanowiła dość istotny element dochodzenia w kwestii zbrodni, Wiesio targał złom, to pewne, co w końcu robił w momencie zasadniczym? Gwałcił Hanię czy walił tasakiem?

Zeznania wzburzonych dam, najwyraźniej w świecie, stanowiły jakąś nowość dla panów śledczych. Wymienili spojrzenia, zapewne błysnęła im podobna myśl, rzucili okiem na mnie. Ja właściwie byłam już z głowy, opuszczałam komendę, mogli podzielić między siebie obie donosicielki i zająć się pracą.

Wkroczył cywil.

— Pani pozwoli — rzekł do mnie z galanterią.

— Mogę w czymś pomóc? Pani pozwoli, że się przedstawię...

Okazało się, że jest lekarzem policyjnym, a zarazem patologiem, leczył żywych i martwych, ciekawe, że mu się nie mylili... Razem wyszliśmy.

— Wyszłabym, proszę pana, dobrowolnie — zapewniłam go — nawet gdyby mnie pan nie wyprowadził tak dyplomatycznie. Chociaż przyznaję, że z żalem, bo sytuacja nabrała rumieńców. Co pan na to? Zna pan sprawę bez wątpienia.

— Znam, oczywiście. Istotnie, nowy element, może to wszystko ruszy z miejsca. Zdaje się, że pani nadrobiła pewne zaniedbania władz? Jakim cudem?

— Gdzie tam temu do cudu. Czysty przypadek i widzi pan, kobiety... Baba babę wywęszy, najpierw mamusia tego ognistego Wiesia-Casanovy, teraz te narzeczone... Mnie zaciekawiło tylko przez Grażynkę Birczycką... Zaraz, skąd pan tak szybko wie, że nadrobiłam?

— Byłem obok, tu wszystko słychać. Między nami mówiąc, dochodzenie spaskudzono, to przez zeznania świadków. Wyjawię pani tajemnicę, nie służbową, ale chyba istotną. Największy wpływ miał sąsiad Fiałkowskich... może nie powinienem... a, co tam, nie jest moim pacjentem, mogę sobie pozwalać. Zdaje się, że miał pretensję do pani Birczyckiej, która nie reflektowała na jego awanse, a jest to stary piernik, tak obleśny, że nawet ja to zauważyłem. Aczkolwiek mężczyźni na ogół odbierają te zjawiska inaczej. Bardzo rzeczowo świadczył przeciwko niej. No i proszę, a Grażynka o obleśnym pierniku słowem nie napomknęła...!

— I przez to zaniedbali wszelkie inne objawy...

— Jasne, bo i po co — przyświadczył doktor.

— Podejrzana, jak na patelni. Ja jestem plotkarz, proszę pani, a pani i tak stąd wyjeżdża, więc jeszcze mogę pani zdradzić, że pani Birczycka prokuratorowi wpadła w oko i miał wielką ochotę bliżej się z nią zapoznać. Bez tego zapewne rozejrzałby się dookoła nieco szerzej.

— I ogłupił nadkomisarza?

— Zawsze, proszę pani, i wszędzie, policja podlega prokuraturze. A komu się chce robić więcej niż trzeba?

Mogłabym mu odpowiedzieć, że niekiedy mnie, bo zapewne mam wypaczoną psychikę, ale zamiast tego moje zainteresowanie obudziła inna kwestia. Byliśmy już na ulicy, obok mojego samochodu.

— No, ale nowy element przed chwilą wystąpił. Pan zna te wszystkie *dramatis personae*?

— W pewnej mierze. To są akurat osoby o wybujałych temperamentach, bywam niekiedy wzywany do drobnych uszkodzeń, ów Kopeć ma skłonność do argumentowania rękoczynami, jego liczne narzeczone również. Stąd moja wiedza, bo, jak łatwo zgadnąć, sekcji nikomu z nich jeszcze nie robiłem. No, trzeba zająć się pracą, miło mi było panią poznać...

— Wzajemnie...

Popatrzyłam za oddalającym się doktorem, już rozmyślając, jak by tu złapać go ponownie i nakłonić do obszerniejszych zwierzeń, po czym przypomniałam sobie, że mam większe zmartwienie. Spadkobierca, Patryk Kamiński...! Jak na przypadkową zbieżność imion to chyba byłoby za wiele...

I jak, do diabła, mam być taktowna i subtelna w stosunku do Grażynki...?!

☆ ☆ ☆

— We wszystkich amerykańskich kryminałach, szczególnie przedwojennych, ale powojennych też

— powiedziałam ponuro — chlają oni tę whisky na cysterny. Chandler, Cheyney, Chase... Jakim cudem nie chodzą bez przerwy pijani? Piłaś kiedyś burbona?

Grażynka zastanowiła się poważnie.

— Amerykańskiego?

— No...?

— Nie przypominam sobie. Chyba nie.

— Otóż to. Ja też nie. Może on ma mniej procent niż zwykłe piwo?

Grażynka pokręciła głową, wciąż poważnie i w skupieniu.

— To mało prawdopodobne. A po co ci właściwie amerykański burbon?

— Osobiście po nic. Ale pojawiła się taka zgryzota, że bez wódki nie rozbieriosz. I co ja mam pić, skoro bez przerwy jeżdżę? Chociaż piwo by się przydało, a tu nic, nie wspominając nawet o winie.

— Jaka zgryzota? — zainteresowała się żywo Grażynka.

No i proszę, jednak dotarłam do zasadniczego tematu dyplomatycznie, drogą nieco okrężną, posługując się zwykłą zgubą ludzkości. Okazuje się, że alkohol jest przydatny do różnych celów. Chociaż i tak nie wiadomo, czy nie wstrząsnę nią negatywnie.

— Potężna — westchnęłam. — Podejrzani zaczynają się mnożyć, a do tego pojawił się spadkobierca. Dlaczego mi nie powiedziałaś, że go znasz, i czy nie mogłaś zastrzec od razu dla mnie prawa pierwokupu? Znaczki mam na myśli. A może zastrzegłaś?

— Ja znam spadkobiercę? — zdumiała się Grażynka śmiertelnie. — Jakiego spadkobiercę? Weroniki? Kogo?! Tego jakiegoś siostrzeńca?

— Owszem. Patryka.
— Co tu ma do rzeczy Patryk?!
— Patryk Kamiński. Siostrzeniec-spadkobierca. Wszystko ma do rzeczy.

Grażynka oniemiała. Następnie zdenerwowała się okropnie. Przez chwilę wpatrywała się we mnie z ciemnym rumieńcem na twarzy, po czym rozejrzała dookoła. Rzecz jasna, siedziałyśmy znów w kawiarni, bo było to najwygodniejsze miejsce jej chwilowego aresztu.

— Ty masz rację z tą wódką, coś muszę wypić, chyba koniak...
— Ty się lepiej zastanów, bo lada chwila wypuszczą cię na wolność — ostrzegłam. — Przypominam ci, że jesteś samochodem.
— Gdzieś mam zastanawianie. Najwyżej przeczekam parę godzin i odjadę później. Nie mogę z tobą rozmawiać na sucho, mówisz koszmarne rzeczy! Koniak. I wodę mineralną. Może ją sobie wyleję na głowę.
— Wylej — zgodziłam się. — Przedtem jej trochę wypiję. Nie wiedziałaś, że to ten twój Patryk jest spadkobiercą Fiałkowskich?
— Nie miałam o tym najmniejszego pojęcia...! Słuchaj, czy to pewne? Nie pomyłka?
— A on się rzeczywiście nazywa Kamiński? I mieszka na Ochocie?
— Kamiński. I na Ochocie. O Boże drogi, nie, to potworne, ja protestuję! Dlaczego mi nie powiedział...?!!!
— To już lepiej napij się tego koniaku — poradziłam pośpiesznie. — Co mi tu masz takie sztuki pokazywać. I uspokój się, ludzie na nas zwrócą uwagę, bycie spadkobiercą to jeszcze nie jest przestęp-

stwo, to nawet żaden czyn naganny, najwyżej czasami nieszczęście, ale chyba nie tym razem akurat? Sama jestem ciekawa, dlaczego ci nie powiedział, może, w tych nerwach przez ciebie, wyleciało mu to z głowy?

Grażynka jęknęła okropnie i zagłębiła dłonie we włosach, kryjąc twarz i wspierając łokcie na stole. Zamówiłam ten koniak i wodę mineralną i odczekałam, aż zamówienie zostało zrealizowane. Kelnerka przyglądała się nam z dużym zainteresowaniem.

— No — powiedziałam zachęcająco.

Chlapnąwszy sobie koniaczku, Grażynka przybrała pozycję nieco mniej rozpaczliwą. Odetchnęła głęboko i popatrzyła na mnie wzrokiem pełnym tak przeraźliwego wyrzutu, jakbym to ja osobiście zamordowała co najmniej obydwoje Fiałkowskich, specjalnie dla obciążenia Patryka.

— To ja nie wiem, co teraz — oznajmiła, zgnębiona.

Nie podobało mi się to wszystko. Patryk nie przyszedł na spotkanie z nią dokładnie w czasie dokonywania zbrodni. Spadkobierca... Jak też on wygląda finansowo? Może już nie miał cierpliwości czekać...? No dobrze, ale jest przecież spadkobiercą, po cholerę kradł numizmaty, które i tak miały do niego należeć? Dla niepoznaki, dla zmącenia przeciwnika? Może istnieje jakiś subtelny sposób sprawdzenia, czy je ma, chociaż pozbyć się tej kupki monet wcale nie było trudno, ale może, pewny siebie, zaniedbał...? Rany boskie, rąbnął ciotkę...?! A niechby nawet cioteczną babkę, znów Grażynka trafiła na świetlaną postać!

Główną moją troską w mgnieniu oka stały się uczucia Grażynki, ale kawałek umysłu wciąż jeszcze

pracował trochę obok. Czy gliny w ogóle wiedzą, że spadkobierca był i jest nadal tutaj, na miejscu zbrodni? Z twarzy go chyba nie znają, mogą nie wiedzieć. Mam lecieć z donosem? A, cholera, jeszcze i ta klamerka, dowód rzeczowy jak w pysk strzelił...!
Nie, nie pójdę. Niech sami dochodzą.
— Słuchaj, koniak wypiłaś, zamówię ci drugi — powiedziałam, ciężko zmartwiona — ale nastaw się duchowo na wszelki wypadek. Nie znam chłopaka, diabli wiedzą, może i trzasnął ciocię, teraz zapadają łagodne wymiary wszelkich kar, trzasnął w pierwszym odruchu, bez premedytacji, ponosisz mu paczki do pierdla, ludzka rzecz. Tylko niech powie, jak było, niech ja wiem, bo jako zabójca nie dziedziczy i od kogo ja wtedy odkupię bułgarski bloczek? Rany boskie! Może ma jakie dziecko...? Nie, dziecko na nic, skoro on nie dziedziczy, to i dziecko też nie, nie zależy mi, niech nie ma. Niech powie dla zaspokojenia naszej prywatnej ciekawości, zawsze to jakiś zysk...
Moim zamiarem było dostarczenie Grażynce pociechy, ale wyglądało na to, że trochę źle mi idzie. Z wysiłkiem powstrzymywała łzy, zdenerwowana do szaleństwa.
— Nie! — krzyknęła szeptem. — Ja go znam! Nie! W odruchu, może, ale przecież nie dla spadku! I, o Boże wielki, nie tak głupio!
— Rozumiem. Gdyby ją mordował, to jakoś inteligentniej. Ale może liczył na to, że mu dostarczysz alibi?
Grażynka wykorzystała drugi koniaczek i jakby nieco oprzytomniała.
— Ja w ogóle nie lubię koniaku, wolę wino — stwierdziła gniewnie. — Mówię przecież, nie głu-

pio, chyba nie jest kretynem! Nie mógł sobie wyobrazić, że zełgam w takiej sprawie!
— A w jakiej mógł? — mruknęłam pod nosem, bo Grażynka była prawdomówna do obrzydliwości. Prędzej zgodziłaby się skoczyć z mostu niż zełgać na jakikolwiek temat, jeśli nie chciała powiedzieć prawdy, nie mówiła nic. To znaczy, owszem, mówiła, że nie powie. Też byłam ogólnie prawdomówna, ale do pięt jej nie sięgałam.

Sytuacja jednakże nie wyglądała różowo. Poczułam się zmuszona zrezygnować chwilowo z poprawy charakteru.

— Widziałaś się z nim w ogóle od wczoraj? — spytałam surowo.

Grażynka zawahała się odrobinę. Koniaczek zapewne sprawił, że nie zacięła się w milczeniu.

— Tak. Dziś rano, jak poszłaś. Był tu.
— Unika mnie. Taka mu się wydaję obrzydliwa?
— Oszalałaś!
— Możliwe. I co?
— Co, co?
— Co było, jak tu był? Mówił coś?
— Mówił. Że mnie kocha.
— Nie chcę cię martwić, ale takie słowa zazwyczaj wypowiadają różni złoczyńcy na chwilę przed złapaniem. Ewentualnie przed ucieczką do Argentyny. Powiedział, że jedzie do Argentyny?
— Nie. Powiedział, że nigdzie nie jedzie i będzie tu siedział, aż mnie wypuszczą. Pojedzie do Warszawy równocześnie i w dupie ma resztę świata.
— Pokazałaś mu klamerkę? Pytałaś, skąd się wzięła wśród pajęczyn i zaśmiardłej kapusty?
— O kapuście nie pamiętałam, ale owszem, pokazałam i pytałam.

— I co?... Czy ja muszę wyrywać z ciebie każde słowo sępimi szponami?

— Nie. Tak. I nic. Zabrał mi ją. Ucieszył się, że jest i odmówił zeznań.

— No to krewa. Optymista, liczy na cud. Ma motyw i nie ma alibi. I w ogóle ja tak nie chcę, zabił ciocię, zabije i ciebie. I jak ja mam wam życzyć wszystkiego najlepszego? Ale ciebie już mu nie daruję, mowy nie ma!

— Ale czekaj, ja przecież jeszcze nie wiedziałam, że to on jest spadkobiercą!

— A gdybyś wiedziała, to co? Zrobiłby się przezroczysty?

— Inaczej bym pytała! Nie, już sama nie wiem...

— Jak cię znam, oddałabyś mu klamerkę gestem potępienia i nie odezwałabyś się ani jednym słowem. Patrzyłabyś tylko na niego tak, że dostałby skrętu kiszek. Przepukliny. Sraczki.

— No może... No dobrze, przyznam ci się, najbardziej mam ochotę tłuc głową o ścianę...

Wyglądała tak, że lada chwila można się było po niej spodziewać zaspokojenia chęci. Przestraszyłam się sceny, po której w życiu nie mogłabym się pokazać w Bolesławcu, i obejrzałam na kelnerkę. Lubi Grażynka koniaczek czy nie, nie wleję w nią teraz wina, mieszanina byłaby piorunująca, a trzeci kieliszeczek koniaku jej nie zaszkodzi. Lekarstwa rzadko bywają smaczne.

I w tym momencie, kiedy rozglądałam się za kelnerką, do kawiarni weszły dwie osoby. Zawahały się na moment, po czym wyszły na zewnątrz i usiadły w ogródku. Nie widziały mnie na szczęście.

Dwie dziewczyny. Jedną z nich oglądałam w komendzie, tożsamość drugiej mogłam od biedy odgadnąć, zgwałcona Hania Rudek i najprawdopodobniej jej przyjaciółka, Zawadzka. Pamiętałam teksty, Zawadzka ją nakłoniła do złożenia donosu na Wiesia, z zemsty. Zapewne czekała przed budynkiem na wynik oskarżenia, a teraz przyszły pogadać, obie zdumiewająco mało wzburzone.

Dziko i namiętnie zapragnęłam podsłuchać ich rozmowę.

— Grażynka, musisz tam iść — zażądałam dość gwałtownie. — Ja nie mogę, bo jedna z nich mnie widziała i z pewnością pamięta, trzeba je podsłuchać. Koniecznie! Bierz ten koniak ze sobą i leć, usiądź tak, żeby mieć ucho od ich strony, wyjmij notes, masz swoją prywatną stenografię, zapisz każde słowo!

— Po co? — przestraszyła się Grażynka.

Szybciutko rozstałam się z prawdomównością.

— Później ci powiem. To jest polecenie służbowe, pracujesz ze mną czy nie? Ich gadanie może być wściekle ważne, dotyczy tej całej afery, leć, ale już, bo początek nam umknie!

Prywatnie Grażynka zaprotestowałaby z pewnością, służbowo zdolna była do nieograniczonych poświęceń. Zdenerwowana i zaskoczona, posłusznie zabrała swój dostarczony właśnie trzeci koniak i udała się do ogródka.

Dziewczyny nie zwróciły na nią najmniejszej uwagi. Zadysponowały sobie coca-colę i kawę i pogrążyły się w zwierzeniach.

Widziałam przez szybę ich wszystkie gesty, niczego, rzecz jasna, nie słysząc, ale pełna nadziei na późniejsze teksty, bo Grażynka pilnie zapisywała w notesie. Z zainteresowaniem przyjrzałam się hipotetycznej Zawadzkiej, owszem, pasowała do roli

115

judzicielki, bardzo szczupła, mocno opalona blondynka, z włosami związanymi z tyłu w kok, miała w sobie coś jaszczurczego. Skrzywdzona Hania wydawała się przy niej dziewczyną dorodną niczym łania i silną jak młoda klacz, podatną na perswazje, ale zarazem upartą, możliwe, że głupio.

Dużo miały sobie do powiedzenia, dysponowałam zatem dostateczną ilością czasu, żeby pomyśleć także i o sobie. No i masz! Znów zrobiłam to, czego poprzysięgałam w głębi duszy najstaranniej unikać, takt, subtelność i szacunek dla cudzych uczuć okazałam właśnie Grażynce zgoła z trzaskiem, bez najmniejszego zważania na jej sercowe turbulencje wygoniłam swoją bezcenną współpracownicę do zajęcia całkowicie sprzecznego z jej charakterem i chęciami. A cóż za urocza postać, sama prawda zawarta była w tym cholernym liście!

No dobrze, ale jak inaczej mogłabym czegoś dociec...?

Myśl, że równie dobrze mogłabym niczego nie dociekać, była z kolei tak obca mojemu jestestwu, że wręcz nie miała prawa istnieć na świecie. Pomijając już bułgarski bloczek numer sto pięć, spraw międzyludzkich zawsze byłam chciwa.

Co, oczywiście, nie przeszkadzało, że wracającą po upiornie długim czasie Grażynkę powitałam wielką skruchą. Być może, nie wyraziłam skruchy dostatecznie silnie, ponieważ wściekle ciekawiła mnie treść jej notesu. Panienki, rzecz oczywista, wyszły wcześniej, obowiązkowa Grażynka nie ruszyłaby się od stolika, dopóki tam siedziały.

— No i co? — wysyczałam niecierpliwie.

Grażynka dopiero teraz wykończyła swój trzeci koniak.

— Nie mam pojęcia, o czym one mówiły, nie miałam czasu się zastanowić i zrozumieć, bo kazałaś zapisywać porządnie — oznajmiła rzeczowo, bez cienia wyrzutu. — Ale ten jakiś Wiesiek... Dobrze zapamiętałam? To ten syn, o którym mówiłaś, ten, co kazał mamusi targać ciężary. Zgadza się?

— No proszę, taką miałam nadzieję, że będzie o Wiesiu! Zgadza się, zgadza...

— Moim zdaniem chcą go wrobić w jakiś gwałt, ale czekaj, lepiej przeczytam ci notatki i sama uznaj, co ważne.

Następne trzy kwadranse spędziłyśmy nad zapiskami i, za przeproszeniem, tyłek mi zdrętwiał na tym kawiarnianym krześle, mimo iż było całkiem wygodne. Ale ile można...? Zawadzka, jak się okazało, miała na imię Lodzia i, wnioskując z treści rozmowy, była to rzeczywiście Zawadzka, ziejąca nienawiścią do skołtunionej Marlenki. Hania pluła furią bardziej na amanta, Marlenkę lekceważąc. Najwidoczniej siebie ceniła bez porównania wyżej, no owszem, nogi miała ładniejsze.

Z kwestii istotnych wyjaśniła się jedna. Marlenka zełgała, Wiesio rzeczywiście w podanym przez Hanię czasie romansował z nią w wykańczanej willi, nie mógł zatem równocześnie pić wódki z jej bratem i walić tasakiem Weroniki. Jako sprawca zbrodni, odpadał definitywnie. Pojawiły się natomiast w sprawie nowe osoby, młode damy były wścibskie i znały środowisko, wyglądało na to, że Marlenka, szkalując Hanię, chciała dostarczyć alibi nie Wiesiowi, tylko bratu. W grę wchodził jakiś Kuba, postać świeża, nie rozgryziona jeszcze, rzadko widywana, bo podobno skądś. Podobno z Warszawy. Piegowaty.

Piegowatość była jedynym elementem wyróżniającym, widocznie w Bolesławcu piegowaci nie istnieli, czemu nie, skoro w Krośnie wszystkie dziewczyny są piękne, w Bolesławcu młodzieńcy mogą być odporni na piegi. Na bracie Marlenki panienki psy wieszały intensywnie, acz krótko, bo bardziej zajęte były swoimi przypadłościami uczuciowymi i talentami łóżkowymi Wiesia. Nie straciły nadziei, że Hania jeszcze go jakoś złapie.

Patryk Grażynki piegowaty nie był, więc nie wchodził w rachubę jako kumpel brata, aczkolwiek przez mgnienie sądziłam, że to może on. Imię nie świadczyło o niczym, każdy może sobie wybrać dowolną ksywę, a sam fakt, że Marlenka walczyła o alibi dla brata, nasuwał podejrzenia. Coś tam z piegowatym kumplem musieli zmalować i chcieli się zabezpieczyć, to już były nasze wnioski, Grażynki i moje, bo głupie dziewuchy ledwo nad tym przemknęły.

Cały ten tekst z notesu Grażynki postanowiłam przepisać na laptopie i dopiero potem zastanowić się nad nim porządnie. Niezła robota widniała przede mną, bo jej osobista stenografia była równie łatwa do odczytania, jak babilońskie pismo klinowe.

Żadna z nas nie miała wielkiego apetytu, zaniedbałyśmy zatem kwestię obiadu. Zostawiłam Grażynkę, trochę w nadziei, że w czasie mojej nieobecności pojawi się Patryk, coraz bardziej podejrzany, a sama z niecierpliwości ruszyłam na kolejny rekonesans.

Nie miałam najmniejszego pojęcia, dokąd powinnam się udać i z kim rozmawiać. Błyskała mi myśl o kuzynce Grażynki. Była tu nauczycielką już co najmniej od dziesięciu lat, wplątane w intrygi i afery młode osoby, dziś dwudziestoparoletnie, przed dziesięciu laty były jeszcze młodzieżą szkolną, może je znała, miała z nimi jakiś kontakt? Czegoś bym się od niej mogła dowiedzieć. Czego, do licha...?

Błąkając się niemrawo po mieście, znienacka dojechałam pod dom świętej pamięci Fiałkowskich, od frontu. Ku własnemu zdumieniu ujrzałam tam jakiś ruch, w środku byli ludzie, a samochód policyjny stał przed wejściem. Ejże...! Interesujące, zaczęli nadrabiać zaniedbania czy złapali spadkobiercę? Zatrzymałam się, niepewna co czynić, bardzo chciałam się wtrącić, ale miałam obawy, że tego już nie zniosą. Z drugiej jednakże strony moje nieznośne natręctwo mogło spowodować, że, chcąc się pozbyć mnie, puszczą wreszcie Grażynkę, którą wszak wyraźnie obiecali zwolnić z aresztu hotelowego. Bez Grażynki nie wyjadę, to było widać.

Za oknem mignął mi prokurator. Nie wytrzymałam, zatrzymałam samochód i wysiadłam.

— Pani chyba nie może wejść — powiedział niepewnie gliniarz w progu.

— A skąd pan wie, może mogę i nawet powinnam? — odparłam zuchwale i bezczelnie, bo, jak zwykle, niemożność spowodowała, że natychmiast zaczęłam się upierać. — Ostatecznie, to ja znalazłam dla was odciski palców, nie? Skąd pan wie, czy w tej zaśmiardniętej kapuście czegoś więcej nie było?

Kapustą ogłuszyłam go do tego stopnia, że mnie wpuścił. Komenda policji w Bolesławcu to nie Luwr, byłam tam dwa razy, z pewnością mnie widział. Weszłam delikatnie, bez ostentacji, i ujrzałam widok cudowny.

Bebeszyli dom centymetr po centymetrze. Nie robili bałaganu gorszego niż tam panował, za to grzebali w szufladach i schowkach, oprószali każdy przedmiocik i przeglądali książki. Także katalogi, cenniki i prasę. Należało tę robotę odwalić już w pierwszej chwili po zabójstwie, obleśny sąsiad, eksponując Grażynkę, nieźle im się przysłużył, bo teraz warstwa kurzu utrudniała pełne rozeznanie. Nawet idiota zgadnie, że świeży odcisk palca jest przyjemniejszy niż odcisk palca zakurzony.

Co mnie natomiast zaskoczyło, to obecność Patryka, przezornie trzymanego na terenie już przeszukanym. Wcisnęłam się w ścianę, żeby nie przeszkadzać, ale prokurator odwrócił się jakoś tak nieszczęśliwie, że mnie dostrzegł.

— Co pani tu robi? — spytał z oburzeniem.
— Gram na puzonie — wyrwało mi się zgryźliwie.
— Widzę, że panowie znaleźli pana spadkobiercę?

Nadkomisarz też był obecny i też się odwrócił.
— No właśnie — rzekł z lekkim roztargnieniem.
— Pan Kamiński...

Popatrzyłam na pana Kamińskiego, a pan Kamiński popatrzył na mnie. Dużo musiał wyczytać w moim wzroku, bo jakby lekko zmienił się na twarzy. Przystojny chłopak, cholera, pasowałby do Grażynki, ale nie będę przecież nakłaniać jej do związku z mordercą. Szkoda...

— Bardzo mi przyjemnie — powiedziałam kłamliwie. — Nie wiem, czy pan już wie...

I nagle strzeliła we mnie myśl, że może zdążę odkupić od niego ten bułgarski bloczek, zanim się zorientują w sytuacji i przyłożą mu zbrodnię. Czort bierz resztę, ale bloczek...! Myśl była głupia, bo wiadomo, że nie odblokują spadku przed zakończeniem śledztwa, a co najmniej przed wykluczeniem udziału spadkobiercy, ale mało to głupich myśli zostało zrealizowanych...? Wystarczy rozejrzeć się po kraju, głupota na głupocie jedzie i głupotą pogania, a co to ja, od macochy...?

— ...że pański wuj ma wśród znaczków bułgarski bloczek numer sto pięć — kontynuowałam, przy czym udało mi się nie uczynić najmniejszej przerwy. — Chciałabym go od pana odkupić, targować się nie będę. Co pan na to?

Zaskoczenia nawet nie usiłował ukrywać.

— Jest pani pewna...?

— Jestem pewna. Grażynka widziała.

Grażynka nagle zamurowała nam gęby, ale jeszcze zdołał odpowiedzieć, że proszę bardzo, chętnie mi sprzeda, kiedy tylko stanie się to możliwe, i również nie będzie się targował. Nadkomisarz wkroczył w ten Wersal, przypominając uprzejmie, że nikt niczego w tej chwili sprzedawał nie będzie, a w ogóle taka niezbędna tu wcale nie jestem. Tyle sama wiedziałam, ale ciekawiło mnie straszliwie, czy też znajdą coś interesującego. Patryk wydawał się idealnie spokojny, pomyślałam, że nawet odciski palców nie zrobią mu nic złego, bo mógł wszak bywać u cioci, nikomu w oko nie wpadając. Chyba że znajdą je na samym wierzchu...

Znaleźli monetę. Dostrzegłam moment, kiedy technik trzymał ją w pęsecie, wydłubaną ze szpary od podłogi, pod biurkiem. Prezentacji nie dokonali, ale nie wyglądało to na nasze dwa złote, już raczej dwadzieścia groszy, przez które przejechał tramwaj, zatem numizmat. Pieczołowicie schowali ją do koperty.

Nie miałam najmniejszej chęci stamtąd wychodzić, jeśli już tam byłam, uparłam się odnieść osobistą korzyść. Łzawym głosem poprosiłam, żeby pozwolili mi spojrzeć na ten cholerny bloczek, raz go

zobaczyć na własne oczy i przekonać się, że naprawdę tam jest. Widziałam go mnóstwo razy na zdjęciach, na reprodukcjach, nigdy w naturze. Popatrzeć na upragniony przedmiot chociaż raz...!
Z przyczyn, na razie dla mnie nieodgadnionych, zgodzili się. Sama wskazałam miejsce pobytu klaserów, od Grażynki wiedziałam, gdzie powinny leżeć. Owszem, leżały. Znaczki w nich były uporządkowane przyzwoicie, wystarczyło spojrzeć, żeby nie szukać niepotrzebnie, byłe demoludy zgromadzone razem, przeważnie rarytasy, klasyki i błędnodruki. No i wśród nich bułgarski bloczek numer sto pięć. Czysty, nie kasowany.
Zanim zdążyli mnie powstrzymać, wyrwałam z torby pęsetkę, wyjęłam go i obejrzałam od tyłu. Klej w idealnym stanie, chociaż nie osłonięty havidem, barbarzyństwo! Chciałam go, o Boże, jak strasznie go chciałam!
— Co pani robi?! — wrzasnął prokurator i usiłował wydrzeć mi go z ręki.
— Won z paluchami! — odwrzasnęłam z oburzeniem. — Kota pan ma, czysty bloczek macać...? Nie dam!
Pełen zrozumienia technik sięgnął pęsetą.
— Ja delikatnie...
— Musi pani go oddać — rzekł z naciskiem nadkomisarz. — To należy do masy spadkowej.
Na operowanie pęsetą mogłam się zgodzić. Pilnie patrzyłam, czy mi go gdzie nie zagnie albo nie zgniecie. Dużo mnie w tej chwili obchodził Patryk, nawet Grażynka zbladła.
— Mogłabym go przechować do właściwej chwili, zostawiając pokwitowanie i zadatek — zaproponowałam beznadziejnie. — Jeszcze zginie...

— Nie zginie, nie ma obawy. Dla pewności zabierzemy do policyjnego depozytu, poleży sobie w sejfie.

W tym momencie Patryk powinien był się wtrącić, jako bezsporny spadkobierca miał do tego prawo. Nie wtrącił się. Cholera, więc jednak... Co ja mam zrobić, nieszczęsna, Grażynka przeżyje katastrofę... Chyba że, mimo wszystko, do niego nie dojdą, zbrodnia bez sprawcy pójdzie ad acta, a niechby, ale to co, mam spokojnie patrzeć, jak dziewczyna grzęźnie w uczuciach do mordercy...? Żeby to piorun strzelił!

Znaleźć się w ich laboratorium i poznać wyniki tego drobiazgowego przeszukania zapragnęłam niemal równie gorąco, jak bułgarskiego bloczka. Nie miałam szans, należało pohamować niecierpliwość i pójść drogą okrężną, dobrze jeszcze, że taka w ogóle istniała...

Bez dalszych protestów opuściłam ich teren działania.

☆ ☆ ☆

— Chcesz jechać na noc? — zdziwiła się Grażynka. — Myślałam, że beztrosko się prześpimy i pojedziemy rano?

Beztrosko...!

— Rano, rano — uspokoiłam ją. — Nigdzie się teraz nie wybieram. Mam co innego do roboty.

Grażynka popatrzyła pytająco.

— Myśleć muszę. Bardzo ciężka praca. Nic z tego wszystkiego nie rozumiem i szkoda, że jeszcze nie mogłaś iść ze mną i słuchać całego gadania. Teraz ci muszę powtarzać i oczywiście, będzie skażone moimi wnioskami, a wolałabym cudze, świeże. Nie mogę się zdecydować, co zjeść, kotlet mielony czy

pierogi, jedno i drugie lubię, a w domu robić nie będę, to pewne.
— Pół kotleta i cztery pierogi — poradziła Grażynka. — Mogę zjeść drugą połowę tego wszystkiego.

Siedziałyśmy przy kolacji po całym dniu moich wysiłków i jej zdenerwowania na głodno, nadszedł czas na posiłek. Z aresztu hotelowego zwolnili ją oficjalnie zaledwie przed godziną, nie skorzystała z wolności wcale, czekała na mnie. Przyleciałam, mniej zziajana, a więcej otumaniona.

Zrealizowałam wszystkie pomysły. Telefon, ten wymysł szatana, działał wyjątkowo dobrze, miałam pełny zasięg i nic nie skrzypiało, bez wielkiego wysiłku zmaltretowałam na odległość parę osób. List Grażynki migotał mi w tle, potwierdziłam chyba jego trafność w stu procentach, ale doprawdy nie była to pora na uszlachetnianie charakteru. Musiałam uzyskać mnóstwo informacji, bo inaczej nie mogłabym żyć. No nie, przesada, mogłabym, ale byłoby mi bardzo nieprzyjemnie.

Zaczęłam wtajemniczać Grażynkę.

— O rezultatach przeszukania jeszcze wszystkiego nie wiem. Janusz jest na bieżąco, ale nie nadążyli z badaniami śladów...

— A Janusz w ogóle gdzie? — zainteresowała się Grażynka.

— Wrócił już do Warszawy. Skoro mnie nie ma, może odpoczywać we własnym domu, pomijając już to, że w oddaleniu ode mnie też nie ma spokoju. Jak widać na załączonym obrazku.

— Czy ty nie przesadzasz? Przecież on cię kocha!

— No to co? Zaraz, pewnie, że kocha, przecież bez tego by ze mną nie wytrzymał, ja się nad nim znęcam i nie zawsze bezwiednie...

— Trujesz! Jego to bawi.
— Ale ile można...?! Nadmiar rozrywek też człowieka zdoła wykończyć. Chcesz usłyszeć, co dalej?
— No pewnie!
Podjęłam relację.
— Znaleźli cztery odciski niezidentyfikowanych palców, to znaczy, znaleźli tych palców w ogóle dość dużo, w tym twoje, dwa nawet bardzo stare, sprzed roku, nieboszczyka Henia. Weronika sprzątała w gabinecie rzadko, ale porządnie, niemniej jednak uchowały się na wewnętrznej stronie okładki jednego klasera. Jeden odcisk wyraźny, też stary, Patryka, w miejscu newralgicznym, mianowicie na spodzie metalowego pudełka po herbacie, w kuchni.
— A cóż on robił w ich kuchni? — wyrwało się Grażynce podejrzliwie.

Podeszła kelnerka, złożyłam zamówienie, porcja kotletów i porcja pierogów, nasz prywatny zamierzony podział nie nastręczał trudności. Wróciłam do tematu.

— Patryk zeznaje, że bywał u wujostwa rzadko, a krótko przed śmiercią wuja przywiózł im puszkę herbaty Earl Grey. Uważał, że wypada. Kwiaty też dostarczył, salonowo, jak trzeba. Nie zaprzecza, iż ową puszkę trzymał w ręku, a co dalej, to nie wie. Więcej u wujostwa nie bywał, ponieważ istniały zadrażnienia rodzinne, oni źle potraktowali jego matkę, a swoją siostrzenicę, odmówił wdawania się w szczegóły dawnego konfliktu...

— Och...! — powiedziała Grażynka.

Trzeba przyznać, że nigdy chyba nie miałam równie wdzięcznej i chciwej słuchaczki, Grażynka całą sobą chłonęła moje słowa. Niech mi spróbuje wmawiać, że chłopak jej nie interesuje... Cha, cha! Pożałowałam, że nie mam o nim więcej, i nabrałam obaw, że dalszego ciągu przestanie słuchać całkowicie.

— Oczywiście były ślady palców Weroniki, a oprócz tego jakieś trzy inne, tajemnicze, nie wiadomo czyje. Mam na myśli gabinet Henryka, bo w całym domu było ich w ogóle dużo. Te tajemnicze znaleziono także na drzwiach od ogrodu i wywnioskowano, że wlazł tam ktoś obcy, kto nie był ani Patrykiem, ani tobą, ani sąsiadką z lewej strony...

— Z lewej? — zdziwiła się Grażynka.

— No, zależy jak patrzeć. Jeśli od ulicy, to z lewej. Bo co?

— Bo ani razu nie widziałam tam żadnej sąsiadki. Dzieci owszem, dwa razy, i raz faceta, a baby nigdy. Skąd się tam wzięła?

— Bo baba przerabia kiecki zarobkowo — wyjaśniłam łaskawie — i po całych dniach i wieczorach siedzi przy oknie w pokoju na górze. Ma jakieś kłopoty ze stawami, więc mało lata na dół. I mało patrzy, przeważnie zajęta maszyną do szycia. Potwierdziła twoją obecność w chwili zbrodni, dzięki czemu kalumnie sąsiada z prawej nabrały rumieńców. Chwili wychodzenia już nie widziała. Przesłuchali ją ponownie drugi raz i przy okazji załatwili te palce. Ponadto, czekaj, tajemniczy odcisk wykryli także i w łazience, jeden, na takim metalowym uchwycie do papieru toaletowego. Uchwyt był niewygodny...

— No był — przyświadczyła odruchowo Grażynka.

— I zabójca miał kłopot, mył ręce, wycierał papierem toaletowym, trudno mu było wyciągnąć dostateczną ilość, dotknął metalu, poza tym oczytany

w kryminałach, nie użył ręcznika i więcej śladów nie zostawił. No, pomijając zbrodnicze...
— I kto to był?
— Na razie nie wiadomo. Nikt notowany, bo to też zdążyli sprawdzić. Ślady na tasaku, jak zapewne wiesz, uległy zniszczeniu, ale za to było tam mnóstwo butów. Wedle butów, do gabinetu wchodziły tego wieczoru co najmniej cztery osoby, licząc także i ciebie...
— I Weronikę...
— Nie. Weronika nie wchodziła, musiała ci czynić wstręty, stojąc w drzwiach. Nie zauważyłaś tego?
Grażynka zastanowiła się i napoczęła kotlet.
— A wiesz, że masz rację. Zaglądała, stawała w drzwiach i ani razu nie weszła. I była w rannych kapciach, dopiero potem włożyła sznurowane trzewiki.
— Oddaj mi od razu ten drugi kotlet, bo przez pomyłkę zjesz oba — zwróciłam jej uwagę. — I zabierz swoje pierogi. A bałam się, że stracisz apetyt...!
— Straciłam — wyznała smętnie Grażynka.
— Jem, bo już sama nie wiem, co robię. Jednak Patryk... Jego buty tam były?
— W każdym razie nie te, które akurat miał na nogach, ale może posiadać więcej niż jedną parę. Czekaj, bo to nie koniec. Razem wziąwszy, jak mówię, oprócz ciebie pętały się tam trzy pary butów, latały po całym domu, jedne pierwsze, drugie drugie, a trzecie trzecie...
— To prawie jak wyliczenie wojen punickich — zauważyła Grażynka dość sarkastycznie.
— Możliwe. Rzecz w tym, że kolejność dała się ustalić, nakładały się na siebie wzajemnie. I wszys-

127

tko wskazuje na to, że zamordowała ją pierwsza para, pozostałe przyszły na gotowe. Wcale by tego odkrycia nie dokonano, upływ czasu przeciwdziała, gdyby nie to, że ich technik robi dyplom magisterski, zaocznie, nie wiem, jak się odpowiedni wydział nazywa, ale tematem jest badanie mikrośladów. Mikroślady to potęga, oni tu nie mają odpowiedniego wyposażenia, widziałam te rzeczy w laboratorium kryminalistycznym, nie do uwierzenia, co te ustrojstwa pokazują! No i pokazały, dzięki jego osobistym staraniom. Na sto procent może nie, ale na dziewięćdziesiąt dziewięć i pół. Co mnie dziwi, to rozszalała ruchliwość jednostek przestępczych, bo po cholerę te buty przyszły? Po numizmaty, nie? Gdzie on je trzymał?

— Kto?

— Nieboszczyk Henio.

— Co trzymał? Numizmaty?

— Te pudła żelazne z monetami. Nie w gabinecie?

— Nie mam pojęcia — zmartwiła się Grażynka. — Widziałam tylko, że pokazywał, a pudła stały na podłodze i leżały na krzesłach. Mógł je przynieść skądkolwiek, z piwnicy, z sypialni...

— Owszem, buty były w sypialni.

— Poza tym, czekaj, ja z tego zdenerwowania już chyba nawet zaczynam myśleć. Henio Heniem, ale przecież po jego śmierci tam rządziła Weronika. Gdzie ona je trzymała?

— Też nie wiesz?

— Skąd? Interesowałam się znaczkami, monety mnie nie obchodziły.

— Bardzo źle — zaopiniowałam z naganą. — Powinnaś być bardziej wścibska. Weronika mogła trzymać je wszędzie, starannie ukryte, skoro w gabinecie ci w oczy nie wpadły, i biedny złoczyńca, chcąc nie chcąc, musiał tak latać po całym domu. Znalazł je, to pewne, jedna mu upadła, z czego wynika, że bardzo się śpieszył. Później całość znalazła się w tym opuszczonym domu, gdzie wpadłam w pajęczyny, trzy pary butów również tam były, z tym że kolejność uległa odmianie, pierwsze owszem, pozostały pierwszymi, natomiast drugie dwie pary przemieszały się ze sobą. I znów z tego wynika, że dwóch ludzi się spotkało, a jeden znikł z horyzontu, mogli go w ogóle na oczy nie widzieć.

— Ale tych dwóch ludzi... — zaczęła Grażynka niepewnie.

Wpadłam jej w słowa.

— ...trzeba znaleźć. Zgadza się. Tyle że na razie nie wiadomo, kto to jest.

Bez zapału Grażynka zjadła ostatniego pieroga. Widać było, jak rozpaczliwie i w przygnębieniu usiłuje myśleć, spychając uczucia na samo dno duszy. Mogłabym głowę na pniu położyć, że ten cały Patryk, dotychczas wątpliwy, teraz nagle stał się najważniejszy na świecie i za wszelką cenę należało go ratować, a już w żadnym razie nie opuścić w nieszczęściu. Sama bym go chętnie uniewinniła, ale przez swoją idiotyczną klamerkę od paska wychodził na prowadzenie bezapelacyjnie. Gliny o klamerce jeszcze nie wiedziały, Grażynka zaś, najwyraźniej w świecie, w całym swoim jestestwie toczyła ciężką walkę, puścić zbrodnię bez kary czy rzucić jego i siebie pod gąsienice sprawiedliwości. Byłam pewna, że weźmie z nim ślub w więzieniu. Miałam temu zapobiec czy przeciwnie, dopomóc w wariactwie?

— Śladów z pustego domu jeszcze dokładnie nie zbadali — uzupełniłam. — Wiedzą o Wiesiu i jego dobrej mamusi, sama im o nich powiedziałam, ale

129

Wiesio bruździ, bo gwałcił w tym czasie głupią Hanię. Może Hania lekceważąco potraktowała godziny i Wiesio zdążył później? Już go pewno przesłuchali albo właśnie przesłuchują, ale rezultatów nie poznam wcześniej niż jutro. I to, jak sądzę, dopiero w Warszawie. Wyjeżdżamy rano, spakuj się dzisiaj.

Grażynka zawahała się.

— Ja... Wiesz... Ja chyba...

— Nie, nie zostaniesz tutaj — przerwałam jej bezlitośnie, doskonale wiedząc, co zamierzała powiedzieć. — Patryk również pojedzie do Warszawy, a jeśli go przymkną, i tak nie będzisz miała do niego dostępu. I więcej się dowiesz tam, chociażby ode mnie, niż tu od miejscowego społeczeństwa. Jeśli się nie pokaże przed naszym wyjazdem, możesz mu zostawić wiadomość w recepcji. I tyle. Nic więcej.

Recepcja jakoś ją pocieszyła. Pomyślałam, że podsłuchaną pogawędkę dwóch panienek należałoby przekazać glinom, czego w ferworze dociekań prywatnych nie zdążyłam zrobić, ale moja aktywność nieco sklęsła i nie chciało mi się już dokonywać skomplikowanych zabiegów. Na tego tam jakiegoś brata narzeczonej powinni trafić sami, a jeśli nie, mogę im dosłać relację z Warszawy, nawet lepiej, bo dokładniejszą, przepisaną z notatek Grażynki. Moje osobiste chody działały w obie strony.

Patryk się już nie pojawił. Ciężko zgnębioną Grażynkę puściłam nazajutrz przodem, w obawie, że gdzieś się zbuntuje i zawróci do Bolesławca. Wolałam mieć ją na oku...

☆ ☆ ☆

Na mojej sekretarce jakaś osoba niecierpliwie poszukiwała Grażynki. Przez ostatnie cztery dni nagrała się trzy razy, gwałtownie żądając informacji o niej, nie podając przy tym ani numeru telefonu, ani nazwiska, ani czasu nagrywania, i nie miałam pojęcia, jakiego terminu dotyczy groźba, że zadzwoni jeszcze dzisiaj wieczorem. Nie była ostatnia, po niej nagrali się inni, więc możliwe, że dzisiejszy wieczór minął wczoraj. Raz podała tylko imię, Seweryna, z czego nic mi nie przyszło, bo żadnej Seweryny, poza Szmaglewską, nie znałam, a z całą pewnością Szmaglewska nie znała Grażynki. Wspomnienie listu, którym czkałam w sobie nieregularnie, ale za to dotkliwie, kazało mi uszanować niecierpliwość osoby, zaczęłam dzwonić do Grażynki natychmiast, ale wszystkie jej telefony były zajęte. Mało brakowało, a wysłałabym do niej faks.

131

Nagrał się także facet ze sklepu, który również nie podał nazwiska, przedstawiając się rozsądnie jako ten, który szukał dla mnie bloczka bułgarskiego numer sto pięć, dzięki czemu przypomniałam go sobie doskonale. Podał natomiast numer telefonu, uprzedzając, że bywa w domu tylko późnym wieczorem albo wcześnie rano, nie próbowałam zatem porozumieć się z nim od razu. Resztę zlekceważyłam, była nieważna.

Pamiętna własnych postanowień, wetknęłam do garnka kurczaka nabytego w sklepie naprzeciwko mojego domu, wstawiłam do piecyka ryż i przygotowania do uroczystego przyjęcia uznałam za zakończone. Po namyśle zrobiłam jeszcze sałatkę z krewetek ze szparagami i cytryną, te produkty bowiem miałam w lodówce i nie musiałam nigdzie po nie latać, oraz postawiłam na gazie trzy jajka do ugotowania na twardo. Prawdę mówiąc, dokonałam tych wszystkich kuchennych czynów mniej w ramach ekspiacji, a bardziej dlatego, że zniecierpliwienie przeszkadzało mi w pracy umysłowej i przynajmniej ręce musiałam czymś zająć. Czekałam na informacje.

Informacje przybyły w chwili idealnie wybranej, kurczak i ryż były gotowe, jajka nie pękły, znalazłam nawet świece i w pewnym stopniu przygotowałam do posiłku stół w kuchni. W pokoju stołu nie miałam, ominęła mnie zatem rozterka, gdzie to uroczyste przyjęcie urządzać. Miały, te informacje, postać bardzo przystojnego faceta w odpowiednim dla mnie wieku, o wyjątkowo rozwiniętych zdolnościach przewidywania. Nie zjadł niczego na mieście, przeczuwał pożywienie z mojej ręki, co już było chyba rodzajem jasnowidzenia, wydarzenie bowiem stanowiło ewenement. Posiłki z mojej ręki przytrafiały się rzadko i nie należało na nie zbytnio liczyć.

— Cholera, mogłam tego kurczaka upiec! — pożałowałam z rozpędu. — Trafiłeś bezbłędnie! Ale ryż wymaga sosu, więc nie ma co się rozczulać, otwórz wino, a ja przeczekam...

Zamknął mi gębę ognistym powitaniem, widocznie w oddaleniu nabierałam zalet, po czym zainteresował się, co zamierzam przeczekiwać. Wyznałam, że jedzenie.

— Ale wiesz już coś więcej? — upewniłam się pośpiesznie.

— Wiem i wszystko ci powiem, bo jakoś mi ta sprawa niewyraźnie śmierdzi. Obawiam się, że nie będziesz zadowolona. Naprawdę chcesz poczekać, aż zjemy?

— Wcale nie chcę, ale może powinnam. Całkiem nieźle te potrawy mi wyszły, a gadając, mógłbyś nie docenić. Postanowiłam zmienić proporcje swojego charakteru, więcej zalet, mniej wad, a mój duszony kurczak zalicza się bezwzględnie do zalet.

Postawił na stole otwartą butelkę i przyjrzał mi się jakoś dziwnie.

— Ty rzeczywiście jesteś przekonana, że ja cię kocham przez duszonego kurczaka?

Zreflektowałam się. Gdyby miał mnie kochać przez kurczaki oraz inne elementy spożywcze, dawno by uciekł na drugi koniec świata. Nie trafiałam mu do serca drogą przewodu pokarmowego, to pewne, to, co robiłam, było dobre, owszem, tyle że przytrafiało się niezmiernie rzadko i fanaberyjnie. Nie kuchnia stanowiła sedno mojego życia.

— No nie... Musiałbyś być chyba derwiszem albo eremitą, spragnionym czasem odmiany po korzonkach... Ale jeśli już coś robię, niech to będzie zjedzone i docenione! Nie zatrute gadaniem!

— Wręcz dziwnie się czuję i lęgną się we mnie niepokojące podejrzenia — oznajmił, siadając nad sałatką. — Będziemy pili czerwone wino do krewetek?

— Nie wygłupiaj się. Do kurczaka! Wyszedł na pikantnie, więc pasuje. Ale z tego, co mówisz, wynika mi, że po dokładnej relacji mogę stracić apetyt, więc słusznie postanowiłam wstrzymać się z pytaniami. Po jedzeniu pokażę ci materiał śledczy na piśmie...

Pomiędzy tymi wszystkimi zabiegami kulinarnymi zdążyłam przenieść z laptopa na komputer rozszyfrowane notatki Grażynki i uporządkować podsłuchaną rozmowę mściwych panienek. Nie musiałam w końcu wpatrywać się bez przerwy w żaden garnek, a do zajęć prostych pchały mnie wzbierające emocje. Urządziłam nieszczęsną Grażynkę rewela-

133

cyjnie, martwiłam się o nią i czułam się zobowiązana całą kretyńską gmatwaninę jakoś rozwikłać. Przeniosłam wreszcie konferencję do pokoju razem z herbatą i winem, nie tknąwszy, rzecz jasna, takich głupot, jak zmywanie czy sprzątanie. Stanowisko gospodyni domowej przez całe życie było mi raczej obce.

— Wiadomości z ostatniej chwili — powiedział Janusz, nie czekając na moje pytania, i popukał w wydruk komputerowy pogawędki. — Nie musisz już im tego pokazywać. Stwierdzili, że Wiesław Kopeć, ten od złomu, był w obu miejscach, zarówno w domu Fiałkowskich, jak i w tym nie zamieszkałym. Przyznał się zresztą do tego bez wielkiego oporu, ponieważ na czas zabójstwa ma niezłomne alibi.

— Gwałcił Hanię? — ucieszyłam się, nie wiadomo dlaczego.

— Co do gwałtu, z uporem twierdzi, że to Hania się pchała, a on z grzeczności nie protestował, ale owszem. Przebywał w owej willi razem z Hanią prawie do jedenastej, Weronika zaś straciła życie najpóźniej o dziewiątej trzydzieści. Wlazłaś im na ambicję i poszli twoim śladem, badanie treści żołądka było przeprowadzone, ale dopiero teraz zainteresowali się nim porządnie, dokładny wywiad w kuchni i tak dalej, ona tę kolację przed śmiercią zjadła...

Zdumiałam się, bo w pamięci wciąż miałam kopiasty półmisek.

— Całą? — spytałam z niedowierzaniem.
— Co?
— Całą zawartość półmiska opchnęła na poczekaniu?
— Kto tak powiedział? — zdziwił się Janusz.
— Część przełożyła do dwóch garnków, stały na

kuchni, a zjadła resztę. Mięso, kartofle, głównie surówkę z kapusty. A co...?

— To podlece! — powiedziałam, śmiertelnie oburzona. — Popatrz, ględziłam o półmisku jak oszalała, powiedzieli, że był pusty, słowem nie napomknęli o garnkach! Co za ludzie, skołowali mnie, do tej pory zastanawiałam się, kto tę kolację zeżarł, bo sama Weronika nie dałaby jej rady. Złoczyńcy!

— Zdaje się, że troszeczkę im przerywałaś? Bo nie wspominają cię tkliwie...

No owszem, fakt, ustawicznie wpadałam im w słowa, złośliwie ukryli, co mogli. Jednakże należało dyplomatyczniej...

Czym prędzej wróciłam do tematu.

— Z tego wynika, że złoczyńca wdarł się później? Nie złapała go na gorącym uczynku?

— Złapała. Wdarł się wcześniej i przeczekiwał. Nie natknęła się na niego od razu, tylko dopiero po jedzeniu, to są oczywiście dedukcje, ale tak ślady wskazują. I nie był to Wiesław Kopeć, czekaj, bo nie skończyłem, Kopcia z Hanią podglądały dwie osoby, nie razem, oddzielnie. Z ulicy masochistycznie śledziła ich porzucona Zawadzka, a do okienka piwnicznego zaglądał z drugiej strony gówniarz z sąsiedztwa. Gówniarz od razu rozpowiedział kumplom, bardzo mu pozazdrościli, bo zawsze co na żywo, to rajcowniej niż na filmie, a Zawadzka zeznała swoje zgoła radośnie, w przekonaniu, że pomaga oskarżeniu o gwałt. Kopeć odpada.

— Ale był!

— Był. I chyba odrobinę wrabia Patryka Grażyny.

Jęknęłam.

— To musisz mi powiedzieć bardzo porządnie, żeby nie było miejsca nawet na cień wątpliwości. Inaczej Grażynka się nie uspokoi.

135

— Myślisz, że pewność posiadania wielbiciela-mordercy tak doskonale wpłynie na jej samopoczucie? — zainteresował się Janusz.

— Niepewność jest najgorsza — powiadomiłam go stanowczo. — A przynajmniej przestanie się miotać uczuciowo. Cholera, ależ ona ma fart...!

— Ma. Szkoda jej. Chcesz dalszy ciąg?

— Pewnie, że chcę, Boże drogi, bo gdyby wątpliwości istniały, sam wiesz, jak to jest, uniewinniony, ale może jednak sprawca, człowiek się nie wyplącze do końca życia i co z takim fantem zrobić...

Zamiast słuchać dalszego ciągu, zaczęłam gorączkowo rozpatrywać sytuację, w której Grażynka, i tak już rozwichrzona wewnętrznie i pełna rozterek, zostaje przy boku faceta, nie wiadomo, cynicznego zbrodniarza czy ofiary, skrzywdzonej niesłusznym posądzeniem, z drżeniem serca czekając na jego kolejne czyny. Całą resztę życia miałaby zmarnowaną! Ja chyba też, to przeze mnie, po diabła ją wysyłałam do Weroniki...!

Odzyskałam odrobinę równowagi po napoczęciu drugiej butelki wina, pod wpływem perswazji Janusza. Wyjątkowo przyzwoity człowiek, uniewinnia mnie, zamiast dobijać i pogrążać do reszty, jakim cudem mógł mi się taki przytrafić...?

— No dobrze, mów dalej, skupiam się i słucham.

— Dalej — podjął szybko, żeby mi nie pozwolić na rozkwit ekspiacji — ta narzeczona, jak jej tam, Marlenka, niepotrzebnie przyleciała do komendy, mam na myśli: na własną szkodę. Zainteresowali się jej bratem, brat w opuszczonym domu bywał często, gdzie znajdował się w chwili zabójstwa, wciąż nie wiadomo, najprawdopodobniej właśnie u Weroniki. Z wódki z Wiesiem już zrezygnował, ale poza tym wykręca kota ogonem na wszystkie strony, zasłaniając się upojeniem alkoholowym i przerwą w życiorysie. Jednakże, ogólnie biorąc... a, właśnie...! Powinienem ci to powiedzieć na początku. Opinia w kwestii śladów uległa zmianie, wchodziły do tego domu cztery osoby, pomijając Grażynkę. Wchodził Kopeć i wchodził ten brat, z tym że brat wcześniej, ślady Kopcia pokrywają ślady brata...

— On też się chyba jakoś nazywa?

— Antoni Gabryś. I to on był w sypialni, najprawdopodobniej robiąc tam bałagan, ale na to dowodów brak...

— Na wchodzenie czy na bałagan?

— Na bałagan. Patryk był w czasie nieokreślonym, przeszedł tak, że nikogo nie przydeptał i przez nikogo nie został przydeptany, można mu zatem przyłożyć, wedle kolejności, wszystkie cztery miejsca. No, a przed dwoma wymienionymi był czwarty, jeszcze nie zidentyfikowany.

Zaczęło mi się to wszystko mylić, więc zażądałam uściślenia. Wyszło mi, że niezidentyfikowany był pierwszy, po nim brat narzeczonej, Antoni Gabryś, ostatni zaś Wiesio Kopeć. Patryk w chwili dowolnej. Następnie wszyscy, w tej samej kolejności, polecieli do opuszczonego domu, gdzie zgubili tackę do monet i klamerkę od paska. Wnioskując z ich poczynań, Weronika już nie żyła, zabił ją zatem pierwszy, ten jakiś nieznany, albo Patryk. Patryk miał motyw najprostszy, dziedziczy...

— Istna procesja tam szalała — powiedziałam z irytacją. — Palce i buty to są dowody rzeczowe, przycisnąć ich!

— Przycisną — zapewnił mnie Janusz. — Zwracam ci uwagę, że od wczoraj wzięli tempo godne podziwu, razem, po ostatniej rozmowie z tobą, mieli wieczór, jedną noc i jeden dzień, dzisiejszy, też do wieczora, informacje dostawałem na bieżąco, ale nie wiem co dalej. Mają mi przysłać wyrys tych wszystkich śladów, faksem przyjdzie. Możliwe, że do rana któryś z nich już się do czegoś przyzna.

— A Patryk co mówi?

— Nic jeszcze. Zostawiają go sobie na koniec, jako najbardziej podejrzanego.

— A cóż za wstrząsająca pociecha! Przeszukań w ich domach jeszcze nie zrobili? Gdzieś przecież ten cały nabój numizmatyczny musi się znajdować, chociażby tacki, bo monety można ukryć byle gdzie.

— Robią. Jeszcze nie skończyli. Nic nie znajdą, po tak długim czasie każdy mógł się pozbyć wszystkiego, to przecież półtora tygodnia. Ale coś tam śmierdzi w tym całym towarzystwie, nikt nie mówi prawdy, każdy łże koncertowo, każdy się czegoś boi. Możliwe, że siebie nawzajem...

— Z tego wszystkiego bułgarski bloczek mi przepadnie — wygłosiłam ponure proroctwo i w tym momencie przypomniałam sobie o telefonie człowieka ze sklepu.

Spojrzałam na zegarek, jeszcze nie było tak późno, dochodziła dziesiąta, doskonały czas na kontakty towarzysko-służbowe. Dałam spokój zbrodni i chwyciłam słuchawkę.

— O, jak to dobrze, że pani dzwoni! — ucieszył się Ten Pan. — Ja pamiętam, że pani szuka bułgarskiego bloczka, otóż niech pani sobie wyobrazi, umarł ten filatelista, o którym wiedziałem, że on to ma. Tam jakieś komplikacje zaszły, ale on będzie do kupienia. Chce pani, żebym go dla pani załatwił? To poza Warszawą.

— Nie w Bolesławcu przypadkiem? — zgadłam w przypływie jasnowidzenia.
— W Bolesławcu. Skąd pani wie?
— Przypadek. Dziś właśnie stamtąd wróciłam. Komplikacje owszem, zachodzą, bloczek jest w areszcie policyjnym.
— Co pani powie? — zmartwił się Ten Pan. — Ale on przecież nie był kradziony, to wiem na pewno. Co się stało?
— Siostra nieboszczyka została zamordowana i wszystko zrobiło się podejrzane. Nie będę pana wplątywać, trzymam rękę na pulsie, ale niech pan też trzyma. Sprawa jest ciągle aktualna.

Ten Pan, wyraźnie zatroskany, zaczął mnie wypytywać, ale Janusz kręcił głową ostrzegawczo, więc ograniczyłam się do przekazania wiedzy znanej całemu społeczeństwu, bez szczegółów. Potwierdziłam chęć zakupu i nawet zapłacenia, i rozłączyłam się.

Do Grażynki zadzwoniłam również. Wyłączone miała wszystko, nagrałam się na sekretarkę, niech się odezwie bodaj jutro, bo niespokojna jestem o jej stan ducha. Dla zachęty napomknęłam, że mam nowe informacje, nie najlepsze, ale zawsze jakieś, a to więcej niż nic.

Na tym zakończył mi się dzień pracy.

☆ ☆ ☆

Grażynka przyleciała do mnie koło południa, dziko zdenerwowana, bez zapowiedzi. Ściśle biorąc, zadzwoniła z klatki schodowej z informacją, że właśnie idzie i wie, że jestem w domu, bo na parkingu widziała samochód.

Byłam w domu i usiłowałam pracować zawodowo, całkowicie zaniedbując przepierkę, rozpakowanie do końca walizki, sprzątanie i wszelkie inne zajęcia gospodarskie. Źle mi szło, wizytą Grażynki ucieszyłam się zatem podwójnie.

— Słuchaj, ja cię okropnie przepraszam — zaczęła już od progu, prawie ze łzami w oczach. — Naprawdę, nie spodziewałam się, że ona zrobi coś podobnego, wybacz mi, ja się postaram, żeby nigdy więcej, przepraszam cię z całej siły!

— Za co, na litość boską? — zdumiałam się i już zaczęło mi gdzieś tam migać, że o Patryku wszystko łgarstwo i ona go wcale nie kocha.

— Za moją ciotkę!

— Za jaką ciotkę i co ona, ta ciotka, zrobiła?!

— Jak to co, dzwoniła do ciebie tysiąc razy! O wszelkich porach, nawet rano! Ja wiem, że ona jest porąbana, ale myślałam, że jakiś umiar zachowa! Okazuje się, że nie, nie ma na nią sposobu, szukałaby mnie nawet u papieża! Wcale jej nie dawałam twojego telefonu, ale tyle ludzi go zna...

— Czekaj, spokojnie — powiedziałam, wpychając ją do pokoju. — Usiądź na tyłku i nie urządzaj dramatów. Nic nie wiem o twojej ciotce i o tysiącu telefonów, szczególnie rano, poza tym mnie przecież nie było. Nic się nie stało i nie ma zmartwienia.

— Owszem, jest — uparła się Grażynka. — Ona mi ciągle takie numery wywija, zniknęłam jej z oczu, no to co, że jej zniknęłam z oczu, czy ja nie mogę komuś zniknąć z oczu? Nawet jeśli jest to ostatnia osoba z rodziny?

Zapewniłam ją czym prędzej, że może. Każdy może zniknąć z oczu każdemu i nie jest to karalne. Delikatnie spytałam o stan zdrowia ciotki, bo może to paralityczka, zdana wyłącznie na łaskę siostrzenicy...

— Zdrowa jest, chwalić Boga, jak byk — odparła Grażynka, powoli odzyskująca równowagę. — Pracuje, aż jej się w rękach iskrzy. Robi kilimy ozdobne na zamówienie i powodzenie ma szaleńcze, ale nienawidzi załatwiania spraw formalnych, więc ja muszę za nią. Ona nawet nie wie, jak się płaci podatki!

Też, prawdę mówiąc, nie wiedziałam, więc nie uznałam tego za wadę, musiałabym sama siebie potępić, a dość miałam innych powodów do potępiania. Ciotka Grażynki nie uczyniła na mnie wielkiego wrażenia, zlekceważyłam ją, za to przypomniałam sobie rozmowy, odsłuchane z sekretarki.

— A, właśnie! Ktoś cię szukał w nerwach, jakaś baba, nagrała mi się...

— To właśnie ona! — jęknęła Grażynka. — Mówię przecież! Miałam wrócić z Drezna, nie było mnie, więc zaczęła nagonkę, bo akurat dostała ataku energii. A ja jej się wcale nie przyznałam do tych wszystkich komplikacji, od razu zaczęłaby mi pomagać, a tego bym już nie wytrzymała.

Pomyślałam, że cudownych informacji ode mnie również może nie wytrzymać, i zaproponowałam jakiś napój. Grażynka zdecydowała się na kawę. Najdelikatniej jak mogłam przekazałam jej wieści z Bolesławca.

— Do tej chwili zapewne ujawniło się coś więcej — dodałam — ale Janusz musi zachować jakiś takt i powie dopiero po powrocie do domu. Pocieszająca jest myśl, że Patryk ma konkurencję, ten tam jakiś pierwszy...

— Nie wierzę w pierwszego — przerwała mi Grażynka z dziką determinacją. — Wolę się z góry nastawić, że to Patryk, ja już mam takie szczęście. Może w ogóle jest złodziejem, włamywaczem i mordercą, pomijając wszystko inne, on tak strasznie o sobie milczy!

Zainteresowało mnie na moment, jak też, wobec tego, wyglądają ich rozmowy, bo i Grażynka nie była wylewna. Zwierzała mi się teraz, bo i tak Patryk wyszedł na jaw, a tyle czasu nie miałam o nim najmniejszego pojęcia! Poza tym stanowiłam źródło wiedzy o śledztwie i nie dało się mnie pomijać.

— Milczy, milczy... — mruknęłam. — Po pijanemu też milczy?

— Jeszcze go nie widziałam porządnie pijanego. Na rauszu to owszem, też milczy, ale za to robi się ruchliwy, chce tańczyć i demolować przystanki tramwajowe.

Zaniepokoiłam się.

— Zdemolował już jakiś?

— Jak dotąd nie, ale przejawia takie skłonności. Kiedyś zaprosił mnie na weekend w leśniczówce na skraju lasu i wieczorem, po winie, rozebrał ogrodzenie dla dzików, to znaczy przeciwko dzikom. Powiedział, że biedne zwierzątka powinny zażyć trochę swobody, a biedne zwierzątka doszczętnie spyskały leśniczemu marchew pastewną. Nie przyznaliśmy się, że to on...

Zaczynał mi się ten Patryk coraz bardziej podobać. Tak okropnie nie chciałam widzieć w nim zbrodniarza, że zaczęłam myśleć intensywniej. Błysnęło mi wspomnienie, wczoraj jakoś zaniedbane.

— Czekaj, mamy jeszcze kogoś — przypomniałam żywo. — Nie do pojęcia, że nie poruszyłam tematu z Januszem...

Stanął mi w pamięci wczorajszy wieczór i czym prędzej porzuciłam przyczyny zaniedbania. Przy drugiej butelce wina atmosfera przestała sprzyjać rozważaniom śledczym i przeszła na tory osobiste.

— ...a mam to przecież na piśmie, w twoich notatkach — ciągnęłam. — Do brata narzeczonej należy tajemniczy, piegowaty Kuba. Ani jedno słowo o nim nie zostało powiedziane, a może jest ważny?
— Wierzysz w piegowatego Kubę? — rozgoryczyła się Grażynka. — Bo ja już nie. Patryk i to jego milczenie... O rodzicach mówił, pokazywał zdjęcie, ponieważ już nie żyją, ale nawet nie wiem, kiedy umarli, gdzie i na co. Gdzie mieszkał w dzieciństwie, co robił później, skąd pochodzi, nic, zero. Nie znam jego przyjaciół i nawet znajomych, czasem się komuś kłania w lokalu, w dyskotece, w teatrze zasnął...
— Na czym?
— Na Gombrowiczu. A co...?
— Nic. Ja zasnęłam na filmie o życiu Gorkiego, a moja matka na „Dwunastu gniewnych ludziach". Drobiazg. Wróć do tematu.

Wrócić, Grażynka wróciła, ale trochę boczną drogą.

— I teraz nie wiem, co zrobić. Nie porzuca się człowieka w nieszczęściu...

No proszę! Dobrze zgadłam, weźmie z nim ślub w więzieniu...

— ...a jeśli to zbrodniarz? Zabić starą kobietę dla pieniędzy, własną ciotkę...
— Własną...?
— No dobrze, cioteczną babkę...
— Zaraz. Ale to jednak coś o nim wiesz? Cioteczny wnuk Fiałkowskich, syn ich siostrzenicy...
— Ty wiesz akurat tyle samo. Tej siostrzenicy nikt na oczy nie widział, nawet babcia Madzi nie ma o niej pojęcia, noga jej nie postała w Bolesławcu!
— A gdzie postała?

— Otóż to! — wytknęła Grażynka z bezrozumnym triumfem. — Nikt nie wie, a on milczy!

Zatroskałam się rzetelnie. Na przełamanie jego milczenia pod wpływem władz śledczych trzeba było, niestety, dość długo poczekać, skoro postanowili przesłuchiwać go na końcu. Idiotyczny pomysł. Tym bardziej uczepiłam się piegowatego Kuby.

Złapawszy Janusza przez komórkę, zaleciłam wzmożenie starań w Bolesławcu w kwestii kumpla brata narzeczonej. Miałam nadzieję, że przekaże sugestię subtelniej, drogą okrężną, nie narażając się im tak jak ja. Odpowiedział mi na to, że sprawa jest w toku, co nieszczególnie zwiększyło moją wiedzę.

Natychmiast potem zadzwonił Ten Pan. Grażynka przyrządziła sobie drugą kawę i zaczęła zbierać na moim biurku materiały dla grafika i do korekty, a ja zajęłam się rozmową, można powiedzieć, bez reszty.

— Wie pani, mnie to okropne wydarzenie bardzo interesuje — powiedział smutnym głosem Ten Pan.

— Zbieracz w Bolesławcu miał, wbrew pozorom, ciekawe rzeczy i zdaje się, że była jakaś afera. Chciałbym się z panią spotkać, nie będzie pani może w jakimś sklepie albo co?

Afera zaintrygowała mnie natychmiast.

— Chwilowo nie miałam w planach, ale... Jaka afera?

— Nie filatelistyczna, jego znaczki pani chyba już zna? Skoro pani tam była...?

— W każdym razie bułgarski bloczek widziałam. I ogólnie znam, oczywiście.

— Więc raczej numizmatyczna. Wie pani, on się więcej zajmował monetami niż znaczkami, tak cicho siedział, nie lubił sprzedawać. Jakieś tam się przy-

trafiły nieprzyjemności, w zeszłym roku. Rozumiem, że mu to teraz ukradli?
— Ukradli.
— No więc właśnie. Ja bym chciał się z panią spotkać.
Poczułam wyraźnie, że również jestem spragniona spotkania. Czym prędzej wymyśliłam sklep na Hożej, bo stamtąd było blisko do barku na Kruczej, gdzie dawało się usiąść. Nigdy w życiu nie umiałam rozmawiać na stojąco, a wszelkie rozmowy w trakcie spacerów zawsze wydawały mi się nie do pojęcia, wszystko człowiek wkłada w nogi i na umysł już mu niewiele zostaje. Umówiłam się z nim za godzinę.

Rzecz jasna, w sklepie od razu rozpoznałam go z twarzy, już na mnie czekał. Ledwo spojrzałam na gabloty na ścianach, nie dostrzegłam w nich niczego szczególnego i od razu zaproponowałam przeniesienie się na miejsca siedzące. Najwyraźniej w świecie jedyną przyczyną jego przybycia do sklepu było spotkanie ze mną, bo chętnie przystał.

— Pan Fiałkowski umarł już przeszło rok temu — powiedziałam przy kawie. — Ta jakaś nieprzyjemność nastąpiła jeszcze przed jego śmiercią?

— Krótko przed, umarł w jakiś miesiąc czy dwa później — westchnął Ten Pan. — Wie pani, aż mi trochę głupio o tym mówić, bo zamieszane w to były osoby nadal żyjące, a wszystko razem takie mgliste i niepewne, że właściwie nic nie wiadomo.

— Nic nie szkodzi. Niech pan powie o tym mglistym i niepewnym. Może się skojarzy z obecnymi wydarzeniami?

— No może. A co się tam właściwie stało obecnie?

— Wszystko panu opowiem — obiecałam — ale trzymajmy się chronologii. Najpierw afera.

Ugodowy charakter musiał mieć, bo poszedł na ustępstwo.

— No właśnie, podobno jakaś kradzież się przydarzyła, ale nawet nie jest pewne czy kradzież, bo może tylko zguba. Ktoś zgubił monetę, ale taką, że wstyd się przyznać. Chodziło o brakteat Jaksy z Kopanicy...

O, masz ci los! Wraca do mnie ten brakteat niczym wyrzut sumienia!

— Pan Fiałkowski go miał. To znaczy nie miał, a potem nagle miał, komuś pokazywał, a potem nagle przestał mieć i nie miał. Mówił, że nie ma, ale podobno to nieprawda. A za to drugi zbieracz, który miał, też przestał mieć i twierdził, że w ogóle nie miał nigdy, a to też nieprawda. Krążyły plotki, że ktoś go ukradł i pan Fiałkowski kupił kradzione, więc nic dziwnego, że nie chciał się przyznać, ale dlaczego wypierał się poszkodowany, jest nie do pojęcia. Potem pan Fiałkowski umarł, została jego jakaś krewna, a z tą krewną nikt nie mógł się dogadać.

— Siostra... — wyrwało mi się.

— To siostra była? No więc właśnie. Chociaż dziwne. Myślałem, że żona.

— Dlaczego żona?

— Bo to żony na ogół całkiem nie mają zrozumienia dla kolekcji mężów. Siostry bywają takie więcej tolerancyjne. A ta podobno jak pień.

Postanowiłam nie wdawać się teraz w ocenę charakteru Weroniki. Przypomniał mi się nagle pan Józef Pietrzak, który też się wypierał posiadania brakteatu Jaksy z Kopanicy, a coraz bardziej byłam pewna, że go u niego oglądałam.

— Czy to nie panu Pietrzakowi przypadkiem ten brakteat zginął? — spytałam, zanim zdążyłam się zastanowić, że znów jestem chyba wścibska i nietaktowna.
— A, to słyszała pani o tym? — ucieszył się Ten Pan. — Tak, jemu. Ale właśnie możliwe, że sam go zgubił, więc to tak między nami, w cztery oczy. Ja tego nie powiedziałem.
— Nie, to ja. Często mówię różne głupstwa.
— No właśnie, to co tam było, w tym Bolesławcu?

Skojarzenie miał prawidłowe, skoro gadam głupstwa bez opamiętania, to i o bolesławieckich zbrodniach opowiem. Westchnęłam ciężko i zdecydowałam się uchylić rąbka tajemnic służbowych. Należało mu się.

— Weronika, ta siostra, została zamordowana, a cała kolekcja numizmatyczna zniknęła. Ściśle biorąc, jedna moneta się odnalazła pod biurkiem nieboszczyka, złodziej prawdopodobnie zgubił. Podejrzanych jest parę sztuk, co najmniej dwóch, a może się przyplącze i trzeci. Badają rozmaite ślady i przesłuchują świadków, rezultatów na razie nie znam. Czy pan może wie, co tam było w tej kolekcji? Co pan Fiałkowski naprawdę miał? Bo, rozumie pan, gdyby złodziej chciał sprzedawać, byłoby to już coś! Szczególnie rzadkie okazy. Może miał?
— A specyfikacji tam nie znaleźli?
— Z tego co wiem, to nie.
— A powinna być — skarcił Ten Pan nie wiadomo kogo, zapewne sytuację. — Pewnie ten jakiś ukradł razem z monetami. A znaczki?
— Znaczki ocalały. Leżały na półce w starych klaserach jak jakieś byle co i dzięki temu chyba nie połaszczył się na nie. I chwałaż Bogu, bo inaczej ja też byłabym podejrzana.

— Niedobrze. Co on naprawdę miał, to tego nikt dokładnie nie wie. Podobno, takie plotki krążyły, tetradrachmę Lizymacha, złotego solida, denar Krzywoustego, złoty dukat Łokietka, podobno denary z okresu pierwszych Piastów, podobno jeszcze jakieś rzymskie rzeczy, ale to może być wyolbrzymione, jak to zwykle z plotkami bywa. Monet z okresu międzywojennego podobno miał komplet, a to już łakoma rzecz. Ale nie wiadomo z pewnością, więc nawet przy sprzedaży to żaden dowód.

Zmartwiłam się, bo już zaczynałam nabierać nadziei, że Ten Pan wszystko wie i będzie można zaczaić się na aukcjach. Chociaż z drugiej strony, nawet gdyby kolekcja była powszechnie znana, tylko idiota sprzedawałby całość za jednym zamachem.

— Że komplet międzywojenny, to właściwie wiem — dołożył w zadumie Ten Pan — bo sam dla niego załatwiałem dwa grosze z dwudziestego czwartego roku i mówiło się, że to ostatnia sztuka do kompletu. Jakieś cztery lata temu.

— Czy to znaczy, że znał go pan osobiście? — zdziwiłam się.

— A, nie, skąd. Łańcuszkiem to było, przez posły, ktoś tam miał mu zawieźć, czyjś kuzyn czy siostrzeniec, młody człowiek...

— Zaraz — przerwałam mu nagle. — Ale przeszło rok temu, krótko przed jego śmiercią, on swoją kolekcję komuś pokazywał. Porządnie i z detalami, w komplecie...

— Skąd pani wie? — zaciekawił się gwałtownie Ten Pan.

— Przypadek. Osoba postronna widziała pokazywanie. Z pewnej odległości.

— Co pani powie...? Coś takiego! Z odległości, więc poszczególnych numizmatów chyba nie dostrzegła?

— Pewnie, że nie. I oglądającego widziała tylko z tyłu. Ale tak sobie myślę... Może pan odgadnie, kto to mógł być? Nie młodzieniec i nie staruszek, facet w średnim wieku, nie łysy, nie siwy, nie rudy, nie bardzo gruby, ale i nie szkielet...

— Przeciętny — streścił Ten Pan. — Z przeciętnymi najgorzej.

Źle pomyślałam o Grażynce, która nie obejrzała baczniej owego oglądacza i nie zauważyła u niego żadnych znaków szczególnych. Także o samym oglądaczu, że nie miał długiej, czarnej brody, ewentualnie jednej nogi krótszej.

— Ale może drogą eliminacji? — zaproponowałam niepewnie. — Zbieracz, przejęty pokazem, tak wychodziło z atmosfery. Odrzucić wszystkich grubych, łysych, brodatych, z warkoczami...

— I myśli pani, że to on byłby sprawcą tej zbrodni i kradzieży teraz...?

— Nie, raczej nie, chociaż diabli go wiedzą. Ale widział wszystko i z pewnością pamięta, bodaj najcenniejsze okazy. Jedyny człowiek, który wie, co Fiałkowski miał, i mógłby udzielić informacji.

— Jeżeli jest jedyny, gwarantowane, że się nie przyzna — zaopiniował stanowczo Ten Pan. — Szczególnie teraz, po kradzieży. Ale zaraz, pani mądrze mówi. Ja sobie muszę przypomnieć, co i od kogo słyszałem, bo te plotki skądś się wzięły, może właśnie od niego, może komuś coś bąknął, a ten ktoś dalej zrobił widły z igły...

— Pan mówi jeszcze mądrzej — pochwaliłam z ogniem. — Pan ma ciągłe kontakty w środowisku, niech pan pogada z ludźmi dyplomatycznie. Mnie akurat wyjątkowo zależy na rozwikłaniu tej sprawy. Zarazem zmieniłam zdanie o Grażynce i zalęgła się we mnie wdzięczność za jej list. Przecież wyłącznie w celu uszlachetniania charakteru powstrzymałam się w komendzie przed wmieszaniem w całą aferę Tego Pana, dzięki czemu teraz miał swobodę działania i nikt go o nic nie podejrzewał. No i nie wystrzeliła w nim duża niechęć do mnie. Proszę, tak oto dążenie do poprawy zostaje od razu nagrodzone!

Stanęło na tym, że Ten Pan się popyta, ja zaś będę mu udzielać pożytecznych informacji na bieżąco.

☆ ☆ ☆

Zadzwoniła do mnie Anita.
— Słuchaj, co się dzieje? — spytała z niepokojem.
— Grażynka jest tak przygnębiona, jakby co najmniej wiedziała o pomyłce z listami. Węszę jakieś komplikacje z jej najnowszym chłopakiem. Znów coś nie gra?
— A ty go znasz? — zaciekawiłam się.
— O tyle, o ile. Obił mi się o uszy. Zdawało mi się, że można go aprobować.
— Mnie się też tak wydawało w pierwszej chwili, ale okazuje się, że nasze wrażenia były złudne. Mam poważne obawy, że trzeba ją będzie wyciągać z depresji. Nadzieja, że może nie, wynika wyłącznie z mojego zakamieniałego optymizmu, w tym wypadku bezrozumnego kompletnie.
— Bo co z nim jest?
— Wszystko. Będę ostatnią osobą, której wyjdą z ust konkretne zarzuty.
— To znaczy, że nie chory, tylko porąbany. O rany, ależ ona ma fart! Może warto byłoby podetknąć jej kogoś innego?

— A masz takiego? Bo u mnie chwilowo posucha.
— Chyba znalazłby się. Trzydzieści parę, świeżo rozwiedziony, bezdzietny, rozgoryczony i w depresji...
— No wiesz! — zgorszyłam się. — I akurat teraz ona ma takiego wyciągać z dołka? To ją trzeba będzie wyciągnąć! Ma on w ogóle jakieś zalety?
— Nieziemsko przystojny, w typie Gregory Pecka, wściekle kulturalny, intelektualista, pracuje w telewizji...
— To już raczej nie zaleta.
— Jako kierownik produkcji przy rozmaitych filmach. Za żonę miał szczytową idiotkę, gęś z pretensjami, awanturniczą i bezmyślną, koniecznie chciała zostać aktorką z awansu i robiła mu piekło, żeby jej załatwił, a sama próbowała po łóżkach. Dokładne przeciwieństwo Grażynki. Poleciałby na nią jak pustynny wędrowiec na czystą krynicę.
— Tylko nie wiem, czy krynica na niego...
— O, bez przesady. Niech ona przestanie tak grymasić, chłopak jak brzytwa! Ale na upartego jest jeszcze i drugi, dla odmiany pod Mela Gibsona podchodzi, tyle że młodszy, więc czy ja wiem, może dla Grażynki za młody? Za to wesoły i z wigorem, trochę lekkomyślny, ale Grażynce odrobina lekkomyślności by nie zaszkodziła. Co ty na to?
— Pokażmy jej obu — zaproponowałam beznadziejnie, bo z góry wiedziałam, że Grażynkę nieszczęście z Patrykiem będzie długo gryzło.
— Zorganizuję spotkanie — zaofiarowała się Anita. — A ty ją dyplomatycznie doprowadzisz. O, cholera! Miałam wolną chwilę, ale już się skończyła. Zadzwonię jeszcze, cześć!

Odłożyłam słuchawkę, głęboko zamyślona. W głowie, oprócz Grażynki, miałam bułgarski bloczek. Kto będzie nim dysponował i kiedy, skoro jedyny spadkobierca, jako sprawca zbrodni, odpada? Kretyn ten Patryk, żeby tak się wygłupić...!

Niecierpliwie czekałam na powrót Janusza, bo do szaleństwa intrygowały mnie zeznania uwodzicielskiego Wiesia. Co wiedział, co widział? Skąd się wziął na miejscu przestępstwa, a był tam przecież i zagarnął sobie żelazne pudła po monetach, narobił śladów, znał brata narzeczonej, może znał także piegowatego Kubę? Ruszyli już tego Kubę czy nie?

Z tego czekania zachowałam się prawie jak normalna kobieta, dałam spokój uczciwej robocie i przyrządziłam coś w rodzaju posiłku. W końcu miałam do czynienia z mężczyzną, od którego żądałam uciążliwych przysług, powinien chyba dostać coś na ząb...?

Zasługiwał nawet na frykasy. Przyniósł ksero pięknego obrazka ze śladami palców i butów oraz tekstów pisanych na maszynie, protokóły zeznań pięciu osób, z których na pierwszy ogień chwyciłam Wiesia.

Do kontaktów uczuciowych z głupią Hanią przyznawał się bez najmniejszego oporu, protestując tylko z energią przeciwko określaniu ich mianem gwałtu. Jaki znowu gwałt, dziewucha się sama pchała, on wcale nie leciał na nią tak bardzo, ale skoro właziła w ręce... Z grzeczności uległ, bo jak tu odmówić damie? Wygadywała potem różne brednie, owszem, ale nie słuchał, czym innym był zajęty.

No właśnie, czym?

Po nieopisanie długim i mętnym kręceniu ulało się wreszcie Wiesiowi, że wzywały go obowiązki zawodowe. Coś tam słyszał, obiło mu się o uszy, że podobno ta Fiałkowska porządki w domu będzie robić i jakieś żelastwa wyrzucać, jej brat podobno miał żelastwa, a dla Wiesia każde żelastwo to żywy pieniądz. No to poszedł popatrzeć. Tak z zewnątrz, dookoła, do środka nie wchodził i zaraz poszedł do pustego domu tego Baranka, czy jak mu tam, co już dwa lata po sanatoriach się poniewiera, a dom niszczeje, bo córka tego Baranka w Ameryce siedzi i ojca ma w nosie już od dziesięciu lat, zdzira jedna.

Z córki Baranka, czy jak mu tam, zepchnięto go bardzo stanowczo, bo najwyraźniej w świecie zamierzał uczynić z niej główny temat zeznań. Niechętnie wrócił do żelastwa w pustym domu, gdzie owszem, takie pudła leżały, a w ogóle zrobił tam sobie taki, można powiedzieć, magazynek podręczny, żeby wszystko razem do skupu wozić, a nie z każdą starą podkową lecieć albo z łańcuchem od krowy. Potem nie tak zaraz zabrał, bo o zbrodni się rozeszło, to co się miał pchać na oczy w podejrzanym miejscu.

Tu poinformowano go, że ślady materialne mówią co innego. Podeszwy butów mianowicie i odciski palców odwiedzały wnętrze budynku i plątały się na miejscu zbrodni, to jak to tak, same tam wlazły, bez właściciela?

— Niemożliwe — rzekł Wiesio na to z wielką stanowczością. — Specjalnie uważałem...

I tu ugryzł się w język, ale już było za późno. Dodał zaraz, że go tam wcale nie było, nikt jednakże tego nie potraktował poważnie, zaczął sobie zatem usilnie przypominać jakąś dawną wizytę u Weroniki, która ciągle porządki robiła i żelastwa rozmaite wyrzucała, ale prokurator, energicznie uczestniczący w przesłuchaniach, stracił do niego cierpliwość.

Poprosił, żeby się przestał wygłupiać, bo buty i palce mówią swoje, a sprawa jest poważna, o zabójstwo idzie. Wiesio nie był taki głupi, jak by się zdawało, bo odparł na to zuchwale, że żadnego zabójstwa nikt w niego nie wmówi, ponieważ w chwili zbrodni akurat chędożył Hanię w dostatecznym oddaleniu, żeby nie mógł sięgnąć ręką, choćby nawet przedłużoną tasakiem. Tu już wszyscy wszystko wiedzą i on się nie da zastraszyć.

No i nie dał, charakter miał widocznie buntowniczy. Komunikat, że, oprócz zbrodni, popełniono kradzież, nie wstrząsnął nim do głębi. Niczego nie kradł, żelazne pudła znalazł w pustym domu, wyrzucone, i cześć. Owszem, przyznaje, że w pierwszej chwili wszedł, od tyłu, drzwi były otwarte. Przy obawach o zdrowie i życie starszej pani nie upierał się przesadnie, poprzestał na ciekawości, sama ciekawość, jako taka, nie jest karalna, zobaczył, co się dzieje, i zmyło go w trybie przyśpieszonym. Do owego domku poszedł, żeby się chwilę spokojnie pozastanawiać. I tyle.

No dobrze, to co widział, wszedłszy?

Nic przyjemnego. Pani Weronika leżała tak jakoś niewygodnie, w progu gabinetu nieboszczyka brata, to znaczy, nogi miała w gabinecie, a głowę w przedpokoju. I widać było, że już jej nic nie pomoże.

I przez trupa przełaził, żeby zaspokajać swoją ciekawość...?

Wcale nie przez trupa, tylko obok. Dosyć miejsca było. Profanacji zwłok też sobie nie da przyłożyć, nawet ich nie dotknął.

A co jeszcze widział? Nie wpatrywał się przecież w ofiarę zahipnotyzowanym wzrokiem, skoro ciekawość go wiodła, rozejrzał się zapewne dookoła?

Głowę bym dała sobie uciąć, że w tym miejscu Wiesio pożałował i ciekawości. Należało trwać przy niepokoju i miłosierdziu, o żadnym rozglądaniu się nawet nie napomykać. Nic nie widział, zamknął oczy i uciekł. Jako młodzieniec doświadczony, niewątpliwie wiedział, co go czeka, jeśli zeznania zostaną uznane za krętactwo.

Z wyraźną niechęcią wyznał, że owszem, popatrzył, o te pudła mu chodziło. Nie leżały na wierzchu, a domu nie przeszukiwał...

A skąd w ogóle wiedział o istnieniu tych pudeł?

Protokół z przesłuchania przepisywała z taśmy osoba inteligentna i bystra, dopisywała, niejako na marginesie, uwagi własne. Tu Wiesio zmieszał się trochę i z wielkim wysiłkiem szukał w umyśle odpowiedzi.

Rzekł wreszcie, że nie pamięta. Ktoś tam coś mówił... A, właśnie, jak Weronika przed rokiem robiła porządki i sprzedawała różne rzeczy, a także wyrzucała, jakieś osoby jej pomagały, sama przecież komody nie wyniosła, on też zresztą raz się tam wplątał, przeszukiwał wyrzucone z nadzieją na złom, łypnął okiem do wnętrza i zobaczył dużo żelaza. I ktoś powiedział, że na co ona takie ciężary w domu trzyma...

Wybrnął, znaczy, z tych pudeł, wersja była prawdopodobna, ale prokurator nie popuścił. Spytał z naciskiem, co też więcej, albo kogo, tam widział?

Co do kogo, to Wiesio nikogo nie widział, a co do czegoś, to odniósł wrażenie, że panował tam ogólny nieporządek. Nie wnikał w szczegóły.

I nikogo nie spotkał w pobliżu? Na nikogo się nie natknął w opuszczonym domu? Żywego ducha nie było?

Wiesio się zaparł, że nie było. Uwaga na marginesie stwierdzała, że ewidentnie łgał.

No dobrze, to teraz z innej beczki. Posiada narzeczoną, Marlenę Gabryś?

Owszem, chwilowo posiada.

Brata panny Gabryś zna? Antoniego Gabrysia?

Zna, dlaczego nie ma znać...

Panna Marlena zeznaje, że w chwili zbrodni nie zajmował się żadną Hanią, tylko pił wódkę z jej bratem. U niej w domu. To jak to należy rozumieć?

Z odpowiedzi Wiesia wynikło, że dwojako. Z jednej strony Marlenka zazdrosna i żadnej myśli o Hani znieść nie może, a z drugiej pomyliło jej się. Wódkę z jej bratem pił poprzedniego dnia. Pomieszała daty.

To gdzie w wieczór zbrodni przebywał Antoni Gabryś?

A skąd on ma to wiedzieć, nie pilnował Antosia, Hania się go uczepiła i wytchnąć nie dała. Nie wie, gdzie przebywał Antoni Gabryś.

A znajomych i kumpli Antoniego Gabrysia zna?

No, niektórych owszem. On, Wiesio, nie odludek, bywa w towarzystwie. Ale wątpi czy wszystkich, bo Antoś towarzyski jeszcze bardziej i ma tych kumpli zatrzęsienie.

I nie spytał w tym miejscu, o którego chodzi, co powinien był uczynić. Margines protokółu informował, że w jego głosie pojawiło się wahanie i zwiększona ostrożność. Prokurator i nadkomisarz już swoje wiedzieli. Ja prawie też.

Prokurator skonkretyzował. Czy zna może takiego Kubę, piegowatego na twarzy, on podobno nie miejscowy, przyjezdny.

A nie, skoro przyjezdny, to Wiesio nie wie. Mógł się tam jakiś przyplątać, ale to zapewne chwilowo i Wiesio go sobie nie przypomina. I żaden piegowaty mu jakoś w oko nie wpadł.

A Kamińskiego Patryka zna?

Rzecz dziwna, ale na to pytanie Wiesio nie był przygotowany. Pomilczał bardzo długą chwilę. Możliwe zresztą, że wcześniej swoje zeznania starannie obmyślił, ale odciski palców i butów zbiły go z pantałyku. Jak oni się wszyscy tam, na miejscu zbrodni, nie spotkali, to ja jestem cesarz chiński!

Prokurator najwidoczniej był podobnego zdania. Łagodnym i słodkim głosem powiadomił Wiesia, że obecność Patryka Kamińskiego zarówno w domu Weroniki, jak i w tym opuszczonym, została niezbicie stwierdzona, i to we właściwym czasie. Co miał na myśli, używając określenia „właściwy czas", nie wyjaśnił i Wiesio mógł sobie wyobrażać, co mu się podobało.

Zdaje się, że nie spodobało mu się nic.

Oznajmił, że owszem, z tym Kamińskim się zetknął, ale tak jakoś przelotnie i nawet nazwiska nie znał, tylko imię. Miał on chyba coś wspólnego z Fiałkowskimi, ale co dokładnie, to on nie wie. Jego różne tam ślady nic go nie obchodzą, nie widział go, w ogóle nie wie, czy go widział więcej niż dwa razy w życiu, imię zapamiętał, bo nietypowe. Tyle wie, że on też nie stąd, a skąd, również go nie obchodzi, może z Warszawy, może z Wrocławia, a może z Gwadelupy. Od razu się zastrzegł, że nie wie, gdzie leży Gwadelupa, tak mu jakoś na myśl przyszła. Tam, w opuszczonym domu, możliwe, że ktoś mu mignął, głowy za to nie da, ale tak mu się wydaje, i możliwe całkiem, że to właśnie ten Patryk. Ciemno było dosyć, źle widać, a jego pudła interesowały, nie zaś ludzkie osoby. Gdzie dokładnie go widział? We drzwiach, tak jakby wychodził, można powiedzieć, że się minęli. Nikogo poza tym nie spotkał, nikogo nie widział, tak postąpił, jak mówił, a jeśli tam ktoś coś w ogóle ukradł, to nie on i proszę bardzo, kto chce, niech szuka. Słowa nie powie na rewizję, nawet bez nakazu.

Więcej się z niego nie udało wydłubać. Na groźbę, że, skoro łże, pójdzie siedzieć, bezczelnie odparł, że żadnego przestępstwa nie popełnił, zatem robi tu za świadka, a świadków jeszcze się nie pudłuje. Czterdzieści osiem godzin mają na niego i ani grosza więcej, a tyle wytrzyma.

Dali zatem na razie spokój Wiesiowi i puścili go luzem.

Chwyciłam obrazek, na który w trakcie czytania łypałam jednym okiem. Owe palce i zelówki były na nim zaznaczone tak, że nawet najtępszy jełop zrozumiałby ich wymowę. Goście nieboszczki Weroniki zróżnicowani zostali graficznie i łatwo było wydedukować kolejność ich występów.

W sypialni widniały właściwie tylko jedne ślady, Antoniego Gabrysia, braciszka narzeczonej. Niewiele ich było ogólnie, więcej butów niż palców, a i butów, zważywszy suchą pogodę i kompletny brak błota, nikt by nie wykrył, gdyby nie ambicje naukowe technika.

— Latać latał, ale o daktyloskopię zadbał — powiedziałam do Janusza. — Miał rękawiczki? Trudno uwierzyć!

— I słusznie. Nie miał. O odciskach papilarnych musiał słyszeć, bo kto nie słyszał, i łapał wszystko przez rozmaite szmaty. Co mu się pod rękę nawinęło.

— Nikt inny tam nie wchodził, Patryk zrobił jeden krok, Wiesio zatrzymał się w progu, ten niezidentyfikowany nawet się nie zbliżył. Na rozum rzecz biorąc, Antoś zrobił ten burdel i Antoś był złodziejem. Logika na to wskazuje, dla prokuratora jeszcze mało?

— A to od kiedy nie wiesz, jak sąd traktuje logikę i rozum? — zdziwił się Janusz. — Jako dowód, zgoła się te dedukcje nie liczą.

Nadal studiowałam wyrys śladów i nagle zainteresowały mnie szczegóły techniczne.

— Czekaj, a jak oni właściwie to sprawdzili? Zdzierali im te buty z nóg?

— Niekoniecznie. Kazali im stanąć na właściwym podłożu, a pozostałe odcisnęli. Jak się okazało, nikomu z nich nie przyszło do głowy, żeby któreś buty wyrzucić i w ten sposób znalazł się komplet. Ponadto, teraz dopiero, po wnikliwszym badaniu, wyszło na jaw jeszcze coś. Ciekawe, czy to dostrzeżesz, bo rzeczywiście słabo widoczne.

— Czy dostrzegę, czy dostrzegę! — zdenerwowałam się. — Cud boski, że w ogóle widzę cokolwiek w tej zamazanej pajęczynie! I jeszcze słabo widoczne...! Co to ma być?

Pokazał mi jednym ząbkiem widelca.

— Tu. Jedno jedyne miejsce, w korytarzyku przy drzwiach. Kawałek buta tego pierwszego nakrywa kawałek buta Patryka. Malutko, ale wystarczy. Wynika z tego, że pierwszy był nie ów pierwszy, tylko właśnie Patryk, co nie wygląda dla niego najlepiej. Chyba że był u cioci z wizytą w ogóle wcześniej, na przykład poprzedniego dnia.

Zdenerwowałam się bardziej.

— Cholera. Dawaj tego Antosia!

Antoś od pierwszej chwili poszedł w zaparte. Mieli z nim lepszą sytuację, bo jako sprawca zbrodni nie został wykluczony i przesłuchiwano go jako podejrzanego, a nie jako świadka. Alibi nie posiadał, o spędzaniu owego wieczoru bredził rozmaicie, to spał, to był pijany, to na samotny spacer chodził, pomysłowość go opuściła i nic sensownego nie umiał wymyślić, skoro odpadło mu picie wódki z Wiesiem. Wreszcie pokazano mu ślady i wtedy się złamał.

A skoro się złamał, to gruntownie, wystraszyła go zbrodnia, której wypierał się konsekwentnie. No tak, owszem, był tam. Tak jakoś sobie poszedł, nie wiadomo dlaczego, chociaż właściwie dlatego, że Wiesiek mu nagadał o jakimś szmelcu, miała go nieboszczka Fiałkowska wyrzucać czy co, a on miał Wieśkowi pomóc w targaniu tych ciężarów. Ale po pijanemu słuchał, więc możliwe, że coś pomylił i poszedł niepotrzebnie. Nieszczęśliwy przypadek i nic innego.

No wchodził, no niech będzie, wchodził. Postał tam trochę i tak mu się wydało, że drzwi są otwarte, takie uchylone, no to sprawdził i były, więc wszedł. Ze zdziwienia właściwie, bo to już wieczór, a nieboszczka była ostrożna i zawsze pilnowała zamykania. Więc sobie myślał, że może coś tego...

Chciał coś ukraść? Liczył na ślepy fart?

Insynuacja prokuratora oburzyła go śmiertelnie. Ale skąd, jakie ukraść, co ukraść, żywej osobie za nic by nie kradł! Nieżywej to co innego...

Zatem najpierw należało ją trzasnąć?

Przenigdy! Antoś jest delikatny i mokra robota nie dla niego. Jak wszedł, to już ona leżała...

Na pytania natury humanitarnej odpowiedział bez wahania, że owszem, przyjrzał się, pomacał nawet, za rękę, jak doktór robi, żadnego pulsu nie było, zdziwiłby się, gdyby był, bo tak na oko biorąc, żyć nie miała prawa. Żadne pogotowie nie było jej potrzebne, to na co miał dzwonić? A policja...? Jeszcze czego, przecież by mu nie uwierzyli, że to nie on, tak samo, jak i teraz nie wierzą.

O której godzinie tam przyszedł?

Tego nie wie, na zegarek nie patrzył, ale musiało już być po dziewiątej, z telewizji tak mu wychodzi.

I co zrobił? Czego tam szukał, w sypialni?

Margines maszynopisu wyjaśniał, że Antosiowi zrobiło się strasznie niewygodnie na krześle. Coś go zapewne uwierało w tyłek, bo zaczął się kręcić, jakby co najmniej odezwały się w nim owsiki.

No jak to, czego szukał, czego szukał... Gadanie było, że nieboszczka tylko udaje nędzę, ze skąpstwa, a naprawdę różne rzeczy zostały jej po bracie. Dolary i złoto i nie wiadomo, co tam jeszcze, to niby co, miały się zmarnować? Dla niej już na nic, a żywemu się przyda. A gdzie baby chowają swoje bogactwa? W sypialniach, po różnych szafach, w prześcieradłach albo co. No to poszukał trochę, sypialnia od tyłu, światło mógł zapalić...

I co znalazł?

A nic. Żadnego szmalu ani złota nie było, więc nawet nic nie ukradł i za niewinność teraz cierpi.

Prokurator obiecał mu, że za niewinność to dopiero zacznie cierpieć, po czym kontynuował pytania, najwyraźniej dla Antosia bardzo obrzydliwe.

Tylko w sypialni tak szukał? Nie w gabinecie i nie w kuchni?

Tylko.

A dlaczegóż nie w kuchni? Baby i w mące trzymają takie różne rzeczy, w tartej bułce, w suchym chlebie...

Jakoś mu kuchnia do głowy nie przyszła...

A gabinet? Ślady wskazują, że był i w gabinecie. Tam jakoś mniejszy bałagan zrobił.

A bo w tym gabinecie to już zbrodniarz sprawdzał. Widać było. I pudła zabrał, te co Wiesiek mówił, żelazne, ten szmelc.

Skąd wiedział, że ów szmelc to są żelazne pudła, a nie coś innego?

Wiesiek mówił.

Zwalał na Wieśka, ile mógł, nie bacząc, że naraża się siostrze. Obciążony zostałby całkowicie, gdyby nie tamte tajemnicze ślady, które plątały się po gabinecie przed nim, i gdyby nie łazienkowy odcisk palca na uchwycie do papieru toaletowego. Co nie przeszkadzało możliwości, że ktoś pierwszy wdarł się, kiedy Weronika była w restauracji, ukrył się przed nią, zapewne w gabinecie, po czym uciekł, zostawiając ją żywą. Antoś przylazł w celu dokonania kradzieży i rąbnął kłopotliwą babę, która może już otwierała usta do krzyku. Na podejrzanego nadawał się prawie równie dobrze, jak Patryk, bo i motyw dawało się mu przypisać.

Wszystko to zostało mu uprzejmie wyjaśnione, po czym padło następne pytanie:

Kogo też tam spotkał albo widział?

A kogo miał spotykać, nikogo! Jakby kogo spotkał, już by dawno go wydał, bo niby z jakiej racji ma za jakiegoś palanta odpowiadać! Tego zbójcy nie widział, nikogo nie widział!

A do opuszczonego domu Baranka, czy jak mu tam, po co poszedł?

Antoś już zaczął, że wcale nie, ale się zreflektował, bo cholerne ślady, nie wiadomo jak przez gliny odnalezione, bardzo go niepokoiły. Próbował niepewnie pytać, skąd się wzięły, bo przecież pamiętał, żeby niczego nie dotykać i chustkami do nosa Weroniki ręce sobie owijał, ale odpowiedzi nie uzyskał. Zawrócono go do domu Baranka, czy jak mu tam. No, poszedł do tego domu, bo się zdenerwował. Bywał tam w ogóle, spokojne miejsce i piwo miał zamelinowane, więc chciał się trochę nad tym wszystkim pozastanawiać. A tam...

Tu ugryzł się w język i między wierszami można było wyczytać, że miał na ustach dalsze słowa. Spotkał któregoś z pozostałych. Pohamował niestosowną szczerość i rzekł, że tam zobaczył przeklęte pudła. Ktoś je przeniósł, pewnie zbrodniarz albo Wiesiek.

Powiadomiono go grzecznie, że Wiesiek odpada, bo przyszedł później.

No to Antoś nie wie kto. Zbrodniarz, nikt inny. Albo może ten...

Jaki ten?

A ten. Patryk mu podobno. Jakiś krewny czy coś takiego...

Patryk tam był?

Antoś nie wie, czy był, bo nikogo nie widział, tylko tak sobie dedukuje. Same przecież te pudła nie poszły.

Dotykał ich? Oglądał?

Pytanie było podstępne, bo na pudłach znajdowały się odciski palców wszystkich gości Weroniki, przemieszane ze sobą tak, że kolejności nijak nie dawało się odgadnąć. Gdyby teraz Antoś zaprzeczył, złapanie go w tej fazie zeznań na ewidentnym łgarstwie stanowiłoby samą przyjemność.

Antoś jednakże, acz wystraszony, nie zgłupiał doszczętnie i czym prędzej wyznał, że tak. Oglądał, z ciekawości, tyle było o nich gadania, Wiesiek tak się na nie czaił, że teraz spróbował nawet, czy ciężkie. No ciężkie dosyć, ale nic takiego, da się udźwignąć. I do środka zajrzał, puste były.

A co potem?

A co miało być potem, nic nie było, do domu poszedł i w siostrę wmówił, że tę wódkę z Wieśkiem tego wieczoru pili, bo się bał głupich posądzeń, które teraz właśnie oto niewinnemu życie kaleczą. Skąd miał wiedzieć, że Wiesiek akurat tę idiotkę obracał...

Wiesiek się nie pochwalił?

Czym się miał chwalić, głupią dziopą? I komu, bratu narzeczonej?!

No dobrze, a kto to jest taki kumpel Antosia imieniem Kuba, piegowaty na twarzy?

Mógł Antoś w tym miejscu obojętność okazać, wzruszyć ramionami, spokojnie wyznać, że jeden z licznych, przyjezdny, chwilowa znajomość, czasem bywa w Bolesławcu, ale rzadko i nic o nim nie wie. Nawet nazwiska nie zna. I nie byłoby siły, żeby mu cokolwiek udowodnić. Antosia jednakże moce duchowe zawiodły i margines protokółu z satysfakcją odnotował nagłe zmieszanie podejrzanego.

Prokurator zatem nacisnął.

Antoś próbował trochę wykręcać kota ogonem, ale źle mu szło. Obojętność wobec kumpla bez znaczenia przyszła mu do głowy nieco za późno, wyznał zatem, że owszem, zna takiego, przejazdem tu bywa, a w ogóle jest z Warszawy. Tak razem wziąwszy, ze trzy razy go na oczy widział, a znajomość zawarli już dawno, z półtora roku temu, ale jego nazwiska naprawdę nie zna. W jego sferach imieniem się operuje, ewentualnie ksywą, więc Kuba to w ogóle może być ksywa.

Padło pytanie, czy przypadkiem nie wizytował denatki razem z owym Kubą.

Antoś zaprzeczył tak gwałtownie, że łgarstwo wręcz zaświszczało w powietrzu. W życiu! Przenigdy! Żadnych wizyt razem z Kubą! Nawet się nie zbliżył!

A jeśli ktoś go widział...?

Nie mógł widzieć! Nie był z nim! Nic wspólnego nie ma z Kubą i nie chce mieć! Jak mu nawet pokazywał, to z daleka...!

Na pytanie, co mu pokazywał, Antoś odpowiedział grobowym milczeniem, prokurator pociągnął zatem rzecz dalej.

Pokazywał mu dom Fiałkowskich, tak? A dlaczego i w jakim to celu? Obaj przymierzyli się, żeby obrabować Weronikę, wszystko jedno w jakiej kolejności tam poszli, ale uknuli kradzież wspólnie, nieprawdaż? I który z nich chwycił tasak? Prędzej Antoś niż Kuba, bo Kuby Weronika nie znała, mógł uciec i wyjechać, nierozpoznany, a Antoś miejscowy i łatwy do złapania...

Antoś wił się na krześle i milczał, ale tu nie wytrzymał.

Nie, żadne takie, niczego nie chwytał, jak tam przyszedł, to Weronika już leżała, a żadnego Kuby na oczy nie widział, nikogo nie było. Nikogo nie mordował i nawet niczego nie ukradł, bo żadnych bogactw nie było.

Na co usłyszał, że tak to każdy może powiedzieć, a wyroki przed sądem sami niewinni dostają. On też dostanie, nie ma obawy, dowodów starczy. Idzie w zaparte, proszę bardzo, jego rzecz, okoliczność obciążająca, dłużej sobie posiedzi, zabójstwo dla rabunku dwadzieścia pięć lat kosztuje i mogą skończyć tę głupią rozmowę.

Skończyli na uporczywym zaprzeczaniu roztrzęsionego Antosia, który wolności nie odzyskał. Na razie poszedł siedzieć.

— Od zabójstwa wybroni go każdy adwokat — powiedziałam z niesmakiem. — Skoro jego odciski palców były drugie, a nie pierwsze, powstaje uzasadniona wątpliwość i już ma z głowy. Kto tam następny?

Następna była Marlenka, siostrzyczka Antosia.

Ze wspólnej wódki narzeczonego z bratem zrezygnowała od razu, mogła pomylić daty, każdemu się zdarza. A Kuba? Jaki Kuba? A, taki piegowaty, no Kuba mu, owszem. Kumpel brata. Zna go, o tyle o ile, tak średnio, bywa u nich dosyć rzadko. On z Warszawy, czasem przyjeżdża, no owszem, był niedawno, tak ze dwa tygodnie temu. Interesy? Jakie tam oni między sobą mają interesy, tego ona nie wie, co za interesy w ogóle, przy piwie posiedzą, przy wódce, mecz obejrzą, znowu mi wielki interes! Takich kumpli jej brat ma zatrzęsienie, i lepszych, bo na miejscu i na co dzień. No owszem, sympatyczny ten Kuba, grzeczny, wychowany, wesoły nawet, tyle że ostatnio miał jakieś zmartwienie...

Na marginesie protokółu widniała uwaga, że w tym miejscu Marlenka ugryzła się w język.

I słusznie się ugryzła, bo prokurator od razu uczepił się jak rzep psiego ogona. Jakie też ten Kuba mógł mieć zmartwienie?

Po namyśle Marlenka uczyniła supozycję, że może dziewczyna go wystawiła rufą do wiatru. Bo pieniądze to nie, miał pieniądze, nie szastał się przesadnie, ale i nie pożyczał od nikogo, nie naciągał, nie szukał jelenia. A zmartwienie, zawracanie głowy, mało to ludzie mają zmartwień? Kłopot jakiś miał i tyle, nie jej sprawa, jaki.

A ona sama gdzie była owego wieczoru, kiedy mordowano Weronikę?

Ona to w nerwach była. Bo Wiesiek jej gdzieś zginął, po mieście latała, żeby go znaleźć, bez skutku, no więc w domu siedziała z taką Alką, co po sąsiedzku mieszka, Alka też zmarnowana trochę, więc się wzajemnie pocieszały. A na drugi dzień już tego Kuby nie widziała, pewno wyjechał, co ją w ogóle Kuba obchodzi, Wiesiek dla niej ważny!

O, właśnie, na drugi dzień o zbrodni się rozeszło i cała sensacja była, to gdzie ona miała głowę do kumpli brata! Nie, nic nie wie, nic nie słyszała, tyle co z ludzkich plotek. Skąd wie, że Kuba miał zmartwienie? O rany, jak ktoś mówi smutnym głosem „mam przechlapane", to co, z uciechy tak mówi? W ucho jej wpadło i z tego wywnioskowała, ale więcej jej nie wpadło, więc nic więcej nie potrafi powiedzieć.

— I co? — zirytowałam się od razu. — Nie spytali Antosia o zmartwienie Kuby?

— Właśnie dziś go pytają. Przedtem zamierzali napocząć Patryka, ale nie znam rezultatów, jego zeznań jeszcze nie mam, musisz się zdobyć na cierpliwość.

Akurat było to ostatnie, na co się mogłam łatwo zdobyć. Łgali ci wszyscy przesłuchiwani na potęgę, do pobytu w domu ofiary przyznali się, bo musieli, ślady mówiły swoje, całą resztę jednakże wykręcili na siedemnastą stronę. Nawet niegłupio, stworzyli tyle wątpliwości, że żaden sąd takich akt nie chciałby rozpatrywać.

Tajemniczy piegowaty Kuba wydawał się niezbędny. Bez jego butów i palców nawet obecność tego palanta u Weroniki nie była pewna, Antoś mógł fantazjować, ile mu się żywnie podobało, dla ratowania własnej skóry, a Weronikę zwizytował ktoś kompletnie inny. I zaraz, skąd właściwie Antoś znał Patryka?

— Przeoczyłaś — powiedział Janusz i odwrócił kartki protokółu. — O, tu. Padło takie pytanie, bez emocji odpowiedział, że nie pamięta, osobiście wcale go nie zna, ktoś mu go pokazał i wyjawił imię. Dawno temu, przeszło rok.

Możliwe, Patryk bywał tam przecież przed śmiercią wuja, sam się przyznał do tej herbaty i kwiatów. Idiotycznie z nim rozmawiali za pierwszym razem...

— Nie podoba mi się to wszystko okropnie — oznajmiłam z niezadowoleniem. — Nic nie wyklucza Patryka, każdy z trzech kandydatów nadaje się na zabójcę doskonale. Może tylko ten jeden, hipotetyczny Kuba, mógłby się wybronić, bo rzeczywiście Weronika go nie znała...

— Skąd wiesz? — przerwał mi Janusz. — Antoś nie Duch Święty, wszystkiego wiedzieć nie musi. A może właśnie znała? I mogła rozpoznać i oskarżyć?

— Ale jeśli nie, nie miał powodu jej zabijać. Owszem, był tam pierwszy, chociaż i to już nie jest pewne, może w ogóle czatował na jej wyjście, może był krótko... Monety! Może czaił się tylko na zbiór numizmatyczny, zgarnął kolekcję... Patryk nie miał powodu kraść numizmatów, skoro i tak je dziedziczył! A ten pierwszy, choćby go Weronika złapała na kradzieży, jeśli obcy, mógł prysnąć i cześć. I moment, chwileczkę, widzę tu potworne niedopatrzenie, żadnego z nich nie spytali o monety! Kto je wyniósł i co z nimi zrobił? Co to za jakaś dziura w przesłuchaniach?

— Żadna dziura, specjalnie zostały ominięte i pozornie zlekceważone. Jeśli sprawca je ukrył, teraz wyjmie...

— No, nie Antoś przecież, skoro siedzi!

— Wspólnik. Siostrzyczka. Wiesio-metalowiec...

Coś mi nagle zaświtało.

— Czekaj, czekaj, metalowiec... Mam skojarzenie. Wiesio w żelastwie siedzi, a Patryk, wedle informacji od Grażynki, ukończył metaloznawstwo, szczerze mówiąc, nawet nie wiem, jaka to uczelnia i jaki wydział. Politechnika? Chemia? Fizyka? Może historia sztuki? Specjalista od opakowań drewnianych kończył SGGW, tyle wiem, znam takiego, a to całe metaloznawstwo może się w ogóle inaczej nazywa, ale jeden z drugim ma dużo wspólnego. Mam na myśli, Patryk z Wiesiem. Może poznali się przy jakiejś żelaznej okazji?

— Interesujące — ocenił Janusz w zadumie.

— Prosta sprawa, niepotrzebnie komplikowana. Trzeba sprawdzić... — Nagle jakby się przecknął. — Słuchaj, ty mnie do grobu wpędzisz, ja jestem starszy pan na rencie inwalidzkiej, a chwilami zupełnie zapominam, że to nie ja prowadzę dochodzenie. Muszę się męczyć?

List Grażynki odezwał się we mnie niczym bęben grzmiący. Spróbowałam wzbudzić w sobie skruchę i odczułam szalone trudności.

— No nie... Nie, to nie. Ale nie zostawię tego przecież!

— Z tego wynika, że muszę. No dobrze, podrzucę im supozycję, a na razie powiem ci jeszcze, że trwają przeszukania w kilku domach naraz. Wlazłaś prokuratorowi na ambicję i wydał nakazy.

— Gdzie...?

— U Wiesia, u Antosia, u zaprzyjaźnionych panienek i u Patryka.

— To już doszli, u jakich znajomych on mieszkał w Bolesławcu?

— Nie, nie tam. W warszawskim mieszkaniu.

Zdążyłam się ucieszyć, że Grażynka usłyszy coś więcej o milczącym amancie, i okazało się, że nic z tego. Jakąś kompromitującą metę tam miał czy co...? Dziewczyna...?

O mój Boże, zaklębiła się we mnie troska o Grażynkę i jej zdewastowane uczucia. Nie dość, że zbrodniarz, to jeszcze ją zdradza, nie wiadomo co gorsze. W dodatku postępowanie władz śledczych wydało mi się dziwnie głupie. W warszawskim mieszkaniu? Gdzie w tym sens, gdzie logika?

— A po cholerę w jego warszawskim mieszkaniu? — zirytowałam się. — Tam kradł i zabijał, a nie tu, a do tego nie wiadomo, czy rzeczywiście kradł. Co oni zamierzają znaleźć w jego warszawskim mieszkaniu?

— To już dwa tygodnie — przypomniał mi Janusz.

— Miał dość czasu, żeby przewieźć całe umeblowanie Fiałkowskich, a nie tylko monety.

— Przecież był w Dreźnie! Grażynka świadkiem!

— Nie oglądała go bez przerwy. Mógł skoczyć do Warszawy i wrócić do Bolesławca w jeden dzień, a zaraz potem jechać do Drezna. Skoro już zdobył cenny łup, postarał się chyba jakoś go zabezpieczyć?

Zastanowiłam się, jak postąpiłabym na jego miejscu. Nie, no oczywiście! Zawiozłabym zdobycz do domu i ukryłabym porządnie, może nawet wcale nie w domu, licząc się z tym, że padną na mnie podejrzenia, tylko całkiem gdzie indziej. Ciekawe, gdzie...

Nie miałam teraz czasu ani głowy do wynajdywania kryjówki, zdenerwowałam się Grażynką i umysł zaczął mi źle działać. Może Patryk z podejrzeniami się nie liczył i żadnych podstępów nie zastosował, no i dobrze, niech znajdą, niech się to wreszcie przewali i niech ona zacznie remontować ruinę życia. Inaczej wykończy ją miotanie się w niepewności.

Zadzwoniłam do niej. Przeprosiła mnie, że nie może teraz rozmawiać, bo jest u ciotki. Zadzwoniłam do Anity, żeby się z nią naradzić. Miała wyłączone telefony. Byłabym zadzwoniła jeszcze do dwudziestu osób, do przyjaciółki-prawniczki i do notariusza, żeby się dowiedzieć, jak to jest z tymi spadkami bez spadkobiercy, bo dodatkowo dręczył mnie bułgarski bloczek, leżący w policyjnym depozycie, do pana Pietrzaka, nie wiadomo po co, może po wyrazy współczucia, do komendy w Bolesławcu dla upewnienia się, że ten bloczek ciągle tam leży, i Bóg wie gdzie jeszcze, ale powstrzymał mnie list Grażynki. Znów nazawracam ludziom głowy, zatruję spokojny wieczór, znów okażę się nieznośna i natrętna...

Nie zadzwoniłam nigdzie, pełna głębokiego rozgoryczenia. Do diabła z uszlachetnianiem charakteru...!

☆ ☆ ☆

Tego Pana spotkałam koło południa w sklepie filatelistycznym przy Nowym Świecie. Pojechałam tam, żeby zająć się czymś bardziej atrakcyjnym niż praca zawodowa, a ponadto za wszelką cenę chciałam uniknąć wizyty Grażynki, która już się na mnie czaiła z korektą. Wczorajsze wieczorne rozmyślania doprowadziły mnie do wniosku, że nie należy jej dostarczać trucizny duchowej kawałkami, tylko raczej jednym ciosem. Zawsze to bardziej humanitarnie, ciach i już! I można złapać oddech i zacząć się zbierać, wygrzebując spod gruzów. Niech już tego Patryka złapią, niech mu udowodnią i won z nadzieją.

Na mój widok Ten Pan nadzwyczajnie się ucieszył.

— No i niech pani popatrzy, jak to plotki mogą całą piramidę zbudować — powiedział żywo. — Tetradrachma, rzeczywiście, denary Łokietka, no nie, Łokietek prawdziwy, ale Krzywoustego! Sam w taki majątek nie wierzyłem, ale kto to może wiedzieć, różne przypadki chodzą po ludziach, kto wie? A tu proszę, już się prawie wyjaśniło!

Tetradrachma, zaraz, czyjaż ona była na Boga...? a, Lizymacha... pozwoliła mi od razu zgadnąć, o czym on mówi. Oczywiście, o rąbniętej kolekcji Henryka. Zaraz. To już wiadomo, co w niej było? Znalazła się...?!

Przerwałam mu w pół słowa.

— Chodźmy gdzieś usiąść, tu barek jest blisko... a, nie, on stojący. Ale kawiarnia pod nosem. Bardzo ważne rzeczy pan mówi i ja nie mogę tego słuchać w pionie. Chodźmy, chodźmy, już!

— Dwudziestolecie międzywojenne tak, tego byłem pewien — kontynuował jeszcze po drodze, na szczęście przed dalszym ciągiem zdążyłam go dowlec do krzesła. — Natomiast co mnie dziwi, to ten brakteat Jaksy z Kopanicy, jakaś dziwna moneta, to jest, to jej nie ma. A co do reszty owszem, miał całkiem ładne rzeczy, tyle że tak trochę od Sasa, od lasa. Widocznie kupował, co mu w rękę wpadło, większość w nie najlepszym stanie, ale i tak łakome. Niezły majątek w tym tkwi.

— No dobrze, a skąd pan to wszystko wie? — spytałam niecierpliwie, usiadłszy przy stoliku. — Ktoś widział tę kolekcję?

— Owszem, pan Gulemski. O, właśnie, pani mnie pytała, znaczy, mówiła pani o kimś, kto ją oglądał u pana Fiałkowskiego, otóż to był pan Gulemski. Mieliśmy wątpliwości, czy się przyzna, a otóż właśnie wcale tego nie kryje, oglądał!

Nie wiadomo dlaczego w głosie Tego Pana brzmiał triumf, tak jakbym to tylko ja twierdziła, że oglądający się nie przyzna, tymczasem on twierdził to samo. Ogłuszył mnie nieco.

— Obydwoje mieliśmy wątpliwości — przypomniałam mu grzecznie. — Mógłby się obawiać jakichś podejrzeń... Teraz się przyznał? Ostatnio?

— Teraz, teraz, jak się rozeszło, kiedy ta siostra zginęła. Sam mu to powiedziałem, bo przecież wiedziałem od pani. I okazuje się, że akurat w tym czasie pan Gulemski leżał w szpitalu, wyrostek robaczkowy mu wycinali, ślepą kiszkę, mówiąc wprost. Tego samego dnia, kiedy tam była zbrodnia, o dziesiątej rano miał operację, no więc o żadnych podejrzeniach nie ma mowy.

— A wcześniej milczał na ten temat. Dlaczego?

— A bo wie pani... Też to powiedział. Zobowiązał się nie mówić, nie rozgłaszać, pan Fiałkowski go prosił, obawiał się kradzieży. Numizmaty wyglądają niepozornie, nikt się na to nie łaszczy, mam na myśli przeciętnych złodziei, oni o wartości takich monet nie mają pojęcia. No i pan Gulemski tak milczał aż do teraz, a i teraz powiedział w zaufaniu, niektórym osobom tylko. I brakteat Jaksy w tym zbiorze był, na własne oczy widział!

Przestałam rozumieć, co on do mnie mówi.

— Zaraz. Skoro był, to i jest, a powiedział pan, że nie ma?

— A bo nie ma.

Jeszcze bardziej przestałam rozumieć.

— Jak nie ma, skoro był?

— Bo był. Ale nie ma.

Przeszkodziła nam kelnerka, z rozpędu omal nie zamówiłam piwa, ale byłam samochodem, więc poprzestałam na małej kawie. Ten Pan na piwo mógł sobie pozwolić.

— Niech pan to powie jakoś bardzo porządnie — poprosiłam. — Był, ale nie ma. Skąd wiadomo, że nie ma?

— Ze specyfikacji. Specyfikacja się znalazła, pan Gulemski miał kopię, no i ma ją nadal, ale brakteatu na niej nie ma. I teraz jest oryginał specyfikacji i też na niej brakteatu nie ma.

— Skąd oryginał? Kto go ma?

— A, nie, tego to nie wiem. Zdaje się, że pan Gulemski widział, ja z nim wczoraj rozmawiałem, ale głowy za to nie dam. Takie miałem tylko wrażenie.

Wrażeń miałam kilka, wśród nich zaś jedno, że skądś znam to nazwisko, Gulemski. Obiło mi się o uszy? Ktoś je wymienił...?

I nagle przypomniałam sobie. Owszem, gliny w Bolesławcu, pytali mnie, czy nie znam takiego... Zaraz, jak mu było...? Piotr! Czy nie znam Piotra Gulemskiego. Nie słyszałam o nim do owej chwili, czy ma to znaczyć, że od początku był podejrzany...?

— Chwileczkę, ja się muszę zastanowić. Pan Gulemski oglądał kolekcję nieboszczyka Fiałkowskiego... I widział w niej brakteat Jaksy z Kopanicy. Ale w spisie brakteatu nie było... Może Fiałkowski zdobył go krótko przedtem i jeszcze nie zdążył dopisać?

— Takie rzeczy to się dopisuje od razu, człowiek ma dodatkową przyjemność. Ale fakt, tak coś wyszło z rozmowy, że miał go od niedawna. Jakoś to się zbiegło w czasie, Pietrzak najpierw miał, potem nie miał, a Fiałkowski odwrotnie. Teraz mi przychodzi do głowy, że może oni transakcję między sobą załatwili...

— To dlaczego nie chcieli się do tego przyznać? Każdemu wolno.

— Toteż właśnie — przytaknął Ten Pan. — Chociaż, z drugiej strony, te rzeczy się niechętnie rozgłasza, bo to tu numizmat, a tu pieniądze... Po co kusić złodzieja? Na razie nie wiem dokładnie, jak tam było i czy w ogóle było, a samego zbioru w ogóle nie widziałem.

Przypomniałam mu, że zbiór został ukradziony. Ten Pan machnął ręką.

— To ja pamiętam, że ukradziony, ale nawet i ukradziony prędzej czy później na rynku się pokaże. Gdyby wszystko było złote, taki głupi wandal mógłby przetopić, ale to przeważnie srebro, miedź, nikiel... Złotych ledwo parę sztuk. Nie ukradł tego przecież kolekcjoner, a zwykły złodziej kradnie dla zysku, będzie chciał sprzedać, żeby coś zarobić, nie?

Zaczęłam myśleć niejako kryminalistycznie.

— Złodziej mógł ukraść na zlecenie kolekcjonera. O, właśnie! Pan Gulemski...

— Co też pani mówi, pan Gulemski to przyzwoity człowiek!

— Ale zbieracz. Zbieracze dostają czasem amoku.

— No owszem, ale nie przy takich rzeczach! Bolesław Chrobry, Mieszko I, czy ja wiem, Fenicjanie, Karol Wielki... Rarytasy, takie nie do zdobycia. Nie wymawiając, pani też by tego bułgarskiego bloczka nie kradła...

Mignęło mi w głowie, że wcale nie jestem pewna. Ale nie, chyba nie. A w każdym razie nie po trupach.

— Pan Gulemski kilka monet chętnie by kupił, napomykał o tym, ale całości nawet by nie chciał, ja przecież na ogół wiem, kto czego szuka, pani się orientuje, że w dużym stopniu to przeze mnie idzie. Nie znam takiego, kto by aż złodzieja wynajmował, żeby ukraść całość, to nie były unikaty.

— A było tam w ogóle coś takiego, co, w razie sprzedaży, od razu wskazałoby na pochodzenie?

— Właśnie brakteat Jaksy z Kopanicy — odparł Ten Pan bez wahania. — Inne rzeczy przytrafiają się częściej. Mogą pochodzić od każdego.

— Ale brakteatu nie ma?

Ten Pan westchnął ciężko.

— No więc widzi pani, w spisie nie ma, a przecież ten Fiałkowski nie umarł w pięć minut po wyjściu pana Gulemskiego, miał czas dopisać, ze wszystkimi cechami. Nie dopisał, jak widać. I tak naprawdę nie wiadomo, papier papierem, ale czy to wszystko tam jest? W naturze? No, w rękach złodzieja, ale jednak...

Przypomniałam sobie nagle, że jedną monetę znaleziono pod biurkiem nieboszczyka. A ile ich jeszcze mogło ugrzęznąć w szparach od podłogi pustego domu Baranka, czy jak mu tam? Nie zrywałam przecież tych desek!

— Wszystkiego nie ma, wiem na pewno — rzekłam stanowczo. — To kretyn kradł, prymityw, obchodził się z tym barbarzyńsko i trochę pogubił. Jedno zgubione zabezpieczyli w moich oczach, ale co do reszty, wszystko jest możliwe.

Ten Pan zmartwił się bardzo. Pewnie, każdy by się zmartwił. Obiecał solennie trzymać rękę na pulsie i polować na informacje, a w pierwszej kolejności dopaść jakoś dyplomatycznie Józefa Pietrzaka, który wypierał się swojego stanu posiadania. Wyrzutów sumienia, że napuszczam go na niewinnego człowieka, pozbyłam się z wielką łatwością.

Dziko, zachłannie i wściekle interesowały mnie teraz rezultaty owych wszystkich przeszukań, zarządzonych przez prokuratora. Mniej już może nawet ze względu na Grażynkę, a bardziej z szacunku i miłości do kolekcjonerstwa. No i, rzecz jasna, przez ten bułgarski bloczek, niedostępny mi, dopóki sprawa spadku nie zostanie rozwikłana...

☆ ☆ ☆

Grażynka dopadła mnie bez zapowiedzi, przed wieczorem. Pojawiła się z całym służbowym nabojem w objęciach, ale namiętnej chęci do pracy nie wykazywała. Dwóch słów nie zdążyłam z nią zamienić, kiedy wrócił Janusz.

Ujrzał ją od razu i zawahał się. Zrozumiałam, że ma złe wieści, i też się zawahałam. Będzie to już ten jeden humanitarny cios czy jeszcze nie...?

Grażynka rozstrzygnęła sprawę.

— W innych okolicznościach taktownie bym wyszła i zostawiła was samych — oznajmiła suchym głosem. — Ale teraz nie. Nie wyjdę. Możesz mówić przy mnie, jestem nastawiona i spokojnie zniosę wszystko. I oczywiście, nikomu nie powtórzę, to nie jest temat na przyjemne plotki. Patryk siedzi? Przyznał się?

Janusz za posiłkiem się nie rozglądał, wiedział doskonale, że dwa dni z rzędu to już była górna granica moich starań, nie wątpiłam, że przezornie zjadł coś u siebie, na tym samym piętrze, o dwa mieszkania dalej. U mnie mógł być pewien wyłącznie herbaty. Co do herbaty, już chwilę wcześniej pstryknęłam czajnikiem.

— Nic nie mów — ostrzegłam — bo nie przyniosę napoju.

Grażynka trwała w oczekiwaniu na odpowiedź niczym słup kamienny, przymocowany do fotela. Załatwiłam te trzy szklanki płynu w dwie minuty.

— Nie — odpowiedział Janusz na jej pytanie.

— Co nie? — zniecierpliwiłam się, zanim zdążyła się odezwać. Pewnie ją trochę dławiło. — Nie siedzi czy się nie przyznał?

— Jedno i drugie. To znaczy, dla ścisłości, ani jedno, ani drugie.

— Dlaczego?

— Jedno wynika z drugiego. Prysnął im, nie złapali go jeszcze, więc nie było żadnej rozmowy. Informacji na piśmie nie zostawił.

Z Grażynką zrobiło się coś takiego, jakby sklęsła w sobie, a potem nagle miotnęło nią i stężała. Nadal siedziała w bezruchu, wyprostowana, z martwą twarzą. Miało to znaczyć, że jest idealnie spokojna i przygotowana na wszystko, akurat, ucho od dorsza. Zastanowiłam się szybko, co wyciągnąć, wino, koniak, lód, krople walerianowe...?

Nawiasem mówiąc, przez całe lata byłam święcie przekonana, że krople walerianowe, czyli krople Waleriana, są to krople jakiegoś faceta imieniem Walerian i powinny być pisane dużą literą. Dopiero złapawszy trochę wiedzy o ziołach, zorientowałam się, iż stanowią produkt, pochodzący z korzenia rośliny o nazwie waleriana. *Waleriana officinalis*, czyli kozłek lekarski. I właściwie powinno się o nich pisać: krople waleriany...

Bez względu na korzeń i faceta, zdecydowałam się teraz powyciągać wszystko, z tym że mimochodem i nieznacznie, bez stwarzania przeszkód w rozmowie.

— Bardzo dobrze — powiedziałam zimno.
— Szczegóły za chwilę, a teraz streść resztę. Co wynikło z przeszukań?
— Nic.
— Nic kompletnie?
— Nic. Bo trudno uważać za cokolwiek resztki połamanego szmelcu u Wiesia albo wystrzępione plejboje u Antosia. Nawet narkotyków nikt nie miał, nawet bimbru. Nic.
— Ale Antosia przesłuchali?
— Antosia owszem.
— I co?
— Mam streszczać nadal czy już mogę ze szczegółami?

Znalazłam się już na etapie bezszmerowego wyciągania rozmaitych kieliszków, głęboko rozczarowana fiaskiem przeszukiwań, zarazem pełna nadziei, że, wobec tego, kolekcję ma Patryk, który ją przynajmniej uszanuje. Jeśli jest w niej ten cholerny brakteat, znajdzie się prędzej czy później.

— Nie, teraz już ze szczegółami. Przede wszystkim Antosia. Spytali go w końcu o zmartwienie Kuby?

Grażynka przemogła jakoś swoje stężenie, poruszyła się i sięgnęła po szklankę z herbatą.

— Czy to ma jakiś związek ze sprawą Patryka? — spytała lekko zdławionym głosem.

— Ścisły — zapewniłam ją, zarazem przypominając sobie, że ze względów humanitarnych nie przekazałam jej ostatnich wiadomości i ona nie zna treści przesłuchań. Szybko postanowiłam uzupełnić jej wiedzę w nieco późniejszym terminie.

— Mówić? — spytał Janusz ostrożnie.

— Mówić, mówić. Ja jej potem wyjaśnię. Otwórz tę butelkę.

— Zatem Antoś kruszeje w szybkim tempie. Uwierzył wreszcie, że da się go wrobić w zabójstwo i rozpaczliwie szuka ratunku. Okazuje się, że przyjaźń z Kubą była ściślejsza niż chciał się przyznać, Kuba u nich w ogóle ostatnio nocował...

— A nie ostatnio?

— On rzeczywiście bywa tam rzadko, dawno temu, przed rokiem, może więcej, za pierwszym pobytem mieszkał w hotelu. Szkopuł w tym, że nie wiadomo, w którym hotelu i kiedy dokładnie...

— Ale na pewno w hotelu, a nie gdzieś tam, w tych licznych noclegach? Wszędzie się reklamują, sama tak kiedyś nocowałam.

— Antoś twierdzi, że w hotelu. Ma takie skojarzenie, oficjalny hotel, a nie u ludzi. Zlekceważył informację, bo co go to obchodziło, i teraz nie umie sobie przypomnieć, niepewny nawet, czy kiedykolwiek słyszał nazwę. Hotele mają spisy gości, dałoby się może wydłubać nazwisko Kuby, gdyby przynajmniej znana była data, ale i to nie. Później zaś już, po tym pierwszym pobycie, Kuba mieszkał u Antosia, z tym że krótko, jedna, dwie noce, i właściwie raz. Dopiero w ostatnim czasie zaczął bywać częś-

ciej. Przez trzy miesiące co najmniej cztery razy. Podobno załatwiał jakieś interesy.
— Jakie? I co z tym zmartwieniem?
— Z wielkim wysiłkiem Antoś wydusił z siebie, że interesy dotyczyły Fiałkowskich. Zmartwienie również. Kuba za skarby świata nie chciał wyjawić nic więcej, ale Antoś wydedukował, że w grę wchodził jakiś przedmiot. U Fiałkowskich znajdowało się coś, co Kuba koniecznie musiał zdobyć, ale co to było, Antoś nie wie. I chyba rzeczywiście nie wie, bo już by powiedział, wrabia tego Kubę wszelkimi siłami, chociaż może trochę bezwiednie.

Słuchając, równocześnie usiłowałam myśleć.
— Czekaj. Po kolei. Kuba w tym hotelu mieszkał, jak rozumiem, jeszcze przed śmiercią Henryka?
— Owszem, co najmniej dwa miesiące...
— Czekaj. Cofając się od daty jego śmierci, można chyba sprawdzić pojedynczych facetów w odpowiednim wieku, mieszkających jedną, a najwyżej dwie noce, nie powinno ich być dużo, ludzie na ogół podróżują grupami, dwie osoby albo więcej. I odpadają Niemcy, bo on nasz. I z Warszawy...
— Warszawa nie jest pewna. Mógł Antosiowi zełgać.
— No więc zewsząd. Wydłubać ich wszystkich, hotele mają to w komputerze, mnie odnajdują w mgnieniu oka. I posprawdzać. Nie mogą bywać w Bolesławcu wyłącznie piegowaci! Ile tam jest tych hoteli, osobiście wiem o trzech, ale niechby było i pięć, to się da zrobić! Żadna robota, jeszcze nie sezon, dadzą radę...

Janusz zatrzymał mnie w rozpędzie.

— Policji też to przyszło do głowy, od jutra recepcje będą szukać samotnych gości płci męskiej. Chcesz usłyszeć, co dalej?

— Pewnie, że chcę, głupie pytanie.

— No więc wystraszony Antoś uzupełnił zeznania w kwestii pobytu u Weroniki. Nie, Kuba nie prosił go o pomoc. Musiał tam wejść i znaleźć upragniony przedmiot, źródło zgryzoty, Weronika, jak twierdził, nie chciała z nim rozmawiać, ale o włamywaniu się słowem nie pisnął. Antoś to odgadł sam z siebie. Kuba tylko pytał o zwyczaje Weroniki, siedzi w domu czy gdzieś bywa i tak dalej. O jej wieczornych wizytach w restauracji wiedzieli wszyscy, Antoś też, fakt, że się specjalnie o to dowiadywał, usiłował ukryć, ale to bez znaczenia. Powiedział o tym Kubie. Umówieni byli w domu, u Antosia, Kuba się bardzo spóźniał, Antosia tknęło i poszedł pod dom Fiałkowskich. Widział światło wewnątrz, wydawało mu się, że Weronika tam jest, pora była taka, że powinna już dawno wrócić z restauracji...

— Kuby nie widział?

— Nie, ale patrzył z daleka, bo nie chciał, żeby go ktoś dostrzegł.

— Od której strony?

— Od frontu.

— Od tyłu nie zaglądał? Kuba mógł się włamywać od tyłu.

— Antoś wcale nie jest pewien, czy on się włamał, może miał wytrych, a może podrobione klucze. A może go tam w ogóle nie było. Z całego tego gadania wynika, że Kuba zamierzał wejść, zabrać swoje i wyjść, nie zostawiając śladów, Antoś natomiast miał wielką ochotę poszukać tych bogactw, o które Weronikę posądzano. Konflikt interesów. Stracił w końcu cierpliwość, podkradł się od tyłu i wydało mu się, że drzwi są uchylone...

— Nic mu się nie wydało, bo tych drzwi nie widać. Są z boku. Musiał podejść do nich. I spróbować, czy otwarte.

— Niewątpliwie spróbował. Wszedł i ujrzał zwłoki, natomiast Kuby już nie było. Tak twierdzi. Oczywiście skorzystał z okazji, przesadnie nerwowy nie jest, niczego nie znalazł, natomiast na poszukiwaniach złapał go Wiesio. To już, rzecz jasna, nasza dedukcja, bo wyraźnie tego nie powiedział, w niektórych miejscach język mu kołkiem stawał. Musiał go ten Wiesio tam złapać, bo inaczej po diabła nosiłby żelazne pudła do pustego domu? Dla własnej przyjemności z pewnością nie.

— No dobrze, a Patryk? Patryk z jego gadania nie wychodzi?

— Owszem, dość gorliwie Antoś wyznaje, że widział go w okolicy, ściśle biorąc, widział kogoś, kto się czaił, ale mówi o tym tak mętnie, że może to być tylko jego pobożne życzenie. W pustym domu już go nie spotkał, kiedy z Wiesiem przytargali te pudła, nikogo tam nie było. Razem wziąwszy, ta relacja jest niesłychanie chaotyczna, pełna sprzeczności i niepewności i wciąż niepełna, bo Antoś boi się nie tylko przyłożenia mu zbrodni, ale także posądzenia o wspólnictwo, ukrywanie osoby zabójcy, udzielanie mu pomocy i tak dalej, a zarazem boi się kumpli, Wiesia, Kuby, Patryka i diabli wiedzą kogo jeszcze. Sypie, szczękając zębami.

Pożałowałam, że tym razem nie dostałam jego zeznania na piśmie, z inteligentnymi komentarzami na marginesie. Nie powiedziałam na ten temat ani słowa, bo niewątpliwie udostępnianie mi tych dokumentów stanowiło potężne wykroczenie służbowe.

— To teraz powiedz, co z Patrykiem — poprosiłam ponuro.

Janusz napił się herbaty, potem nalał wina do kieliszków i też się napił.

— Zasycha mi w gardle — oznajmił. — Patryk zwyczajnie zwiał. Miał areszt hotelowy, nie uwzględnił tego i znikł. Nie wiadomo dokładnie kiedy, ale chyba od razu.

— Jak to? — zdziwiłam się. — Nie pilnowali go?

— Pilnowali. Samochodu. Jego samochód do tej pory stoi na hotelowym parkingu.

Siedzącą wciąż w charakterze dekoracyjnej rzeźby Grażynkę nagle ruszyło.

— Jak to...? To czym on uciekł...?!

Wyraziłam wątpliwość, czy na piechotę.

— Zabrał się jakąś okazją, z kimkolwiek — powiedział spokojnie Janusz. — Chociażby do Wrocławia, tam mógł pożyczyć samochód, jechać pociągiem, samolotem... Osobiście powątpiewam, żeby udał się za granicę, nawet z tym całym zbiorem numizmatycznym...

Potwierdziłam jego pogląd. Ów zbiór miał większą wartość u nas niż tam, głównie monety polskie, każdy kraj ceni swoje.

Janusz kiwnął głową.

— Najprawdopodobniej przyjechał do Warszawy. Teraz rozumiesz sens przeszukania w jego warszawskim mieszkaniu.

— Musiałby chyba upaść na głowę, żeby po ucieczce ukrywać się we własnym mieszkaniu — zauważyłam trzeźwo. — Co on w ogóle zamierza, taka ucieczka ma krótkie nogi! Do końca życia będzie tak zwiewał?

— Przesądził sprawę — powiedziała Grażynka jakimś dziwnie łamiącym się głosem. — Nie uciekałby, gdyby był niewinny. No dobrze, przyznam się. Do tej pory miałam głupią nadzieję...

Na dłuższy tekst siły ducha jej nie starczyło. Gwałtownie zajęła się winem, popijając je herbatą, co prawdopodobnie wytworzyło w jej przewodzie pokarmowym dość osobliwą mieszaninę. Nie próbowałam pociechy, ten cały Patryk i tak był trudny, a jeszcze teraz? Gdyby chociaż w afekcie rąbnął obcą osobę, a nie własną ciotkę, dla numizmatów po wuju...!

Niepokoiła mnie jeszcze myśl, że Grażynka uprze się przy nawracaniu zbrodniarza i poświęci mu resztę życia, ale nie bardzo wiedziałam, jak ją do tego zniechęcać. Może jednak nie wpadła poważnie na ten pomysł i sama go jej podsunę? Osobiście byłam wściekła na przygłupka nie tylko przez nią, ale także przez bułgarski bloczek, który w tej sytuacji wymknął mi się z pazurów.

Bułgarski bloczek sprawił, że nie pogodziłam się z rzeczywistością. Wszelki humanitaryzm odbiegł ode mnie świńskim truchtem i nabrałam wielkiej chęci obciążenia zbrodnią jakiejkolwiek innej, Bogu ducha winnej, osoby. Niechby chociaż na trochę, na krótko, no, krótko jak krótko, na dostatecznie długo, żeby odczepili się od Patryka, żeby zdążył przejąć spadek, żeby mi sprzedał ten cholerny bloczek! Nie oddam go później, to pewne, powiem, że się zniszczył i przekażę pieniądze do masy spadkowej, a bloczek ukryję, aż nastąpi przedawnienie bezprawnego zakupu. Po iluś tam latach... Zaraz sprawdzę w kodeksie!

Omal się nie zerwałam z miejsca w celu natychmiastowego sprawdzenia, ale przyhamował mnie nadmiar świadków. Wściekle prawdomówna Grażynka i Janusz, wciąż powiązany z władzą wykonawczą, nie dopuściliby do mojego wykroczenia, a diabli wiedzą, może to nawet przestępstwo, skoro popełnione świadomie...

Odczepiłam się od siebie i zaczęłam rozpaczliwie szukać wyjścia, nie bacząc na wyraz twarzy Grażynki, dobitnie świadczący o jej stanie ducha.

— Bez Kuby nic nie zrobią — powiedziałam gniewnie. — Sam Antoś zeznaje, że Weronika była żywa, a potem ujrzał ją martwą, Kuba zaś był w środku. A i to nie wiadomo, czy w tym miejscu Antoś nie łże, bo może też był w środku i ręka mu skoczyła. Mogą wzajemnie na siebie zwalać i już sam diabeł za nimi nie trafi, dochodzenie jest w lesie, w dodatku w paradę wchodzi brakteat Jaksy z Kopanicy. Gdyby ginął w zwykłych okolicznościach, to czort go bierz, nic takiego, ale ginie w obliczu zbrodni! Nie będę szlachetna, taktowna i delikatna, niech szlag trafi poprawę charakteru, niech ktoś przyciśnie pana Pietrzaka, ma go w końcu czy nie?!

— Kogo ma...? — wyrwało się zaskoczonej Grażynce.

— Ten brakteat!

— A co to ma... O Boże! Co to ma do Patryka...?

— Możesz wyjaśnić, o czym mówisz? — zainteresował się grzecznie Janusz.

Pobulgotałam w sobie jeszcze przez chwilę z przykrą świadomością na dnie duszy, że jednak doskonale mnie Grażynka w swoim liście opisała. Wstrętna postać. No to będę wstrętna postać i niech to piorun strzeli!

— O numizmatyce — mruknęłam.
— A trochę ściślej...?

Westchnęłam ciężko i powiedziałam im wszystko, wrabiając wreszcie przy okazji także i Tego Pana, tyle że bez nazwiska. W połowie mojej relacji Grażynka ocknęła się jakby z martwoty i zaczęła słuchać, najwidoczniej nadzieja nie zdechła w niej doszczętnie i jeszcze cokolwiek zipała.

— Ciekawe — powiedział Janusz i nie skomentował obszerniej mojej opowieści.

Nadal myślałam intensywnie.

— Do bani te przesłuchania, brakuje mi tu jeszcze mnóstwa rzeczy. Latali dookoła domu, włamywali się od tyłu, to kto w końcu otworzył drzwi frontowe? Ta facetka z restauracji twierdziła, że były otwarte. Co, dokładnie, robili w pustym domu Baranka, czy jak mu tam? Co właściwie przenosili Antoś z Wiesiem, same pudła czy pudła razem z tackami na monety? Jedną tackę znalazłam tam osobiście! Na opakowaniu papierosów był numer komórki, czyjej? Nie sprawdzili, nie pytali o nią żadnego z nich...?

— Przesłuchiwali tylko dwóch — przypomniał mi Janusz.

— A tych dwóch co na to?!

— Nic. Przeoczenie. Będą uzupełniać zeznania, bo i tak wydarcie z nich tego, co czytałaś i co słyszysz, kosztowało trzy dni. Galernicza robota.

— A nie sprawdzili, do kogo ta komórka należy?

— Owszem, sprawdzili. Numer zapisany na jakiegoś Jerzego Stępniaka.

— I kto to jest, ten Jerzy Stępniak?

— Jeszcze go nie znaleźli, ale jutro będzie wiadomo.

— A nie prościej byłoby zadzwonić...
— I spytać, kto mówi? Wiesz, co ci taki odpowie?
— Mniej więcej wiem, chociaż możliwości jest dużo. Ale zacząć rozmowę, jakąkolwiek, zawsze coś z niej wyniknie. Zaraz. Właściwie dlaczego ja sama tego nie zrobię? Zramolałam już chyba doszczętnie, albo to ty mnie tak ogłupiłeś, uwiesiłam się na tobie i siedzę jak taki tępy pień, żeby ci nie wchodzić w paradę! A czy ja muszę się od razu przedstawiać? Z pralni dywanów jestem!

Chwyciłam torebkę. Zanim oddałam glinom zgniecione opakowanie po papierosach, na wszelki wypadek przepisałam sobie ów numer. Znalazłam go, wypukałam na własnej komórce. Grażynka i Janusz przyglądali mi się w milczeniu.

— Tu numer 509 207 386 — powiedziała maszyneria. — Po sygnale zostaw wiadomość.

Poczułam się bezradna. Nie wygłaszam żadnego komunikatu o praniu dywanów. Popatrzyłam na nich.

— Zawsze tak? — spytałam niepewnie.
— Za każdym razem.
— No, ale przecież ten Jerzy Stępniak ma jakiś adres, miejsce pracy...
— Toteż jutro będzie wiadomo.
— Zaraz, czekaj. Kuba nocował u Antosia. Nie znaleźli tam jego odcisków palców?
— Znaleźli. Mieszkanie Antosia to nie jest sala operacyjna, nie panuje tam kliniczna czystość. Ale drogą eliminacji doszli. Znaleźli odciski palców, które pasują do tych z domu denatki, i można uczynić założenie, że są to palce Kuby. Pewność zyska się dopiero po odciśnięciu Kuby osobiście.
— Nieziemsko ślamazarnie to śledztwo się wlecze!

— Patryk posunął je nieco do przodu...
Grażynka nie wytrzymała, zerwała się z fotela.
— Ja nie... — powiedziała mężnie. — Jeżeli on się ze mną spróbuje skontaktować, nie będę tego ukrywać! Nie! A już o mało co...
Nie dokończyła i wybiegła.
— Nie dość, że mi przepada bułgarski bloczek, nie dość, że mną szarpią wyrzuty sumienia za Grażynkę, to jeszcze diabli mi biorą pracę zawodową — powiedziałam z rozgoryczeniem. — Miałyśmy odwalać korektę...

☆ ☆ ☆

Anita była operatywna, jeśli miała coś zrobić, robiła to od razu. Wymyśliła małą imprezkę dla uczczenia ostatniego numeru czasopisma, twierdząc, iż jest to któraś rocznica jej pierwszego sukcesu w pracy. Żadna tam wielka uroczystość, skromne spotkanko paru osób w domu jej rozwiedzionego męża i jego aktualnej żony.

Układy z tym mężem miała może nieco osobliwe, ale bardzo wygodne. Przy podziale mienia bez słowa zrzekła się połowy domu na Kępie Zawadowskiej, miejsce z doskonałym dojazdem, tuż przy pętli autobusowej, pełne zieleni i zachwycające, za co zyskała dozgonną wdzięczność nowego stadła. Pozostali w przyjaźni, traktując się nawzajem jak rodzeństwo, nowa żona okazała się czarującą kurką domową, macierzyńską i opiekuńczą, wcale nie głupią, aczkolwiek ambicji zawodowych nie posiadała żadnych, w przeciwieństwie do Anity. Uwielbiała ogród i miała rękę do roślin, również w przeciwieństwie do Anity, która nie odróżniała ostu od kapusty. Dzieci przebywały to u matki, to u ojca, zależnie od warunków atmosferycznych i czasu wolnego od szkoły, i bardzo sobie taki tryb życia chwaliły.

Wszelkie imprezy Anita urządzała u byłego męża, ku wielkiemu zadowoleniu nowej żony, odwdzięczając się informacjami natury życiowo-kosmetycznej, bo w końcu co prasa, to prasa, już same reklamy stanowią potężny żer. We właściwej chwili dzwoniła do owej Idalki.

— Niech cię Bóg broni, nie kupuj tego proszku — ostrzegała. — My to reklamujemy, ale nie zwracaj uwagi. On śmierdzi.

Albo odwrotnie. Zalecała szybkie nabycie produktu, który w tej chwili jest rewelacyjny, a za parę miesięcy z pewnością się zepsuje. Wszedłszy na rynek, rozbestwią się i pójdą na łatwizny.

Koegzystencja kwitła i teraz też Anita uczciła swoją dość mętną rocznicę, zapraszając te parę osób do eksmęża na grilla. Osoby podobno niegdyś przyczyniły się do jej sukcesu, mieli zatem czcić razem.

W skład gości weszła Grażynka, usiłująca wprawdzie w pierwszej chwili wyłgać się od uczestnictwa, ale Anita była twarda i wiedziała, co robi. Wiedziała także, co robi Grażynka i nie dała w siebie wmówić, że siedzi ze mną przy korekcie, szczególnie że ja też miałam tam wpaść na krótko.

O Patryku, przesłuchaniach, tym tam jakimś Stępniaku i tajemniczym Kubie wciąż jeszcze nic nie wiedziałam, bo Janusz z reguły przynosił informacje dość późnym wieczorem, dręczył mnie niedosyt wiedzy i zła byłam jak diabli, ale na Kępę Zawadowską pojechałam. Nie dla siebie, rzecz jasna, i nie dla Anity, tylko dla Grażynki, w celu obejrzenia ewentualnych kandydatów na odtrutkę po Patryku.

Obejrzałam jednego.

Gdybym była młodsza i miała za sobą mniej okropnych doświadczeń, zaaprobowałabym go bez chwili wahania. Gregory Peck jak w pysk dał, tyle że w bardziej melancholijnym wydaniu. Maniery nieskazitelne, umysłowo elita, wysokie loty, żadnej wulgarności, polski język niczym świętość, błyskotliwość, poczucie humoru nieco zgryźliwe, ale bezbłędne, dwie lewe ręce do zajęć technicznych w rodzaju zdjęcia rusztu z grilla, ale za to jak tańczył...! Stare, prawdziwe tańce, Anita wiedziała co robi, nowoczesność kończyła się na twiście.

Grażynka mu się spodobała, co zostało okazane w sposób wręcz wiktoriańsko powściągliwy. Trzeba było mieć dobre oko, żeby dostrzec tę grawitację ku niej. No, oko miałyśmy obie, i Anita, i ja.

I wszystko byłoby dobrze, gdyby nie to, że z chwili na chwilę Grażynka zaczynała coraz bardziej przypominać stragizowaną Goplanę, bliską przemiany w mgłę nad jeziorem. Kto tam tę Goplanę, do licha, porzucił...? Przecież nie Kirkor! Goplana zaczęła mi się kojarzyć z syrenką Andersena, królewicza diabli wzięli, zostały jej nogi bez głosu i na cholerę jej te nogi?

We wzroku Anity też dostrzegłam troskę. Obie usiłowałyśmy podsłuchać chociaż fragmencik ich rozmowy, później udało nam się skonfrontować strzępy. Rany boskie, sam bezsens życia, nic trwałego, za wszystko trzeba płacić, nie warto, po co te wszystkie cierpienia, człowiek to pył na wietrze, same złudzenia szkodliwe i głupie, nawet słońce jest niebezpieczne, najlepiej od razu się powiesić albo otruć. Narkotykami przejść w krainę mirażu, a i tak nic się nigdy nikomu nie uda.

O, niech to piorun strzeli! Miałam nadzieję, że chłopak okaże odrobinę męskości, dorosły facet w końcu, rycerska opiekuńczość się w nim odezwie, a skąd! Trzcina, cholera, może i myśląca, ale nie w tę stronę co trzeba.

— Chyba on w tej depresji grzęźnie cokolwiek za głęboko — powiedziałam do Anity na stronie.

— Grażynka w normalnym stanie już by go zaczęła wyciągać, ale przecież nie teraz! Gdzie ten drugi, weselszy?

— Nie złapałam go, gdzieś mi się zmył z horyzontu, ale zostawiłam mu wiadomość i powinien być — odparła zmartwiona Anita. — I też nie wiem, czyby się nadał. Słuchaj, zabierz ją stąd, bo on ją przydepcze ostatecznie. Ona mu się podoba i znalazł pokrewną duszę, gdyby Zygmunt miał w domu narkotyki, już by je polecieli zażywać.

— Nie ma?

— Chwalić Boga, nie.

— A szkoda faceta, bo atrakcyjny.

— To tak właśnie wygląda samo życie. Pokraka ci będzie tryskać wigorem, a taki bluszcz cholerny za zwiędłą różę robi. I powiem ci, podejrzewam, że gdyby trafił na twardą dziewczynę, która to wszystko zniesie, wcale by jej nie chciał.

— Kobiety są bardziej elastyczne. I w gruncie rzeczy mają w sobie więcej racjonalizmu. Taka jakaś w jego stanie uczepiłaby się prostackiego brutala niczym deski ratunku, wylazłaby z dołka i dopiero potem zaczęła stroić grymasy. Z mężczyznami gorzej.

— Niepotrzebnie zaczynają myśleć — zgodziła się ze mną Anita. — O prostych rzeczach to jeszcze, ale subtelności nie dla nich. Zabierz ją, bo już widzę, że nic dobrego z tego nie wyniknie.

Udało mi się skłonić Grażynkę do odjazdu po dość długich wysiłkach, na szczęście byłam samochodem, ona przyjechała taksówką i taksówki zostały przewidziane na odjazd gości, bo impreza nie odbywała się na sucho. Jedno piwo wypiłam na początku pod kiełbaski i skrzydełka, i dawno już to piwo we mnie znikło, mogłam wracać normalnie. Jej się, najwyraźniej w świecie, spodobały te dywagacje katastroficzne, a możliwe, że i facet, bo jeszcze w czasie drogi snuła dalszy ciąg. Starałam się nie reagować, zajęta czymś innym.

W chwili kiedy odjeżdżałam, zwabiwszy ją do samochodu, przyjechał jeszcze jeden spóźniony gość. Żywiutko wyskoczył z taksówki i zdążyłam na niego spojrzeć.

Jeśli był to ten drugi, oczekiwany, rzeczywiście stanowił przeciwieństwo. Gębę miał uśmiechniętą dookoła głowy, zębami błyskał, ucieleśniona radość życia. Chyba nawet za dużo tej radości, takiej porcji Grażynka mogłaby nie wytrzymać. Wydawał się mocno opalony, na ile dało się to stwierdzić w świetle latarni nad bramą, zdrowiem promieniał, obiema rękami machał, z daleka witając towarzystwo, prawie nas nie zauważył i poleciał zwiększyć rozbawione grono. Zawahałam się na moment, zetknąć ją z nim czy nie, ale coś mi mówiło, że lepiej nie w tej chwili. Odjechałam.

Kiedy nazajutrz omawiałyśmy z Anitą całą sprawę, wiadomości miałam niewiele więcej, bo, wedle opinii Janusza, dochodzenie odrobinę okulało. Ów Stępniak wyjechał z Polski już prawie rok temu, nie wrócił do tej pory, ale komórka cały czas była opłacana jak trzeba, więc kogo to obchodziło. Mógł sobie do końca życia siedzieć w Australii albo na którymś biegunie, jego rzecz. Kto posługiwał się przyrządem, rzetelnie zań płacąc, nie dawało się odgadnąć.

193

Patryka wciąż jeszcze nie odnaleziono. W jego mieszkaniu nie było niczego podejrzanego ani nielegalnego, normalny ludzki chłam, nawet niezbyt obfity, i dużo literatury na najrozmaitsze tematy. Przesłuchania dostępnych podejrzanych trwały i szły jak po grudzie.

— Nie wyszło nam trochę — rzekła Anita z troską. — Z Januszem Krzepińskim nie zetknę jej na razie za skarby świata, bo się wzajemnie wpędzą do grobu, a Kubuś Wichajster zraziłby ją do siebie...

— Jak proszę? — przerwałam jej, zaskoczona.

— ...od pierwszego kopa — dokończyła Anita.

— Czekajże. Jak powiedziałaś? Wichajster? On się tak nazywa?

— Oj, nie nazywa się Wichajster, ale ma takie jakieś techniczne nazwisko. Zaraz, przypomnę sobie... Szlagbor... nie, Śrubsztak... nie. O, Przecinak! Przecinak to szlagbor, nie?

— Nie — poprawiłam sucho. — Przecinak to mesel. Możliwe, że prawidłowo nawet przez dwa s.

— Mesel, niech będzie. Wszystkim się ciągle myliło, śrubokręt, korkociąg, kombinerek...

— Kombinerki.

— Ale mówili kombinerek. Ktoś wreszcie wymyślił wichajster i ten wichajster się przyjął, Kubuś się za to nie obraża.

— Dobrze, zostawmy na razie te narzędzia pomocnicze. I co? Dlaczego by ją zraził? Wydawał mi się wesoły.

— Otóż to. Wesolutki wściekle, jak stado pierwiosnków na nieboskłonie, dosłownie strzelało z niego, istny fajerwerk, prawie nie można było wytrzymać. Przyznał się, że spotkało go powodzenie nadzwyczajne, ciężki kłopot zleciał mu z głowy i z tego tak się cieszy bez opamiętania. Rozumiem uciechę, ale nie dla Grażynki chwilowo takie roześmiane słoneczka. Szok termiczny.

Poparłam jej zdanie
— Jakiś umiar należało zachować, stopniować pogodę ducha...
— A Kubuś był do tego niezdolny — wpadła mi w słowo Anita. — Lepiej się stało, że przyjechał za późno, tyle że teraz nie wiem, co zrobić.
— Też nie wiem. Jedyne, co mogę, to zająć ją pracą. Nie jest przygnębiająca.
— To zajmij. A potem zobaczymy.
— Urządzisz następną imprezę?
Anita zawahała się.
— Nie wiem, może raczej zaproszę ją na coś ogólnego, więcej ludzi, więcej możliwości... A co do Kubusia Wi... zaraz... Przecinaka... teraz tak to widzę, mam wrażenie, że ta jego skowronkowatość była trochę histeryczna. Szał go opętał. Wiesz, takie skojarzenie, jego najgorszy wróg wpadł pod pociąg i rozmazało go po torach...
— O Jezu...
— I jeszcze przez przypadek sam go wepchnął. Okropne, ale za to jakie radosne! Bo aż taki wystrzałowy nigdy dotychczas nie był, raczej normalny.
— Czekaj, a jak on ma właściwie na imię? Nie ochrzcili go przecież mianem Kubusia, nie ma takiego świętego. Jakub?
— Nie. Przypadkiem wiem, że Ksawery. Ksawery Przecinak. Zrobili z niego Kubusia, dziwactwo, ale niby jak inaczej ten Ksawery się zdrabnia?
— Ksawuś...?
— Głupio. No nic... Czekaj, miałaś na myśli, że wasza robota nie jest przygnębiająca?

— Dokładnie. Nie jest.
— Też mi się tak wydawało. No dobrze, niech będzie, zajmij ją...

Zajęłam zatem uczciwą pracą tak Grażynkę, jak i siebie, i nawet nieźle nam szło aż do chwili, kiedy wieczorem zadzwonił Ten Pan.

— No i niech pani popatrzy, ten brakteat się znalazł — oznajmił bez wstępów, taki zadowolony, że samo rwało mu się z ust. — Jednak ma go pan Pietrzak i teraz twierdzi, że miał go cały czas, od wieków. Chwała Bogu, że nie zginął!

Uczciwa praca od razu wyleciała mi z głowy. Ucieszyć się, owszem, ucieszyłam, ale potraktowałam jego słowa trochę nieufnie.

— Jest pan pewien? Widział go pan?
— Ja osobiście nie, ale policja widziała. Bardzo grzecznie poprosili o pokazanie zbioru, a brakteatu Jaksy w szczególności, i pan Pietrzak chętnie pokazał.

— Skąd pan to wie? — zdumiałam się. — Od policji?!

— A, nie, skąd! Od gosposi pana Pietrzaka. Była akurat i wszystko słyszała, bardzo przejęta, a brakteat, to jej się wydało takie dziwne słowo, że zapamiętała. A ja ją zaraz potem spotkałem, znamy się trochę, sam ją Pietrzakowi naraiłem. Podobno, tak wyjaśnili, kontaktują się z każdym, kogo tam w notesie Fiałkowskiego znaleźli, i proszą o pomoc, bo na numizmatyce mało kto się zna. Jakieś plotki tu musiały zamieszania narobić.

— No dobrze, a dlaczego, wobec tego, pan Pietrzak twierdził, że go nie ma?

— Może akurat miał jakieś swoje powody...

Wszystko w środku nagle mi podskoczyło, bo, rzecz jasna, przypomniał mi się list Grażynki, w obliczu wydarzeń tłamszony z całej siły. To we mnie właśnie pan Pietrzak wpierał, że brakteatu Jaksy nie posiada, prawdopodobnie obawiał się, że przylecę oglądać go ponownie, a na wizytę nie miał najmniejszej ochoty. Zełgał ze strachu. Jednak powinnam te ludzkie uczucia jakoś uwzględniać...

Zajęta sobą, przeoczyłam fakt, że i z panem Gulemskim były jakieś komplikacje, coś tam jednak pan Pietrzak ze znikającym brakteatem wywijał. Pełna skruchy, dałam spokój dociekaniom.

— Mnie się wydaje, proszę pani — mówił dalej Ten Pan — że pan Pietrzak miał jakieś kłopoty i chronił swoją kolekcję. Ktoś natrętnie chciał od niego coś kupić, a on wcale nie chce sprzedawać, więc przez jakiś czas na zimne dmuchał. Mówił, że nie ma tego czy tamtego i już. A co do Fiałkowskiego to ja nie wiem, Gulemski mówi, że widział, może i rzeczywiście widział inny egzemplarz, tylko to mnie dziwi, że Fiałkowski specyfikacji nie uzupełnił. Ale może miał krótko, czyjeś, do sprzedaży, to przecież w Bolesławcu, ktoś do Niemiec kupił, Niemcy tego brakteatu okropnie nie lubią...

Supozycja brzmiała rozsądnie. Przewieźć takie małe barachło, żadna sztuka, i na pewno nikt się tym chwalił nie będzie. Tylko co Fiałkowski zrobił z forsą...? A, prawda, nie jego, zarobił na prowizji i tyle, majątek raczej niewielki. I w ogóle nad czym ja się zastanawiam, nawet gdyby sprzedał własne, włożyłby pieniądze w coś następnego, namiętność to namiętność, nie przewidywał przecież, że umrze za miesiąc czy dwa...!

— A pana policja jeszcze o te rzeczy nie pytała? — zainteresowałam się.

— Jak dotąd nie. Zresztą, cóż ja bym im mógł powiedzieć? Same przypuszczenia i plotki, a nawet jeśli komuś coś dostarczam, to wcale nie znaczy, że ten ktoś to ma, mógł chcieć dla kogoś albo odsprzedać dalej. Nie warto im na mnie tracić czasu.

Byłam całkowicie odmiennego zdania, Ten Pan był kopalnią wiedzy o zbieraczach, ale właśnie przypomniałam sobie, że w moim wybuchu szczerości ujawniłam go niewyraźnie. Do tej pory nie znałam jego nazwiska, nie mogłam go zatem przekazać, i bardzo możliwe, że rzadko kto je znał. Doznałam ulgi i podziękowałam za informacje.

— Co to było? — spytała podejrzliwie Grażynka.

— Dalszy ciąg zbrodniczej afery numizmatycznej — odparłam beztrosko, zanim uświadomiłam sobie co i do kogo mówię. — Znalazł się brakteat Jaksy z Kopanicy, ten, co to tak się pojawia i znika, a powinien go mieć nieboszczyk...

Grażynka wylała kawę na siebie i na wydruk komputerowy. Kawa nie była już zbyt gorąca, nie zwróciła na to zatem żadnej uwagi i zamarła, mokra i pełna rozpaczliwego napięcia.

— Teraz...! — wykrztusiła z trudem.

— Teraz właśnie. A co...?

— Teraz...! Kiedy Patryk...!

O, cholera. Dotarło do mnie, ona myśli, że Patryk to przywiózł, sprzedał komuś albo co, udowodnił swoją zbrodnię z pobudek niskich, sam wykluczył okoliczności łagodzące. No owszem, postarał się nieźle, ale przecież nie brakteatem pana Pietrzaka! Diabli nadali, jeśli chciał wzbudzić w opornej Grażynce wierne i trwałe uczucia, wybrał chyba najlepszą drogę, ona z tego nie wybrnie, lada chwila zacznie obwiniać siebie, wodziła go na manowce, niedobra była, stwarzała same wątpliwości, chciała go, nie chciała, odpędzała i przyciągała, na zmianę, aż wreszcie nie wytrzymał i w nerwach musiał popełnić zbrodnię. Skłoniła go do tego obrzydliwym postępowaniem, wszystko przez nią, i teraz powinna za to odpokutować. Niech to piorun strzeli!

— To ja — powiedziała Grażynka zdławionym głosem, wciąż z tą filiżanką z resztkami kawy na dnie. — To przeze mnie...

No i proszę, jak zgadłam. Mimo współczucia, rozzłościłam się od razu.

— Ty nie bądź taka megalomanka, nie wszystko przez ciebie, a może jeszcze terrorystów arabskich sobie przypiszesz! Sama podejrzewałaś go o złe skłonności, z tobą czy bez ciebie, też by ciocię załatwił. Mówił, że wujostwo mamusię mu skrzywdzili, może chciał się zemścić, rosło w nim i rosło, nerwicę wyhodował, wujka nie zdążył, więc chociaż ciocię...

— Gdyby nie kradł...

— Tobyś mu darowała, tak? Czekaj, wytrzyjmy tę kawę, bo się kartki zlepią.

Grażynkę uruchomiło, zerwała się, odstawiła filiżankę.

— Nie, ona była gorzka. Ja to zrobię, masz ściereczki, widziałam, przyniosę z kuchni...

— Przy okazji zetrzyj z siebie, bo kapiesz. Chociaż tej podłodze i tak już nic nie zaszkodzi.

Z szalonym wysiłkiem Grażynka wróciła do równowagi, w czym dopomogły jej proste czynności porządkowe. Zrobiłam jej nową kawę. Mokre kartki rozłożyłyśmy dookoła. Mogłam je wydrukować ponownie, ale na razie nie było takiej potrzeby.

Ten Pan jednakże wybił mnie z tematu. Jaksa Jaksą, ale w depozycie policyjnym spoczywał bułgarski bloczek numer sto pięć, niedostępny mi tak, jakby go w ogóle nie było. Patryk, jako spadkobierca, odpadł definitywnie, całe mienie Fiałkowskich przechodziło na skarb państwa, bo inni krewni nie istnieli. Co, u diabła, skarb państwa robi z takimi znaczkami? Gdyby to była wielka, poważna kolekcja, odkupiłoby ją zapewne jakieś muzeum albo zrobiliby aukcję, ale ta przypadkowa zbieranina...? Musi chyba w Ministerstwie Finansów istnieć odpowiednia komórka, zajmująca się spadkami, bo jeśli dziedziczą, na przykład, stare łyżki, noże, widelce, to co? Wyrzucają je na śmietnik? Składają w jakichś magazynach? Gdzież by się to pomieściło, przez tyle lat cały kraj stałby się jednym wielkim magazynem, obłęd! Nie, sprzedają chyba, tylko komu, kiedy i jak?

Zaczęłam delikatnie przemyśliwać nad wykroczeniem, chociaż może to już naprawdę byłoby przestępstwo...? A, czort bierz, niech będzie i zbrodnia! Gdyby tak dyplomatycznie wymienić bloczek numer 105 na bloczek, na przykład, numer 106...?

Nie zwracając uwagi na Grażynkę, która usiłowała właśnie wmówić we mnie jakiś przecinek, zerwałam się z miejsca i wygrzebałam katalog. Bloczek numer 106, proszę bardzo, na bloczku numer 105 były ptaki, na numerze 106 gołąbek pokoju, stylizowany, ale nie szkodzi, jedno i drugie ornitologia, nawet pasuje, a cena identyczna. Miałam ten numer 106, czysty, w doskonałym stanie, a gdyby go zabrać, jechać do Bolesławca, ubłagać ich, żeby mi jeszcze raz pokazali bloczek numer 105 i szybciutko dokonać zamiany? Podstępnie... a niechby i jawnie, co im za różnica, co prawda, bloczek numer 106 wydany z okazji konferencji na temat bezpieczeństwa i współpracy w Europie, ale nieboszczyk Henio nie zbierał specjalnie ani fauny, ani ochrony środowiska, cena taka sama, policji i skarbowi państwa powinno być wszystko jedno, filatelisty u nich nie spotkałam ani jednego...

— Chyba tak zrobię — powiedziałam trochę niepewnie. — Odwalę tę koszmarną wrocławską autostradę, samochód mi się w końcu rozleci, ale trudno. Łatwiej o samochód niż o ten cholerny bloczek.

— O czym ty mówisz? — zaniepokoiła się Grażynka. — Wiedziałam, że będziesz protestować, ale już myślałam, że się zgadzasz.

— Na co?

— Na ten przecinek, tutaj.

— Gdzieś mam przecinek. Nie, nie zgadzam się, rozbija zdanie. Chyba pojadę do Bolesławca od razu, jutro rano. Czekaj, spojrzę na mapę, może jakąś okrężną drogą, żeby uniknąć autostrady...

— Po co?!

— Jak to po co, mięso na niej od żeber odpada...

— Nie, ja pytam, po co chcesz jechać do Bolesławca? Autostradę rozumiem doskonale. Robią ją przecież.

— Robią...! Od piętnastu lat tak robią! Tym województwem rządzi albo wyjątkowy złodziej, albo złośliwy kretyn, nigdzie w całym kraju nie ma takich potwornych dróg, jak tam! Koleiny na pół metra, jakim cudem człowiek przejeżdża to żywy, jest nie do pojęcia, tam same trupy powinny leżeć! I to ma być trasa europejska, czyste kpiny, kompromitacja śmiertelna, żelazna kurtyna w poziomie! Skazałabym łobuza na przejeżdżanie tamtędy dwa razy dziennie do końca życia, własnym samochodem! Osobiście!

— Po co chcesz tam jechać?! — wrzasnęła Grażynka rozpaczliwie.

Opanowałam się, chociaż zęby mi same zgrzytnęły. Myśl podmiany bloczków zakorzeniła się we mnie i zaczynała się rozkrzewiać. Powiedziałam o niej Grażynce.

— Chyba nie wiedzieliby, co z tobą zrobić — zaopiniowała z lekkim wahaniem. — Mam na myśli, gdyby cię na tym złapali. Kradzież to przecież nie jest, skoro podrzucasz drugie takie samo i za takie same pieniądze... Dowodu rzeczowego on nie stanowi. To właściwie co?

— Nie wiem. Sama jestem ciekawa. Może podciągnęliby pod matactwo?

— Jakie matactwo, skoro nie dowód...?!

— Odciski palców... Odcisków palców na tym nie ma prawa być wcale, nieboszczyk Henio szanował znaczki, to się bierze pęsetką. Czysty bloczek z odciskami od razu traci na wartości. A jeśli obsypią tym swoim proszkiem i potem trzeba go będzie ścierać... Nie, ja się na to nie zgadzam! Jadę!

— Ja nie chcę, żebyś jechała — wyznała Grażynka żałośnie. — Myślałam, że... jak już usiądziemy do pracy... Zacznę zapominać... No nie, to za wiele. Ale przestanę o tym myśleć bez przerwy... Wojna z tobą o przecinki to jest sama przyjemność w porównaniu z tym koszmarem...

To już o czymś świadczyło. Wojna ze mną o przecinki stanowiła dla Grażynki zmorę życia, ona musiała dbać o prawidłowość ortograficzną, a ja je traktowałam po swojemu. Mogła, co prawda, wprowadzić własne poglądy już w składzie, ale przenigdy nie uczyniłaby tego bez porozumienia ze mną, pod tym względem zasługiwała na zaufanie bezgraniczne.

Zmartwiłam się, ale z tym zmartwieniem nic nie zdążyłam zrobić, bo usłyszałam brzęki przy drzwiach, co oznaczało powrót Janusza. Prawie poczułam się nieswojo, że go mam i że po wszystkich burzach i sztormach dobiłam niejako do spokojnego portu, a tymczasem Grażynka miota się po szkwałach życiowych. Nietaktowny kontrast. Natychmiast jednak przypomniałam sobie, co przeżywałam, będąc w jej wieku, i dałam sobie spokój z przykrościami, bo było ze mną jeszcze gorzej, a skoro ja wyszłam z tych trzęsień ziemi i rozmaitych ruin, to i ona wyjdzie.

— A, tu jesteś — powiedział Janusz na jej widok.
— Tak przypuszczałem, ale wolałem nic nie mówić. Mogą cię złapać jutro, nie muszą dzisiaj.
— A co się stało? — spytałam z niepokojem, bo Grażynka milczała.
— Nic takiego. Szukają Patryka po wszystkich miejscach pracy, wspólnikach, kontrahentach i znajomych, i właśnie doszli do wniosku, że Grażynka powinna najwięcej wiedzieć.
— Nie — powiedziała martwo Grażynka.
— Wiem, że nie, ale oni mają nadzieję. Dość naturalne, nic na to nie poradzę.

Grażynka spojrzała na mnie wzrokiem bez wyrazu.

— Mówiłam ci. To właśnie tak wygląda. Tajemnica na tajemnicy jedzie. Nikt tego nie rozumie i co ja mam robić? Przecież nikt mi nie uwierzy, i co?
— Nic — pocieszyłam ją. — Tym bardziej Patryk musi być podejrzany. I ty też.
— To już nawet więcej niż podejrzenia, to prawie pewność — sprostował Janusz bezlitośnie. — Tego piegowatego Kuby szukają właściwie po to, żeby swoją pewność potwierdzić, no i dla uniknięcia wątpliwości. Bez niego dochodzenia nie da się zakoń-

203

czyć. Hotel grzebie w gościach sprzed półtora roku, jak dotąd, samotnych facetów znaleźli czterystu osiemdziesięciu siedmiu, teraz ich eliminują. Na bieżąco, bo to jeszcze nie koniec, tam takie dwa motele są obok. Co do drzwi frontowych, wciąż nie wiadomo, kto je otworzył. Co do brakteatu Jaksy z Kopanicy, to nie jest moneta spotykana na każdym kroku, ma go Józef Pietrzak od dawna, twierdzi, że był w rodzinie od przedwojennych czasów... nie, mylę się, od wojennych, kupił go jakiś stryj czy inny krewny, a on sam dostał jeszcze w dzieciństwie, razem z innymi monetami, w prezencie, dzięki czemu zainteresował się numizmatyką. Nigdy nie twierdził, że go nie ma...

— Łże — przerwałam sucho.

— ...mógł natomiast mówić, że nie ma go chwilowo. Przyznaje ze wstydem, że kilka monet włożył do takiego portfelika, który sam, w roztargnieniu, gdzieś utknął i nie mógł znaleźć, bardzo był tym zdenerwowany, aż okazało się, że portfelik wleciał za podszewkę marynarki, bo kieszeń w tej marynarce była nadpruta. Wyszło to na jaw przy okazji oddawania marynarki do pralni. Koniec zeznania, nie było sprawy i nie ma. Inni zbieracze potwierdzili fakt posiadania brakteatu przez pana Pietrzaka od niepamiętnych wieków.

— A pan Gulemski? — spytałam gniewnie.

— Pan Gulemski nie kryje faktu spotkania z nieboszczykiem Fiałkowskim i oglądania jego zbiorów, nie ma w tym bowiem żadnego przestępstwa. Niczego Fiałkowskiemu nie ukradł i niczego od niego nie kupił, chociaż miał chęć. Upiera się granitowo, że brakteat Jaksy z Kopanicy widział u niego na własne oczy, nie ma sklerozy, nie był pijany i pod karą śmierci nie zmieni zeznań.

Mimo woli spojrzałam na Grażynkę. Sens spojrzenia zrozumiała bezbłędnie.

— Nie — powiedziała stanowczo. — Był przejęty, ale nie pijany. Nie wiem, jak ten jakiś pan Gulemski wygląda, ale możliwe, że to był on.

Spojrzałam na Janusza wzrokiem prawdopodobnie roziskrzonym.

— Niech oni jej pokażą pana Gulemskiego od tyłu!

— Nic nie stoi na przeszkodzie, zapewne pokażą. Przejechałaś im się po ambicji tak, że teraz chcą zapiąć dochodzenie na ostatni guzik. Istnieje możliwość, że te zbiory oglądał także ktoś inny, nie tylko Gulemski, i ten ktoś okaże się ważny. Grażynka, między innymi, jest im potrzebna do tej konfrontacji.

— Dobrze — powiedziała Grażynka z mężną determinacją. — Niech mnie złapią. Czy mam się gdzieś zgłosić?

— Jeśli wrócisz do domu, z pewnością ktoś tam będzie na ciebie czekał...

— Nie skończyłyśmy korekty!

Sprawdziłam w komputerze numer strony.

— Jesteśmy w dwóch trzecich. Jeśli chcesz mieć z głowy te śledcze zabiegi, możemy skończyć jutro. Chyba że cię zamkną, to może lepiej skończyć dziś? Potem cię wezmą na długą, nocną Polaków rozmowę...

— Nikt się nie będzie wygłupiał z nocnymi rozmowami — zaprotestował energicznie Janusz. — Najwyżej każą jej się zgłosić jutro rano. Nie ucieknie im, bo od dziś będzie miała obstawę.

— Co takiego...? — oburzyła się Grażynka.

— Po co? — spytałam ze zdumieniem.

Stojący cały czas w drzwiach Janusz wszedł wreszcie do pokoju, opadł na fotel i westchnął.

— Patryk może próbować skontaktowania się z nią. Wszyscy zgodnie zaświadczają, że już od dłuższego czasu nie ma innej dziewczyny, wyłącznie Grażynkę. Uchodzi za najbliższą mu osobę, ukrywa się, Patryk, nie Grażynka, może być spragniony azylu albo chociaż spotkania...

— Nie chcę — powiedziała Grażynka, znów takim głosem, jakby już umarła i odzywała się z trumny.

— Możesz nie chcieć, ale on o tym nie wie.

— Wie. Musi wiedzieć.

— Ale oni nie wiedzą, że on wie, i liczą na najczęstszy elementarny błąd. Nie byłby pierwszy i zapewne nie ostatni.

— To doskonały sprawdzian — ożywiłam się i odwróciłam na kręconym krześle. — Jeśli ma cień inteligencji, nie spróbuje, a jeśli spróbuje, okaże się ćwokiem.

— I co mi z tego? — mruknęła posępnie Grażynka.

— Przynajmniej będzie wiadomo, że nie ma czego żałować.

— I tak nie ma...

Zawahałam się. Osobiście żałowałam, że całkiem niezły, aczkolwiek skomplikowany chłopak, pasujący mi do Grażynki, okazał się mordercą, ale w Grażynce żalu raczej utrwalać nie należało. Zarazem jednoznaczne i brutalne potępienie wydało mi się nietaktowne, bo co, mam jej wymawiać, że co sobie przygrucha, to albo zwyrodnialec, albo niedojda? Nie jest to właściwa chwila na pouczania i nagany...

— Ja zaraz pójdę, bo, jak by tu powiedzieć... trochę głodny jestem — powiadomił nas Janusz z lekkim zakłopotaniem. — Tyle że, w tej sytuacji, spadek w lesie. Ten twój bloczek też. Istnieje jeszcze jedna, nikła szansa na odnalezienie Kuby, ostatniego świadka...

— Koronnego — mruknęłam.

— Da się tak nazwać — zgodził się Janusz. — Może tam któraś z dziewczyn coś powie, największe nadzieje stwarza Marlenka, jutro ją pomagluję. Wieczorem będę wiedział.

— Dlaczego mu nie dasz czegoś do zjedzenia? — spytała Grażynka, usiłująca wygrzebać się z otchłani i przystosować do życia z wyraźnie widocznym wysiłkiem. Udowodnić, że słyszy, co się mówi, wszystko rozumie i reaguje normalnie. Akurat się źle wybrała.

— Bo nic nie mam — wyjaśniłam grzecznie. — Do dyspozycji są jajka, reszta produktów surowa albo zamrożona. A jajecznicę on sam sobie potrafi usmażyć i przynajmniej zje ją bez przeszkód w postaci głupich pytań. Herbatę może dostać zawsze.

— Jeśli sobie życzycie, zjem szybko i wrócę na herbatę.

— Życzymy sobie — powiedziałam z wielką stanowczością, bo zaświtał mi w głowie jeszcze jeden, zupełnie koszmarny, pomysł. Wylągł się znienacka, nie wiadomo z czego, może z niecierpliwości, z gwałtownej chęci rozwikłania wreszcie do końca tej całej okropnej sprawy.

A jeśli Patryk rąbnął Kubę...? Jeśli był pierwszy, a Kuba przylazł zaraz za nim i stał się świadkiem kontrowersji z ciocią...? Jeśli go stamtąd podstępnie wyciągnął, zwabił w pierwsze lepsze puste miejsce i uciszył radykalnie, a zwłoki ukrył albo usunął bez śladu w jakikolwiek sposób? No, nie nosił chyba ze sobą kanisterka kwasu siarkowego, czy co to tam rozpuszcza każdą substancję... Ale saperkę mógł posiadać, pokopać trochę, ładnie zagrzebać, a nikomu przecież nie przyszło dotychczas do głowy szukać Kuby po okolicznych ugorach, łąkach i lasach...

Odwrotność nie wchodziła w rachubę, bo sama widziałam żywego Patryka parę dni temu. Grażynka też. Gliny również. To Kuba zniknął natychmiast po zbrodni i do tej pory nie można go znaleźć.

Myśl była tak okropna, że ukradkiem zaczęłam wpatrywać się w Grażynkę z niepokojem i współczuciem. Mój wzrok musiał chyba dość jasno wyrażać uczucia, bo Grażynka, twardo usiłująca kontynuować uczciwą pracę, nagle zamilkła.

— Co się stało? — spytała niepewnie. — Dlaczego tak na mnie patrzysz? Jestem gdzieś brudna czy coś mi się na twarzy rozmazało?

Najpierw błyskawicznie postanowiłam zełgać, a potem zawahałam się.

— Nie, nic... Ja myślę, co mi niewątpliwie szkodzi. Poczekajmy na Janusza, bo coś tam się po mnie mota, i nie podobają mi się zeznania podejrzanych... Czy oni kogoś o to w ogóle spytali? Trzeba docisnąć Marlenkę, niech im Janusz podpowie!

— Prawdę mówiąc, wolałabym wrócić do korekty. Wiesz, przecinki i literówki, to mi się wydaje takie proste, łagodne i kojące...

— W obliczu zbrodni kojące mogłyby być nawet średniki.

— Ale ty nie lubisz średników.

— Nie lubię. Wolę zbrodnię. To znaczy, może akurat nie tę, jakaś ona wyjątkowo kłopotliwa i łatwiej bym ją zniosła, gdyby nie bułgarski bloczek. Gryzie mnie straszliwie i już nawet wymyśliłam sposób zamiany i pretekst do oglądania, przy czym pretekst jest nawet samą prawdą, więc może mi się uda...

Bułgarskim bloczkiem zamąciłam sytuację. Grażynka, od której ostatnie szczątki równowagi odbiegały żwawym kroczkiem, z rozpaczy zażądała prezentacji walorów filatelistycznych. Ponownie wyciągnęłam katalog, z dna półki z wysiłkiem wywlokłam klaser z bloczkiem numer 106, bo ten produkt zastępczy mogłam jej pokazać w naturze. Janusz zastał nas nad całym śmietnikiem filatelistycznym, byłam bowiem zdania, że taka, na przykład, Papua i Nowa Gwinea powinna się Grażynce spodobać i ułagodzić jej uczucia. Aczkolwiek moje wzmogła, coraz bardziej utwierdzałam się w zamiarze dokonania wymiany.

Zaabsorbowana ulubionym tematem, nie zapanowałam nad tym, co mówię.

— Słuchaj, a kto i kiedy widział Kubę ostatni raz? — spytałam gwałtownie i zamknęłam klaser. — I gdzie? Czy ktoś tam zeznał cokolwiek w tej kwestii?

Głupia to ta Grażynka nie była z całą pewnością, poderwała głowę znad klasera i okropnym wzrokiem wpatrzyła się w Janusza. Nie miałam najmniejszych wątpliwości, że w tym momencie przyszło jej do głowy to samo, co i mnie, i cały organizm przewrócił jej się do góry nogami. Druga zbrodnia Patryka...!

Janusz się nie przejął, bo wiedzą na ten temat dysponował, nie dostrzegając w niej niczego atrakcyjnego.

— Razem go oglądali, Marlenka i Antoś, kiedy rano opuszczał ich dom. Następnego dnia po zabójstwie Weroniki, tak wcześnie, że jeszcze sensacja nie zdążyła przelecieć się po mieście. Wydawał się zadowolony z życia, to opinia Marlenki, bo Antoś wolał się szczegółowo nie wypowiadać.

— Zaraz — powiedziałam po chwili milczenia, bo przypomniały mi się czytane zeznania. — Coś tu nie gra. Marlenka twierdziła, że po tym wieczorze Kuby na oczy nie widziała.

— Dociśnięta, zmieniła zdanie. Niechętnie przyznała, że widziała. Jeszcze była zaspana, więc w pierwszej chwili mogła zapomnieć, ale kawę sobie robiła, jak on już swoją dopijał.

— I odjechał?
— Obydwoje twierdzą, że tak.

Trup zamordowanego Kuby zaczął mi trochę blednąć.

— Czym?
— Samochodem. Takim trochę przechodzonym Fiatem Punto. Ciemnozielonym, jeśli cię to interesuje. Numeru nikt nie zauważył.

— A Patryk?
— Co Patryk?
— Kiedy stamtąd odjechał? Bo przecież był!
— Nikt go o to nie zdążył zapytać, przy pierwszej rozmowie jeszcze nie był podejrzany, a drugiej rozmowy nie było. Ale... — skierował wzrok na Grażynkę. — Wiadomo chyba, kiedy pojawił się w Dreźnie?

— Nie — powiedziała Grażynka, robiąc przy tym wrażenie, jakby trup Kuby rysował jej się znacznie wyraźniej niż mnie.

— To kiedy go tam zobaczyłaś? — spytałam niecierpliwie.

— Dopiero nazajutrz rano. Chociaż twierdził, że był już wczoraj wieczorem i widział mnie w oknie Lidii. Możliwe, podchodziłam do okna.

— I mógł zobaczyć?
— Mógł, to pierwsze piętro. Podlałam jej kwiatki, bo miały strasznie sucho.
— No to wieczorem był, zeznanie się zgadza. Z Bolesławca do Drezna dwie godziny wolnym krokiem, o której podlewałaś te kwiatki?
— Nie wiem. Jeszcze było widno.
— O tej porze roku długo jest widno. Nie musiał wyruszać rano...

Urwałam i zamknęłam wreszcie gębę, przypomniawszy sobie, że Grażynka cierpi. Nie, tego trupa Kuby stanowczo powinnam omówić z Januszem oddzielnie, bez niej. W myśli zaczęłam liczyć.

Jeśli Patryk zmył się z Bolesławca zaraz po zbrodni, mógł dojechać wszędzie, jeśli jednak poczekał na odjazd Kuby i mordował go gdzieś tam po drodze, nie zdążyłby dotrzeć do Warszawy, załatwić ukrywania łupów i wrócić tak, żeby wieczorem znaleźć się w Dreźnie, wykończyłaby go wrocławska autostrada. Ale mógł nakichać na Warszawę, nie chować niczego, rąbnąć Kubę, od razu ruszyć do Drezna i zdążyć śpiewająco. Wobec tego z czegoś należy go uniewinnić.

Słowa z tego wszystkiego nie powiedziałam. Spytałam za to, czym Patryk jeździ.

— Terenową toyotą — odparła ponuro Grażynka.
— Nie jeździ, ona ciągle stoi w Bolesławcu — przypomniał Janusz. — Teraz już na policyjnym parkingu.

Grażynka zbuntowała się nagle, najwyraźniej w świecie granice jej wytrzymałości pękły. Energicznie zażądała natychmiastowego powrotu do pracy zawodowej, bo skoro jutro mają się do niej przyczepić, dziś musimy zakończyć wszystko. Zależało mi na tym tak samo jak jej, zostawiłam zatem trupy i śledztwa, Janusza przełożyłam na później i usiadłam do roboty.

☆ ☆ ☆

Zmarnowawszy dwa dni, wróciłam z Bolesławca wściekła, nieszczęśliwa i pełna niechęci do samej siebie. Zasadniczy cel osiągnęłam, można powiedzieć, dokładnie na odwrót, uzyskałam za to informację, przydatną mi jak dziura w moście.

Policja mnie przyjęła, czemu nie? Dumni byli z dotychczasowych osiągnięć technicznych, o wtrącaniu się Janusza, a pośrednio i moim, nie mieli najmniejszego pojęcia, chcieli się zatem pochwalić. Niech sobie wstrętna baba nie myśli, więcej potrafią niż jej przyjdzie do głowy, proszę bardzo, nie znajdzie już błędów i niedopatrzeń do wytykania.

Baba, rzecz jasna, znalazła. Bo jak to, schowali w swoim sejfie skarb stulecia, walor zgoła nieosiągalny, delikatny niczym pajęczynka na wietrze, narażony na wszelkie najgorsze kataklizmy! Nie zabezpieczyli go! I co...?!!!

W pierwszej chwili na mój wybuch oburzenia, zresztą najszczerszy w świecie, trochę zgłupieli. Widać było, jak przez moment zastanawiają się, o co mi, u diabła, chodzi, ale nie zostawiłam im nadmiaru czasu.

— Takie rzeczy trzyma się w havidach! — bulgotałam dziko. — Byle pyłek wystarczy, żeby zniszczyć! A pan już chciał macać palcami!

Palcem, owszem, jednym tylko, wskazałam prokuratora, bo akurat obaj byli obecni w gabinecie komendanta, starając się przy tym usilnie, żeby gest wypadł możliwie oskarżycielsko. Prokurator lekko

poczerwieniał i otworzył usta, z czego nic mu nie przyszło.
— Wiedziałam, że tak będzie! — awanturowałam się dalej. — A mówiłam, że mogę to załatwić! To nie, zabrać, wszystko sobie, jak takie harpagony...!
— A proszę bardzo, niech pani załatwi — wdarł się w moje przemówienie komendant. — Czy ktoś mówi, że nie? Niech pani zabezpieczy, skoro pani potrafi, ale masa spadkowa zostanie na miejscu i mowy nie ma o narażaniu na jakiekolwiek rozkradanie!
— Tak znowu strasznie dużo panom nie nakradłam...
— Ale ma pani wielką ochotę, nieprawdaż? — wtrącił się złośliwie prokurator. — Może nawet większą niż ktokolwiek inny. My tu nie dysponujemy materiałami pomocniczymi, to nie jest centrala filatelistyczna, tylko policja. Kajdankami możemy służyć.

Miałam wielką ochotę zaproponować, żeby sam się w nie zakuł, ale opamiętałam się. Zaprą się i nie dadzą mi tego do ręki...
— To trzeba było nie zamykać luzem — warknęłam. — Owszem, mam havidy, specjalnie przywiozłam. Nie mogę kupić, niech się przynajmniej nie niszczy, ja przeczekam tę całą biurokrację spadkową, czekałam tyle czasu, że jeszcze trochę mi nie zaszkodzi. Ale niech mam na co!

Popatrzyli na siebie, pozastanawiali się przez chwilę, wreszcie ulegli. Komendant osobiście otworzył sejf, do którego zapewne bez trudu włamałby się każdy złoczyńca, ale, niestety, nie ja, bo nawet nie wiedziałam, że to coś pomiędzy szafami jest sejfem. Rozwinęłam ożywioną działalność, wyciągnęłam z torby sztywną podkładkę, potrzebną akurat jak psu piąta noga, ale zabraną dla zamydlenia im oczu, plik havidów w dwóch rozmiarach, chociaż doskonale wiedziałam, jaki kawałek będzie mi niezbędny, taśmę klejącą, też do niczego, okładki po znaczkach australijskich, kryjące w sobie zamienny bloczek numer 106, dwie pęsetki i nożyczki. Żeby znaleźć pęsetki i nożyczki, które miałam na samym dnie torby, usłałam im biurko całym stosem śmieci, zdolnych ukryć w sobie chyba nawet kałasznikowa, uroczyście wybrałam z tego elementy maskujące i przeniosłam się na stolik obok. Komendant położył tam cztery klasery nieboszczyka Fiałkowskiego, elegancko opakowane w karton, obwiązane sznurkiem i opieczętowane w ośmiu miejscach. Rozwinął to wszystko.

— Będą panowie musieli opieczętować na nowo — powiedziałam ostrzegawczo.

— Liczymy się z tym — odparł sucho komendant i poza tym ani drgnął. Wcale nie zaczął szukać laku i pieczęci, a byłam zdania, że powinien.

Niech to piorun strzeli, patrzyli mi na ręce. Gorzko pożałowałam, że nie miałam w rodzinie kieszonkowca albo iluzjonisty, magika, który nauczyłby mnie w dzieciństwie podstawowych trików, polegających na zamianie jednych przedmiotów w inne. Bukiet kwiatów w miejsce królika albo coś w tym rodzaju. Symulując brak rozeznania, zaczęłam szukać bloczka numer 105, gmerałam się z tym ślamazarnie z nadzieją, że im się znudzi ta przeraźliwa obserwacja, niestety, klaserów było tylko cztery. Gdybyż chociaż z piętnaście...! Znalazłam drania w ostatnim, co było błędem, bo prokurator doskonale pamiętał, że poprzednio znalazłam go w mgnieniu oka, i nawet nic nie musiał mówić, wystarczyło, że prychnął drwiąco. Postanowiłam do końca życia nie lubić prokuratorów.

Przymierzyłam oba formaty havidów, ucięłam właściwy, włożyłam bloczek między czarny spód i przezroczystą osłonkę, mimo katorżniczych wysiłków poszło mi to zbyt zręcznie. Strasznie trudno ukryć wprawę... Zaczęłam rozchylać australijskie okładki.

— O! — powiedziałam pouczająco. — Tak to powinno...

W tym momencie do pomieszczenia wdarł się znany mi sierżant, o ile pamiętałam, Grzelecki.

— Ten z Warszawy przekracza granicę! — krzyknął. — Stoi na szlabanie!

Powinnam była w mgnieniu oka skorzystać z okazji, bloczek 105 wetknąć pomiędzy resztę havidów, otworzyć australijskie okładki i pokazać im bloczek 106, a otóż nic z tego. Komendant owszem, zareagował na sierżanta, ale prokurator węszył swoje. Szybciej niż we mnie błysnęło, wydarł mi z rąk wszystko, bloczek 105 w osłonce, bloczek 106 w okładkach, trzasnął otwartym klaserem i zgarnął całość na półkę sejfu.

— ...wyglądać — dokończył za mnie. — Rozumiemy. Opieczętowane zostanie za chwilę. Dziękujemy pani.

O, rzeczywiście, już się rozpędziłam wstać i wyjść, zostawiając im na biurku cały mój stan posiadania. Mogłam jeszcze zaprotestować z wielkim krzykiem, że zaraz zaraz, spokojnie, tam jest mój bloczek numer 106, przywieziony dla demonstracji, żądam zwrotu, ale atmosfera eksplodowała, coś mi mówiło, że to nie będzie dobrze, poza tym do bloczka numer 106 nie miałam serca. Ściśle biorąc, nie zależało mi na nim wcale i nie umiałam na poczekaniu wzbudzić w sobie odpowiedniego wybuchu namiętności. Zemściła się na mnie wrodzona prawdomówność.

Jak chora krowa, zamarłam tam doszczętnie, tępo wpatrzona w prokuratora, zamykającego sejf kluczami komendanta, w tym sejfie zaś oba bloczki, mój prywatny i ten upragniony. W ten sposób wzbogaciłam masę spadkową po nieboszczyku Fiałkowskim, co w najmniejszym stopniu nie leżało w moich zamiarach.

Nie, nie wyrzucili mnie od razu, nie mogli, śmietnik z mojej torby zawalał im biurko, pieniądze się w nim plątały, nikt nie miał ochoty tego uprzątać, narażając się na idiotyczne podejrzenia, woleli, żebym to zrobiła sama. Też wolałam. Na szczęście wszelkie sprzątanie zawsze mi szło jak z kamienia, niczego nie musiałam symulować, zgarnianie tych dóbr potrwało dostatecznie długo, żebym mogła wysłuchać meldunku i rozkazów.

Wyglądało zresztą na to, że przestali na mnie zwracać uwagę i nakichali na tajemnicę służbową. W roztargnieniu odpowiedzieli nawet na niektóre moje pytania.

Okazało się, że w tych czterystu kilkudziesięciu facetach, wydłubanych z hoteli, znalazło się trzech Jakubów. Jeden pochodził z Katowic, jeden z Poznania, a jeden z Warszawy. Ponadto wiekiem pasował tylko jeden z nich, ten z Warszawy, pozostali zdecydowanie przekraczali czterdziestkę, a wedle zeznań wszystkich przesłuchiwanych Kuba Antosia trzydziestki nie sięgał. Płci męskiej można było nie wierzyć, ale dla panienek w rodzaju Marlenki i Hani facet powyżej czterdziestego piątego roku życia to już był stary piernik, a nie chłopak do wzięcia. Podejście wysoce racjonalne, osobnicy w wieku zbliżonym do średniego na ogół są już żonaci i ustabilizowani, nie warto na nich sieci zarzucać, nadzieje stwarzają tylko ci młodzi.

Warszawski Jakub, odnaleziony dopiero poprzedniego dnia, chwilowo okazał się nieuchwytny. Nazywał się Zagrajczak, mieszkał zgodnie z meldunkiem w dowodzie, miał dwadzieścia dziewięć lat, żonę i małe dziecko, jego mieszkanie ziało pustką, bo podobno żona z dzieckiem udała się gdzieś na świeże powietrze, on sam zaś w ogóle dużo jeździł. Podobno pośrednik samochodowy, miejsce pracy nieustabilizowane. Tyle udało się wydębić od sąsiadów, a jakim cudem do policji przybiegła wieść o jego przekraczaniu granicy, nie zdołałam się dowiedzieć.

Na owej przeraźliwie długiej liście, którą, korzystając z okazji, przeczytałam jednym tchem, znajdowały się jeszcze dwa nazwiska, które zabrzmiały mi znajomo. Piotr Gulemski, dwie noce, i Ksawery Przecinak, jedna. Nie poświęciłam im zbytniej uwagi.

Cofnęli z granicy tego Zagrajczaka, zdążyli. Trzymałam się komendy pazurami i zębami, prezentując wszystkie najgorsze cechy własnego charakteru. Przyjechał wściekły jak wszyscy diabli, wyparł się jakichkolwiek znajomości na terenie Bolesławca, ze zgrzytem zębów poczekał na konfrontację, co trochę potrwało, bo tylko siedzący Antoś był do dyspozycji natychmiast, po czym okazał się obcy i nikomu nie znany. W dodatku nie piegowaty, sama to stwierdziłam, a niemożliwe było, żeby w ciągu dwóch tygodni tak sobie zdołał poprawić cerę. Wszystkie damy i wszyscy młodzieńcy zgodnie zaświadczyli, że to nie on. Nie Kuba. Konfrontowanego widzą na oczy po raz pierwszy w życiu.

Odjechał zatem bez przeszkód, jeszcze bardziej wściekły niż przyjechał, mamrocząc pod nosem nieżyczliwe słowa pod adresem Antosia, Marlenki, Weroniki, Henryka i policji. Mnie jakoś pominął. Odjechałam również następnego dnia w bardzo podobnym stanie ducha.

Zamiast zabrać z policyjnego sejfu pożądany bloczek, zostawiłam im jeszcze i drugi, w ten sposób, gdyby mi dano wystarczającą ilość czasu, mogłabym się pozbyć całych moich zbiorów. Duża rzecz! Za to dowiedziałam się, że w Bolesławcu nocowało dwóch znajomych, jeden numizmatyk i Kubuś Wichajster, wielki mi sukces, większość tych, którzy robią przerwę w podróży do Niemiec, przekraczając granicę w Zgorzelcu, nocuje w Bolesławcu, bo to najwygodniejsze miejsce. I dla takich zdobyczy odwaliłam tę całą upiorną drogę wrocławską autostradą!

Ze złości prawdopodobnie, a także z niedosytu osiągnięć, wybuchła we mnie gwałtowna potrzeba zrobienia czegokolwiek. Jakiegoś aktywnego działania. Pan Pietrzak wybił mi się na pierwszy plan, namącił coś z brakteatem Jaksy, nałgał do mnie, po cholerę mu to było? Ukradł ten brakteat Fijałkowskiemu czy co? I nie chciał się przyznać, czekając na przedawnienie? A teraz jak, przyznaje się, chociaż do przedawnienia kradzieży jeszcze bardzo daleko? A otóż dosyć tego, nie popuszczę, mam być wstrętna i nachalna, niech będę konsekwentnie!

Wczesnym wieczorem dotarłam do domu z mocnym postanowieniem wyszarpania z siebie najgorszych cech charakteru. Bułgarski bloczek numer 105 doprowadzał mnie do szału, za wszelką cenę chciałam wyrzucić go z myśli, a najlepszym sposobem na to było ostre zajęcie się czymś innym. Bardzo dobrze, zajmę się brakteatem! Nie moja parafia, ale też ważne.

Janusz czekał już na mnie z nowymi informacjami.

— Dobrze, że nie ma Grażynki — powiedział z troską. — Ten jej Patryk podkłada się jak może, wyszedł na prowadzenie, można powiedzieć, bez rywala. W dodatku skompromitował policję, więc raczej go nie lubią.

— Z tego wynika, że jestem w interesującym towarzystwie? — ucieszyłam się idiotycznie, grzebiąc w lodówce. — Mnie też nie lubią. O, mortadela! To ta stara czy kupiłeś nową?

— Kupiłem nową, a starą oddałem kotom na podwórzu. Byłem pewien, że inaczej ją zjesz.

— Coś przecież muszę jeść, nie? I wcale nie była taka stara, ale nie szkodzi, może być nowa. O, chrzan wychodzi, muszę pamiętać, żeby kupić. Bo co ten Patryk zrobił? Chcesz grzaneczkę?

— Owszem, nawet dwie. Okazuje się, że wszystkie władze wystawił rufą do wiatru.

Przyrządziłam sobie ulubiony posiłek, gruby plaster mortadeli z chrzanem, majonezem i ogórkiem, bez pieczywa. Janusz zgodził się na to samo, tyle że z chlebem. Siadając przy kuchennym stole, prztyknął czajnikiem.

— Prawie do tej pory siedział w Bolesławcu, o czym nikt nie wiedział — kontynuował relację, nie czekając na moje pytania. — A oni szukali go po całym kraju, rzecz jasna, bezskutecznie. Po pierwszej rozmowie z nimi zameldował się grzecznie w hotelu, wynajął pokój, samochód postawił na parkingu i znikł, więcej się w tym hotelu nie pokazał.

— Gdzie, wobec tego, mieszkał? Może to wreszcie wyszło na jaw?

— Wyszło. U niejakiej Kamilli Woś, przy ulicy Drzymały.

Kawałek mortadeli utkwił mi w gardle.

— O, masz ci los — wycharczałam z pewnym wysiłkiem. — To się rzeczywiście Grażynka ucieszy!

— Nie, nie ma powodu do obaw — uspokoił mnie szybko Janusz. — Kamilla Woś, botanik, garbi się mocno i kuleje na lewą nogę. Ponadto trochę nie pasuje wiekiem, pięćdziesiąt cztery lata, wygląda na więcej, a Patryk stanowi dla niej podporę przeszłości.

— Prze...?

— Prze. Nie przy. Uważa go za coś w rodzaju zięcia. Osiem lat temu chodził, o ile tak to można nazwać, z jej córką, która miała bardzo niedobrego męża i umarła przy porodzie, rodząc nieżywe dziecko...

— Czekaj. Kołomyja. Miała męża, a Patryk z nią chodził? Czy to może on był tym mężem?

— Nie. Nie on. Mąż, ślubny i prawdziwy, to był jakiś łajdak, którego Kamilla Woś niechętnie wspomina. Córka poślubiła go nazajutrz po ukończeniu osiemnastu lat, musiała czekać do urodzin, bo matka nie wyrażała zgody na zawarcie związku małżeńskiego. Słusznie tej zgody nie wyrażała, oblubieniec rychło okazał się sadystycznym zboczeńcem i młoda małżonka odcierpiała trzy lata piekła. Rozmaite dramaty tam się rozgrywały...

— Czekaj. A czyje było to dziecko? Patryka?

— Nie. Męża. Rezultat gwałtu.
— O Jezu. Jakieś to wszystko poplątane. Gdzie miejsce dla Patryka?

Janusz westchnął, obejrzał się na czajnik, sięgnął na suszarkę po szklanki, podniósł się i nalał herbaty. Na marginesie umysłu błysnęło mi, że widocznie zaparzył tuż przed moim powrotem, bo była bardzo porządna. Pochwaliłam go w duchu, na głos nie miałam czasu.

— Po drodze — powiedział, siadając. — Z tym mężem dziewczyna prowadziła dość burzliwe życie, mieszkali różnie, we Wrocławiu, w Warszawie, w Gdańsku, Kamilla Woś nie wie, gdzie jeszcze, uciekała od niego do matki, przyjeżdżał za nią i część spektakli odbywała się w Bolesławcu. Wreszcie uciekła definitywnie, wówczas już plątał się przy niej Patryk, też niespecjalnie anielski, ale przynajmniej nie podbijał jej oczu, co, samo w sobie, stanowiło miłą odmianę. Przyjeżdżał do niej, do Bolesławca, zakochała się w nim na śmierć i życie, wszczęła kroki rozwodowe, które szły jej po grudzie, matka Patryka aprobowała, aż raz w końcu przyjechał mąż i zgwałcił ją, dokładając obrażenia cielesne...

— A Patryk co na to?
— Akurat go wtedy nie było. Dowiedział się o wydarzeniu później.
— I wynikiem była ciąża, ulokowana w czasie tak, że wykluczono wątpliwości? — zgadłam.
— Otóż to. Ukrywała ją zresztą. Patologiczna, jak się okazało. Ani razu nie była u lekarza, a kwalifikowało się to do usunięcia, ale, skoro ukrywała...
— Przed matką też?
— Też. Gdzieś w okolicy siódmego miesiąca jakoś to wyszło na jaw, Patryk ją zawlókł do doktora,

komplikacje trochę ich tam przerosły, za długo się zastanawiali, co z tym fantem zrobić, w rezultacie zaczął się samoistny przedwczesny poród, no i cześć. Źle się skończyło.

— Na litość boską! — oburzyłam się. — Patologia patologią, ale dziewczynę chyba można było uratować?

— W szpitalu zapewne tak. Rzecz w tym, że ona uciekła z domu, błąkała się po ugorach, tam nastąpiła katastrofa, kiedy wreszcie Patryk ją znalazł, na wszelką pomoc było za późno. Wykrwawiła się.

Straciłam apetyt, możliwe, że nie z samej subtelności, a także i dlatego, że już byłam najedzona.

— Świeć Panie nad jej duszą, ale skłonności do ucieczek miała chyba trochę nadmierne — stwierdziłam z niesmakiem. — Coś mi się widzi, że taka całkiem normalna nie była.

— Nie była — zgodził się Janusz. — Z tym że nie zawsze, w nerwicę wpadła dopiero po ślubie, czemu trudno się dziwić. Matka czyni sobie wyrzuty, że traktowała ją nieco za ostro i zbyt wiele od niej wymagała, aczkolwiek sama cierpiała głęboko. Miała nadzieję, że przy Patryku dziewczyna znormalnieje i bardzo na niego liczyła, tymczasem chała. Uczepiła się go uczuciowo, traktowała nawet nie jak zięcia, ale jak syna, kontakty rodzinne pozostały, odwiedzał ją przez te wszystkie lata i u niej mieszkał. Krótko i rzadko, ale za każdym razem stanowił coś w rodzaju lekarstwa na depresję.

— A ten mąż?

— Znikł z horyzontu radykalnie. Kamilla Woś posądza Patryka, że go zabił, i jest mu serdecznie wdzięczna. Nie mówi tego oczywiście, to nie jest żadna kretynka, tylko inteligentna kobieta z wyższym wykształceniem, ale różne treści można wyczytać pomiędzy wierszami. Z tej przyczyny prawdopodobnie słowa nie pisnęła o jego wizytach i znajomości z nim, kiedy go tam szukali.

— To jak ją znaleźli?
— Sąsiedzi i plotki. Ludzie o sobie wzajemnie dużo wiedzą.
— No dobrze, a dlaczego on sam to ukrywał, chociażby przed Grażynką?

Janusz temat miał już zapewne przemyślany, bo nie zastanawiał się ani chwili.

— Osobiście przypuszczam, że z dwóch powodów. Nie miał ochoty rozmawiać o całej sprawie, to, o ile wiem, introwertyk, głupio mu było grzebać we własnych i cudzych uczuciach. To jedno, a po drugie, istnieje drobna komplikacja. Jest tam młodsza siostra, druga córka Kamilli Woś, i mam wrażenie, że Kamilla Woś nie straciła nadziei na ustabilizowanie sobie zięcia. Mieszka ta córka we Wrocławiu, kończy studia, u matki często bywa i bardzo się stara trafiać na Patryka.

— Patryk te nadzieje podsyca?
— Wręcz przeciwnie, unika dziewczyny. Zdaje się, że jedno doświadczenie całkowicie mu wystarczy.

Rozzłościłam się nagle.

— Że też, cholera, nie powiedziałeś mi o tym wcześniej...!
— Wiem dopiero od wczoraj — zauważył delikatnie Janusz.
— Gmerają się jak mucha w gęstym łajnie! Dopiero co tam byłam! Mogłam wydoić z baby wszystkie okoliczności towarzyszące, wreszcie Grażynka zyskałaby jakąś wiedzę o chłopaku! Nie jadę drugi raz!

— Przecież nikt cię nie zmusza. Poza tym, lepiej późno niż wcale.

Pomamrotałam gniewnie pod nosem, napiłam się herbaty i zażądałam jakiegoś napoju pocieszającego. Piwa najlepiej. Wino nie pasowało mi do nastroju.

— Zaraz, to przecież nie wszystko — przypomniałam sobie, ochłonąwszy. — Mieszkanie, bardzo dobrze, ale co on tam robił tyle czasu po zbrodni? Ta Kamilla chyba wie? Mówi ona w ogóle czy się zaparła w milczeniu?

— A skąd, teraz, kiedy już ją znaleźli, mówi samą prawdę, odpowiada na wszystkie pytania. Pilnuje tylko, żeby niczego nie wyjawić z własnej inicjatywy. Bardzo sympatyczna kobieta na poziomie, tyle że trochę nerwowa.

— I co mówi?

— Nie wie, co robił. Mało przebywał w domu, wracał późno, nie zwierzał się ze swoich poczynań. Domyślać się, owszem, domyśla, nie udaje idiotki. Szukał zabójcy Weroniki.

— I co? — spytałam zgryźliwie. — Znalazł?

— Kamilla nie wie. Wyjechał, nie udzielając informacji.

— Wyjechał, bo znalazł? Czy zrezygnował z tych wygłupów?

— Osobiście przypuszczam, że wyjechał, bo przyjechała młodsza siostra. Kamilla tego nie powiedziała, uparcie nie przyjmuje do wiadomości fiaska, wciąż liczy na jego związek z drugą córką. Ponadto nie wierzy w jego winę, wyklucza jakikolwiek udział w zbrodni, nie zabił Weroniki, palcem jej nie tknął i koniec. O głupich poszlakach nawet nie chce słyszeć.

— Przynajmniej konsekwentna — mruknęłam.

— Ciekawe, o czym rozmawiali, kiedy przebywał

w domu, musieli przecież rozmawiać, skoro występował jako medykament kojący. Nie rozdrapywali chyba starych ran?

— Raczej nie. Rozmawiali na tematy ogólne. O kulturze, polityce, roślinach, opiece zdrowotnej, szkolnictwie, o różnych lekturach i ogólnym zdziczeniu. Doskonale się rozumieli, aczkolwiek niektóre poglądy mieli rozbieżne. Tu się wyraźnie zaczęła rozpędzać, więc powstrzymali się od pytań o szczegóły tych rozbieżnych poglądów. Zachodziła obawa, że przesłuchanie potrwa tydzień.

— No świetnie, a co dalej? Nie kontaktował się przez cały ten czas wyłącznie z Kamillą, nie wierzę, że z nikim innym słowa nie zamienił! Nie krył się w czarnej masce po zakamarkach! Musiał być w ogóle ktoś, kto pierwszy o nim powiedział, czy może polecieli do wróżki...?

— Jako pierwsza, puściła farbę wścibska sąsiadka, a potem już poszło z górki. Znalazło się tych rozmówców ładne parę sztuk. Podobno nie był zbyt sympatyczny, stwarzał wrażenie, że należy się go bać, co, w połączeniu ze zbrodnią, dało doskonałe skutki. Stąd niechęć do zeznań. Pytaniami dusił głównie dziewczyny, wszystkie nasze znajome, ich przyjaciółki, ponadto kumpli Antosia. Także Wiesia. Połapani i dociśnięci, najpierw próbowali się wypierać, a potem, bardzo przestraszeni, wydukali z siebie trochę informacji, wszystkie zgodne. Okazuje się, że Patryk metodycznie poszukiwał Kuby.

Ten komunikat nieco mnie zaskoczył, chociaż właściwie należało się go spodziewać. Pomysł, że Patryk trzasnął Kubę, był moim prywatnym osiągnięciem i niekoniecznie musiał być trafny. Jeśli go zatem nie zabił...

— I co? — spytałam bardzo ogólnie, acz z wielkim naciskiem.

— I nic. Nie wiadomo, czy go znalazł.

Pomilczałam długą chwilę.

— Ciekawe... Na cholerę mu ten Kuba?

Janusz, na szczęście, ze swojej wiedzy nie czynił tajemnicy, rzetelnie dostarczał mi wszystkiego, co udało mu się zdobyć i wywnioskować. Wyjął z lodówki drugą puszkę piwa i zaproponował przejście do pokoju, gdzie meble były odrobinę wygodniejsze.

— Sam się nad tym zastanawiałem — powiedział po drodze. — Niestety, najprostsza myśl, jaka się nasuwa, to chęć uciszenia świadka. I tak nie ma szans wyłgać się z tego całego interesu, ale Kuba może go przygwoździć ostatecznie. Brak Kuby wciąż pozostawia cień wątpliwości.

— Działających na korzyść oskarżonego. Nie rąbnął go jeszcze, ale rąbnie przy najbliższej okazji, organizując nieszczęśliwy wypadek albo cokolwiek innego. Trzeba coś zrobić z Grażynką, bo ją to wszystko wykończy.

— Toteż właśnie. Gdzie on się, do pioruna, może podziewać?

— Który? Kuba czy Patryk?

— Patryk. Właściwie obaj, ale Patryk przynajmniej jest znany. Z nazwiska i adresu.

Przypomniałam sobie wizytę w komendzie.

— Z trzech hotelowych Jakubów, wszyscy trzej odpadli, w tym jeden w moich oczach. Ale mają daty urodzenia... Do licha, nie policzyłam, ilu tam było w odpowiednim wieku...

— Policzyli za ciebie. Stu osiemnastu. Uparli się i sprawdzają wszystkich.

Ucieszyłam się, że nie muszę sama odwalać całej roboty i przeniosłam zainteresowania z powrotem na Patryka. Znów pożałowałam, że straciłam okazję zetknięcia się z tą Kamillą osobiście. Im więcej wiedzy o Patryku, tym łatwiej przyjdzie Grażynkę do niego ostatecznie zniechęcić. Do licha, czy jej niefart do facetów to też moja wina...?

Klęski nagle pobiegły ku sobie jak przyciągane magnesem i zgromadziły mi się na kupie. List Grażynki, brakteat Jaksy z Kopanicy, bułgarski bloczek... gorzej, już teraz dwa bułgarskie bloczki! Same straty, moralne i materialne, niech to piorun spali...!

Wobec tego rozwikłam przynajmniej cholerny brakteat!

☆ ☆ ☆

O trybie życia pana Pietrzaka nie miałam najmniejszego pojęcia, pojechałam do niego zatem byle kiedy. Ściśle biorąc, w godzinach popołudniowych, wymyśliłam bowiem, że, być może, w normalnych godzinach pracy on się błąka po sklepach, różnych centralach, aukcjach, spotkaniach i tym podobnych, a po południu siedzi w domu i grzebie w zbiorach. Tak mi jakoś wyszło. Nie dzwoniłam uprzednio, święcie przekonana, że odstawi mnie od piersi pod jakimkolwiek pozorem, żywiąc do mnie głęboką i uzasadnioną niechęć. Zdecydowałam się działać przez zaskoczenie.

Pod domem pana Pietrzaka, gdzie ze zdumiewającą łatwością znalazłam miejsce na zaparkowanie, przyszła mi do głowy straszna myśl. List Grażynki wywołał skutki dokładnie odwrotne od pożądanych. Miałam bezlitośnie ocenić swoje wady i przystąpić do uszlachetniania charakteru, tymczasem wręcz przeciwnie, robię się coraz gorsza. Dotychczas, wprawdzie nieznośna, byłam jednak jako tako wychowana, starałam się nie zwalać ludziom na głowy znienacka, bez telefonu, bez umówienia się, bez uwzględnienia cudzych potrzeb, chyba że zmuszały mnie do tego wyjątkowe okoliczności, a i to miałam wyrzuty sumienia. A teraz cóż robię? Świadomie prezentuję obrzydliwe natręctwo, wyrzuty sumienia zaś nawet mi nie świtają na horyzoncie. Zyskawszy wiedzę o sobie, pogłębiam wady!

Ogarnięta lekką zgrozą, nie wchodziłam jeszcze do budynku, stałam przy samochodzie, wsparta łokciami o dach, i patrzyłam w przestrzeń. W polu widzenia miałam drzwi wejściowe, które nagle otwarły się z impetem i wybiegł z nich młody facet z przyjemną, pogodną twarzą, ogromnie piegowaty. Nie zwrócił na mnie najmniejszej uwagi, może dlatego, że odgrodzona byłam od niego samochodem, ruszył ku Puławskiej i dwa metry dalej spotkał się z dwiema babami, idącymi w stronę przeciwną. Zajęta sobą, w ogóle ich przedtem nie dostrzegłam. Zatrzymali się wszyscy i bez żadnego trudu usłyszałam rozmowę.

— Dzień dobry, pani Natalio! — zawołał młodzieniec. — Wuja nie ma?

— A nie ma — odparła cierpko jedna z bab, niewątpliwie owa Natalia.

— Dobrze, że panią spotykam, tak tu na panią czekałem, pani mnie wpuści, książkę chciałem zabrać...

— Nic z tego — przerwała mu baba głosem jak brzytwa. — Pan Józef zabronił. Jak go nie ma, nie wpuszczać nikogo.

— Ale mnie...?
— Ksawusia też. Jak nikogo, to nikogo.
— No co też pani...? Książka na półce koło biurka leży, może mi ją pani sama dać...
Natalia była uparta.
— Ja tam nie wiem. Jak nikogo, to nikogo. W książkach pana Józefa grzebać nie będę. Ksawuś później przyjdzie, jak pan już będzie.
— A kiedy wuj będzie?
— A skąd ja mam wiedzieć? Na kolacji to już na pewno, a możliwe, że i wcześniej. Ksawuś zadzwoni.
Ksawuś, w przeciwieństwie do Natalii, uparty nie był.
— No dobrze, to przylecę później. Ale kłopotu mi to narobi. Nie mogłaby pani... tak, jedna chwila i już?
— Nie. Jak nikogo, to nikogo.
Druga baba stała obok niczym słup kamienny, z uszami na kilometr, niepotrzebnie, bo tamci dwoje nie szeptali. Facet machnął ręką i szybkim krokiem podążył do Puławskiej. Obie popatrzyły za nim i ruszyły w kierunku drzwi. Wciąż stanowiłam niedostrzegalny element ulicy.
— No, no, no — powiedziała półgębkiem ta druga baba. — Ja tam nic nie mówię...
— To i dobrze, że pani nic nie mówi — pochwaliła ją sucho pani Natalia, grzebiąc w torbie, zapewne w poszukiwaniu klucza. — Im mniej gadania, tym lepiej.
Znalazła klucze po pięciu sekundach. W ciągu tych pięciu sekund zaiskrzyły się we mnie procesy myślowe, słusznie jakaś bajka twierdzi, że nic szybszego niż myśl ludzka na świecie nie istnieje. To coś

we mnie udowodniło niezbicie trafność stwierdzenia.

Ksawuś, sama to zdrobnienie wymyśliłam, Ksawery. Ksawery Przecinak był w Bolesławcu. Piegowaty! Widziałam go u Anity, myślałam, że taki opalony! Drzwi mają domofon, pana Józefa nie ma, baba mnie nie wpuści, słowa jednego z nią nie zdołam zamienić. Ten Pan ją zna, a ja znam Tego Pana, szlag jasny żeby to trafił, jak Ten Pan się nazywa...?!!! Przepadło, ale wejść muszę!

Oderwałam się od samochodu, w biegu przytyknęłam pilotem, znalazłam się w wejściu równocześnie z babami. Potraktowały to zwyczajnie, jako rzecz naturalną, jak wchodzenie do windy. Podziękowałam grzecznie i puściłam je przed sobą na schody, pan Pietrzak mieszkał na pierwszym piętrze, bez windy, ostatecznie, można się było obejść. Na wszelki wypadek postarałam się o dystans między sobą a nimi, żeby nie wyszło, że im siedzę na karku, zachowajmyż jakąś granicę natręctwa!

Pani Natalia jęła grzebać w licznych zamkach pana Pietrzaka, druga baba zajęła się zamkami naprzeciwko. Najbliższe sąsiadki, może warto się nad tym zastanowić...

Natchnienie spłynęło na mnie, kiedy już weszła, ale jeszcze nie zdążyła zamknąć za sobą drzwi.

— Bardzo panią przepraszam — powiedziałam wdzięcznie, stając w progu. — Pani Natalia, prawda? Ja do pani. Można?

Niewpuszczanie nikogo do pana Józefa musiało być w niej zakodowane tak potężnie, że te proste słowa spowodowały kompletne zaskoczenie. Do pana Józefa, ale do niej...? Ponadto nie miałam zbójeckiej brody, wzroku dzikiego i sukni plugawej, nie trzymałam w ręku broni palnej, ani nawet noża, i wiekiem nie pasowałam do hordy młodych złoczyńców. Odruchowo uchyliła drzwi szerzej.

— Do mnie? — zdziwiła się. — Ale, zaraz! Zaraz, zaraz, ja panią znam. Pani u nas już była?

Zdziwiłam się znacznie bardziej, bo, o ile mogłam sobie przypomnieć, w czasie jedynej wizyty u pana Pietrzaka zachowywałam się normalnie, nie wywinęłam żadnego niezwykłego numeru, niczego nie stłukłam, nie siedziałam do rana, jakim cudem zatem mogła mnie zapamiętać? Nie siliłam się tego odgadywać, czym prędzej skorzystałam z okazji.

— Byłam, oczywiście. Pana Pietrzaka też znam, i Tego Pana... do licha, niech pani popatrzy, znam człowieka od dziesięciu lat i ciągle mi ucieka jego nazwisko... Tego Pana, który panią panu Pietrzakowi naraił...

— A, pan Lipski! — ucieszyła się pani Natalia.

— Proszę, proszę dalej. Ale pana Józefa nie ma...

— Nic nie szkodzi, to nawet lepiej — zapewniłam ją, wchodząc w głąb mieszkania. — Pan Lipski, jasne, a po mnie wciąż chodzi wszystko inne, Lipiński, Lipowski, Lipka, no mówię pani, aż wstyd. Skóra na mnie cierpnie, jak o niego w różnych sklepach pytam!

Pani Natalia okazała mi pełne zrozumienie. Weszłyśmy do kuchni, bo gdzież mogą wejść dwie kobiety, szczególnie jeśli kuchnia jest duża, z oknem i miejscem jadalnym? Nawet jeśli zaczną od salonu, prędzej czy później wylądują w kuchni. Pasowało mi to nadzwyczajnie!

— Ja to panią pamiętam bardzo dobrze — mówiła pani Natalia, chowając w lodówce świeżo nabyte produkty i zarazem rozwiązując zagadkę — bo jesz-

cze potem, jak pani wyszła, gadanie o pani było, że pani się przejmuje tymi kolekcjami jak rzadko która kobieta, a w dodatku pani książki pisze, nawet któreś czytałam, i w telewizji pani była. Pan Józef bardzo panią chwalił...
— Chwalił...! Może i chwalił wtedy, ale później zapewne mu przeszło...
— ...szkoda, że go pani nie zastała, ale on pewno niedługo wróci. Ale, zaraz! Pani mówi, że pani przyszła do mnie?
— Do pani — potwierdziłam stanowczo. — Wolę z panią pogadać niż z panem Pietrzakiem, bo wplątałam się w taką głupią sprawę, że z panem Józefem byłoby mi chyba niezręcznie. Sama nie wiem, co zrobić.
— A to kawy się może napijemy, ja zaraz zrobię. Pani pewno ma na myśli tę nieprzyjemność całą, co to pan Józef nie lubi wspominać. Mnie to się nie podoba, ale co swoje wiem, to wiem.

Znów odezwało się natchnienie, widocznie miało swój dzień. Pierwotnie zamierzałam popytać o brakteat, o Ksawusia, który mógł wszak okazać się tajemniczym Kubą, o związki z Fiałkowskimi i pobyty w Bolesławcu, teraz nagle zmieniłam zdanie. Wątek romansowy wydał mi się znacznie trafniejszy.

— Nieprzyjemność swoją drogą, ale mnie chodzi o coś innego — rzekłam, nie kryjąc zakłopotania.
— Wie pani, mam taką przyjaciółkę, bardzo młodą, znacznie młodszą ode mnie, no i martwię się trochę jej sercowymi kłopotami. Źle trafiła. A teraz klaruje się coś nowego i też nie jestem pewna... Ten młody człowiek, którego pani spotkała na ulicy, to kto? On się nazywa Ksawery Przecinak?

— Tak — odparła pani Natalia bez zastanowienia, za to z wyraźnym zainteresowaniem, i zapaliła gaz pod czajnikiem. — Ksawery Przecinak. Siostrzeniec pana Józefa. A co?

— Ano właśnie. O niego idzie. Poznali się troszeczkę i sama nie wiem, czy to dobrze. Ona smutna, on wesoły, jako pociecha niby pasuje, ale czy on nie jest przypadkiem odrobinę lekkomyślny? Z tych, co to, wie pani, bez zastanowienia głupstwo mogą zrobić, a jej różnych głupot już całkiem wystarczy. No i przyszłam się pani poradzić, bo tylko pani go dobrze zna.

Pani Natalia przyrządzała kawę, prawdziwą, nie rozpuszczalną, starymi, sprawdzonymi metodami naszych przodków. Sądząc z zapachu, świeżo zmieloną. Zaparzała ją bez fusów, w specjalnym termosie, nie żałując surowca. Sama miałam taki termos i wiedziałam, co z niego potrafi wyjść, żaden ekspres się nie umywał.

— A skąd pani wiedziała, że to właśnie ja go znam? — spytała po chwili nieco podejrzliwie.

Zadzwoniło mi alarmowo i postanowiłam zachować dużą ostrożność.

— Wcale wcześniej nie wiedziałam, natknęłam się na niego w towarzystwie, imię, nazwisko i tyle. Dopiero ostatnio się zgadało z Tym Panem... Li... Lipskim...?

— Lipskim.

— Że pan Pietrzak ma siostrzeńca, no i o pani między innymi, pan Lipski bardzo panią ceni. I zaraz potem przyszło mi na myśl, że powinnam porozmawiać z panią. Cały czas się martwię tą przyjaciółką, z głowy mi nie wychodzi...

Kawa okazała się taka, jak oczekiwałam, a pani Natalia pozwoliła sobie na większe zainteresowanie. Zarazem pojawiła się w niej troska.

233

— I mówi pani, że ona różne tam głupoty już odcierpiała? — upewniła się, siadając przy stole.
— Teraz niby przydałby się jej ktoś taki... no... solidny?
— I porządny, i opiekuńczy, i pogodny, i na poziomie... Pogodny to ten Ksawery jest, ale czy nie za bardzo...?

Pani Natalia przez dobre dziesięć sekund milczała, najwyraźniej przełamując w sobie jakieś tajemnicze wahanie. Mieszała w kawie cukier, który dawno się już rozpuścił.

— A, co tam — rzekła wreszcie z determinacją.
— Już ja na swoje sumienie takich rzeczy nie wezmę. Ksawcia to ja znam od dzieciństwa, jeszcze rodzice żyli, i tak prawdę mówiąc, to ja do opieki, do dziecka, u nich byłam. Jak do gimnazjum poszedł, to się urwało, a potem do pana Józefa nastałam, bo przecież też go znałam, tyle że słabiej. Osiem lat już tu jestem i pan Józef dla mnie jak rodzina, bo własnej nie mam, on dla mnie na pierwszym miejscu stoi. Nic nie powiem, ale dziewczyny mi szkoda, więc tyle powiem, że pani się słusznie martwi.

Informację podchwyciłam z zapałem.

— No i widzi pani, tak mi się właśnie wydawało, ale miałam nadzieję, że się mylę. Teraz się zaczynam martwić jeszcze bardziej...

— A pan Lipski o Ksawusiu nic nie mówił? — przerwała mi pani Natalia z nagłym niepokojem.

— Nic kompletnie. Tyle że pan Pietrzak ma siostrzeńca, ale nawet nie wiem, z czego się to wzięło... A, wiem! To pan Gulemski. O panu Gulemskim była mowa, o jakiejś przesyłce, młody krewniak przewoził i z tego wyszedł siostrzeniec. Chodziło, oczywiście, o zbiory, ja też, proszę pani, siedzę w numizmatyce. W filatelistyce więcej, w numizmatyce mniej, ale to tak jedno przy drugim, prawie trudno rozdzielić. Nazwisko padło i mnie się od razu skojarzyło z tą nieszczęsną przyjaciółką.

Pani Natalii moje słowa nie podobały się strasznie. Jakaś trudność w niej rosła i prawie zgrzytała. Przemogła się z wielkim wysiłkiem, coś w sobie zdławiła, odcięła się od drugiego tematu i poprzestała na pierwszym.

— No to ja pani radzę... Pani normalna, dorosła kobieta, do młodej dziewczyny to nawet nie warto sobie języka strzępić, ale pani zrozumie. Niech ona Ksawusiowi da spokój, lekkiego życia by przy nim nie miała, on się nie nadaje. Wesoły, wesoły... on taki wesoły trochę na pokaz, niby dobry chłopiec, a w środku jak kamień. Nieczuły na nic. Choćby sobie w jego oczach gardło podrzynała, tylko by żarty stroił, a głupstwo każde zrobi i jeszcze na drugiego zwali. Żadna dziewczyna przy nim szczęścia nie zazna, chyba że taka sama jak on, co to też jej na niczym nie zależy. Skoro tam się jeszcze wielkie romanse nie zaczęły, to niech się i dalej nie zaczynają, pani dopilnuje, tak pani radzę.

Jak dotąd, Grażynka Ksawusia nawet nie zauważyła, więc do rady pani Natalii nietrudno mi było się zastosować. Ostrzegę Anitę, nie pokażemy jej go po prostu ponownie i z głowy. Gorzej wyglądała druga strona medalu.

— Bardzo pani dziękuję — powiedziałam fałszywie, ale ze szczerą wdzięcznością. — Rzadko kto postawi sprawę tak uczciwie, na ogół każdy usiłuje swojego wychowanka wybielić i w rezultacie nic się z tego nie wie. On, ten Ksawery, na oko dobre wrażenie robi...

— A robi — wyrwało się pani Natalii. — I stąd wszystko...

— Rozumiem, że już paru dziewczynom przykrości przyczynił?

— Dziewczynom...!

Rwało się z niej ciągle i tłamsiła to rwące, ile tylko zdołała. Pancerz lojalności pękał, nie nadążała cementować szpar, błysnęło mi zrozumienie.

— Oj, musiał siostrzeniec i panu Józefowi kłopotów narobić...

Przez jedną szparę chlusnęły okoliczności towarzyszące, sedno rzeczy zostało gdzieś na dnie, opadło widocznie własnym ciężarem.

— Kłopotów...! — wybuchnęła. — Mało pan Józef ciężko nie odchorował! Nic świętego dla tego chłopaka nie ma, a ja go dzieckiem hołubiłam, na porządnego człowieka chowałam! Warto było...?! Strachem go tylko wziąć można, a w panu Józefie miękkie serce, jakby nożem w to serce dziabał! Sam sobie pan Józef nie chce wierzyć, a ja wiem swoje, to jak ten rak, co zżera, a pozbyć się go nijak! Co pani myśli, to przez niego pan Józef zarządzenie wydał, nikogo nie wpuszczać, nie nikogo, tylko Ksawusia! I Ksawuś o tym dobrze wie, a sama pani widzi, jaki bezczelny! A ja nie wpuszczę, chociaż i mnie samej aż coś się w środku przewraca!

— Jezus Mario — powiedziałam z przejęciem. — I cóż on takiego zrobił?!

Pani Natalia wyrzuciła z siebie najgorsze, a resztę zdołała opanować. Napiła się kawy i zacisnęła wargi.

— Co zrobił, to zrobił, już nie ode mnie świat się dowie. Dla tej paninej przyjaciółki już i tyle wystarczy.

Dla przyjaciółki niewątpliwie wystarczało całkowicie, dla mnie osobiście wręcz przeciwnie. Jak, u diabła, wyrwać z niej konkrety? Nie da rady, beznadziejna sprawa.

Wolniej już tej kawy pić nie mogłam. Pan Pietrzak ciągle nie wracał, w kwestii brakteatu Jaksy wiedziałam tyleż, co i przedtem, ale wnioski nasuwały się same. Może nawet za daleko mi te wnioski leciały, jakoś powinnam je uporządkować. Jedno pytanie wydało mi się jeszcze bezpieczne.

— Ksawery to rzadkie imię, trudne do zdrobnienia. Zawsze go wszyscy nazywali Ksawusiem? Ja bym raczej mówiła Kubuś albo coś podobnego.

— To i mówili — przyznała pani Natalia niechętnie. — Sam się nawet tak nazwał, Kubuś. W szkole różnie wołali, jak to dzieci, Ksywek mu nawet wymyślili, a jak teraz, to nie wiem. Dla mnie Ksawuś został.

— A dla pana Józefa?

— Pan Józef zgodny. Kubuś na niego mówi. Albo Kuba.

War mnie oblał. Znalazłam Kubę...?

Widać było, że więcej z niej nie wydoję, zmroczniała i zamknęła się w sobie. Dokończyłam kawę, pochwaliłam napój entuzjastycznie, podniosłam się.

— Nie będę pani dłużej głowy zawracać, utwierdziła mnie pani w poglądach i jestem pani bardzo wdzięczna. Do pana Pietrzaka też mam interes, ale to przyjdę kiedy indziej, umówię się z nim telefonicznie. Dziękuję pani.

Pani Natalia pożegnała mnie miło i życzliwie, chociaż w nastroju raczej minorowym. Wyszłam na ulicę.

Do samochodu miałam tyle, co przez chodnik, ale nie dotarłam do drzwiczek. Skądś pojawiła się ta druga, sąsiadka z przeciwka, tak jakby właśnie wybierała się, na przykład, do sklepu, i zatrzymała się na mój widok.

— U Natalii pani była, co? — powiedziała konfidencjonalnie. — A widziała pani przedtem tego Ksawusia, nie? Zna go pani? I w ogóle ich wszystkich?

Pokochałam facetkę od tego drugiego wejrzenia.

— Nie wiem czy wszystkich — odparłam żywiutko. — Pana Pietrzaka owszem, teraz panią Natalię, pana Przecinaka słabo, ale znam. Jest ktoś jeszcze?

— Mało pani...? Od Natalii nic się pani nie dowie, zamurowało ją. Ksawuś pani jakie świństwo zrobił albo co?

Spróbowałam ukryć uczucia.

— Ksawuś mnie...? Skąd! Ja mam interesy, tak się składa, do pana Pietrzaka i do pani Natalii, każdy na inny temat, ale pan Ksawery...? Dotychczas nic mi złego nie zrobił, a co? Powinien? Znam go z całkiem innej strony, dopiero od wczoraj wiem, że to siostrzeniec pana Pietrzaka. Dlaczego panią Natalię zamurowało? Rozmawiała ze mną normalnie.

— Iiiii tam, nie uwierzę. Tam cała afera była, mówiła co o tym?

— Jaka afera? O aferze nie, ani słowa. A co się stało?

Baba podjechała wózeczkiem na zakupy pod koło mojego samochodu.

— Dużo się stało, ale wiedzieć, to ja nic nie wiem, tylko wszystkiego się domyślam. Jakie pani ma te interesy z nimi?

W mgnieniu oka zdecydowałam się zaspokoić jej ciekawość.

— Jeden to numizmatyczny, z panem Pietrzakiem, ja też się tym trochę zajmuję, różne monety chcę zobaczyć, a drugi całkiem prywatny, o dziewczynę idzie, żeby się nie wplątała w Ksawerego...
— A ta cała kradzież pani nie obchodzi?
— Jaka kradzież?
— A monety. Że Ksawuś okradł wuja, to pewno Natalia słowem jednym nie pisnęła?
— Nie pisnęła, istotnie, i w ogóle pierwsze słyszę. Bardzo mnie to interesuje.
— No i nie panią jedną. Wszystko ugnietli, cichosza, ale Pietrzak o mało wariactwa nie dostał. Pogotowie przyjeżdżało. Do policji nie zgłosili, żeby zostało w rodzinie, Natalia wody w gębę nabrała, ale ja przecież nie ślepa i nie głucha. Złote pieniądze Ksawuś wujowi podgrandził, na bazarze sprzedał albo gdzieś tam, odkupić mu kazali, jak z pieprzem latał. I odkupił chyba albo może komu innemu ukradł, bo teraz całkiem zadowolony chodzi, ale tak mi się widzi, że mu wujaszek nie przebaczył. Doigra się w końcu ten łobuz.

Zaintrygowała mnie zaciętość, brzmiąca w jej głosie. Najwyraźniej w świecie nie lubiła Ksawusia z całej siły, też jej zrobił coś złego czy jak...?

— Musiał chyba ten Ksawery i pani się jakoś narazić? — zaryzykowałam.

— A pewnie, że się naraził — sapnęła gniewnie i wyszarpnęła wózeczek spod samochodu. — Moją wnuczkę otumanił, głupia gówniara, bo głupia, ale nie będzie przez takiego złodzieja życia sobie marnowała! A już prawie truć się chciała! Rozumu to nie ma za grosz, wykołował ją jak chciał, dobrze chociaż, że prędko na jaw wyszło i jakoś tam się tego oleju do głowy jej nalało. Co się napłakała, to napłakała, już ja mu tego płaczu tak zaraz nie daruję.

— A zdawałoby się, że całkiem sympatyczny chłopiec...

— Dla siebie może i sympatyczny, ale to taki lisek chytrusek, dla siebie każdemu z gardła wydrze i nawet się nie obróci...

Brzmiało to wszystko tak interesująco, że sama nie wiedziałam, co z tym fantem zrobić. Naradzić się z Januszem? Czy może przedtem z Tym Panem...? Materiału do rozmowy z panem Pietrzakiem miałam już ilość przytłaczającą, złote pieniądze złotymi pieniędzmi, ale czy to przypadkiem nie siostrzeniec podwędził wujowi brakteat Jaksy z Kopanicy...?

I jest to w końcu piegowaty Kuba czy nie...?!

☆ ☆ ☆

— Prędzej bym ukradła podobiznę Ksawusia panu Józefowi niż pani Natalii — powiedziałam gniewnie, kiedy Janusz zdziwił się, że nie dokonałam tak prostego czynu. — Nawet nie mogłam jej namawiać, żeby mnie wpuściła na salony. Nie wypadało. Poza tym z pewnością kochany siostrzeniec nie stoi na środku biurka, oprawiony w ramki, to niby co? Miałam grzebać po szufladach?

— Nic się nie stało — pocieszył mnie kochający mężczyzna. — Najwyżej sprawdzenie trochę się opóźni, jeden dzień nikogo nie zbawi. Zgadzałoby się o tyle, że ten cały Przecinak był w Bolesławcu.

— A, to już go w hotelowym spisie wyłapali?

— Jest na liście do sprawdzenia. Zostało im wszystkiego czterdziestu siedmiu, większość w Warszawie. Czekaj, zaraz zadzwonię, to może przyśpieszyć... Jego adresu nie znasz?

Skrucha mnie ogarnęła wielka, co za idiotka, że też nie spytałam, gdzie ten anielski chłopiec miesz-

ka! A okazję miałam, jak rzadko! Ale, zaraz, może Anita wie...?
Gwałtownie sięgnęłam po słuchawkę.
Anita dała się złapać od razu, z miejsca tylko wykrzykując, że siedzi w redakcji i nie ma ani chwili czasu, na żadne okrężne drogi nie mogłam sobie zatem pozwalać.

— Kubuś Wichajster jest łajdus ostatni i łaska boska, że Grażynki nie dopadł — oznajmiłam bez wstępów. — Wiesz może, gdzie on mieszka?

— Co ty powiesz — zmartwiła się Anita. — Wiem, oczywiście, w mieszkaniu po rodzicach. Jego matka do ostatniej chwili dla nas pracowała i mamy tu jej adres.

— I gdzie to jest?

— Aleja Niepodległości... zaraz, niech spojrzę, moment... dwieście siedemnaście, mieszkania dwadzieścia. Skąd wiesz?

— Co skąd wiem?

— Że jest łajdus ostatni?

— Długo by gadać...

— To nie teraz. Zadzwonię do ciebie, jak tu skończymy...

Przekazałam informację Januszowi, który patrzył na mnie jakoś dziwnie.

— Można wiedzieć, kto to jest Kubuś Wichajster?

— Ksawery Przecinak — odparłam niecierpliwie i wyjaśniłam mu kwestię tych nazwiskowych narzędzi pracy.

Zarazem zaciekawiło mnie, jak to załatwią technicznie. Polecą robić zdjęcie Ksawusiowi? Zawloką go do Bolesławca? Czy przywiozą do Warszawy całe tamtejsze towarzystwo...?

— Nikogo nie będą nigdzie wozić, obejdą się zdjęciami — odparł Janusz, wypukując numer tajemniczej osoby, która łamała dla niego wszelkie przepisy. Pośrednio dla mnie. Rany boskie, ten list Grażynki...!

Zanim Anita zdążyła wyplątać się z roboty i zadzwonić do mnie, okazało się, że nic podobnego. Przy alei Niepodległości dwieście siedemnaście mieszkają w trzech pokojach z kuchnią jacyś obcy ludzie, cała rodzina, o nazwisku Drążek. Pan Drążek, pani Drążkowa i dwa małe Drążki, ich dzieci. Wywiadowca, który się na nich nadział, nie przyznał się, rzecz jasna, do siebie samego, pana Drążka obejrzał z uwagą, stwierdził, iż jest to wysoki brunet, brodaty, w wieku około czterdziestki, po czym okazał wielką rozpacz, bo mu zginął przyjaciel, Ksawery Przecinak, który tu mieszkał całe życie. Stracił go z oczu, trzy lata podróżował po niespokojnych krajach, a teraz właśnie wrócił i przyjaciela koniecznie chce odnaleźć. Może ktoś tu wie, gdzie on się podziewa?

Państwo Drążkowie odnieśli się do sprawy z pełnym zrozumieniem i wyjaśnili, że już przed dwoma laty nabyli to mieszkanie od pana Przecinaka, notarialny akt kupna oczywiście posiadają i na tym akcie jakiś adres widnieje. Puszczyka trzy, mieszkania dziesięć. Mają także telefon do niego, komórka, zaraz znajdą, o, proszę! 0 509 207 386.

Wywiadowcą numer komórki nie wstrząsnął, bo nic nie wiedział o Jerzym Stępniaku, zapisał sobie i pojechał na Puszczyka, informując po drodze o wszystkim macierzystą instytucję. Przy okazji Janusza i mnie, byliśmy zatem na bieżąco.

W mieszkaniu numer dziesięć przy Puszczyka trzy nie było nikogo. Wywiadowca nie popuścił, zadzwonił do sąsiadów, całkowicie już wcielając się w postać zmartwionego przyjaciela. Wrażenie robił dostatecznie dobre, żeby każdy z nim rozmawiał bez oporu.

Bez oporu też lokatorka mieszkania numer jedenaście, osoba w średnim wieku, wyjaśniła, że obok mieszka młoda dziewczyna, pracująca w jakichś zakładach krawieckich, szyją chyba stroje dla teatrów i ona miewa dyżury w rozmaitych godzinach, bo czasem w ostatniej chwili trzeba coś dopasowywać, możliwe, że właśnie jest w pracy. Z nią razem mieszka narzeczony, ale nie jest to narzeczony ustabilizowany, tylko raczej zmienny. Ona osobiście tych narzeczonych nie zna, ale rozpoznaje ich z twarzy i ten jest czwarty kolejny, z tym że częstotliwość zmian nie jest oszołamiająca, przeciętnie wypada raz do roku. Nie wie, kiedy dziewczyna wróci, a nazywa się Krystyna Woźniak i tyle. Przyjaźni ścisłej nie utrzymują.

Poczekawszy jeszcze z godzinkę na Krystynę Woźniak, wywiadowca chwilowo zrezygnował. Postanowił spróbować później, ewentualnie nazajutrz od rana.

— Wnioskując ze wszystkiego, co o nim słyszymy — zaopiniował Janusz — sprzedał cholernik mieszkanie i teraz pęta się po dziewczynach. Diabli wiedzą gdzie się go w końcu znajdzie. Ale dowodem zgoła bezcennym jest komórka Stępniaka, numer na papierosach został zapisany rączką Antosia, to już sprawdzono grafologicznie.

— No i co z tego, Antoś bliskiej znajomości nie zaprzecza — powiedziałam z niechęcią. — Mógł sobie pisać nawet i po ścianach.

— Ale dzięki temu już wiemy, że tajemniczy Kuba to Ksawery Przecinak, siostrzeniec tego twojego Józefa Pietrzaka. Pan Pietrzak od rozmowy się nie wyłga.

— Nawet nie jestem pewna, czy będzie chciał się wyłgiwać. Chociaż, czy ja wiem... Siostrzeniec... Co rodzina, to rodzina, może siostra na łożu śmierci kazała mu coś tam przysięgać...

Nie wymyśliłam, co siostra kazała panu Pietrzakowi przysięgać, ponieważ zadzwoniła Anita. Z dużym zapałem przekazałam jej wieści o wesołym Kubusiu, unikając tylko wzmianki o zbrodni. Wielkim zaskoczeniem to dla niej nie było.

— No i popatrz, nic na takie przekręty nie wskazywało, a ja wcale nie czuję się strasznie zdziwiona — pochwaliła sama siebie. — Coś mi tam chyba gdzieś, na dnie duszy, popiskiwało. Ale nikt Kubusia o duże hopy nie posądzał, najwyżej o drobne podskoki na krawędziach prawa, niepoważny, ale w granicach. No, taki miło skowronkowaty.

— Co on właściwie robi? — zainteresowałam się.
— Bo jakoś o tym nie było mowy?
— Nie wiem dokładnie. Pośrednictwo handlowe. Mieszkanie, parcela budowlana, dzieło sztuki, samochód, co popadnie, do Kubusia jak w dym. Ostatnio przehandlował całą kolekcję kamieni półszlachetnych, facet odziedziczył po przodku i chciał się pozbyć, przez Kubusia poszło w mgnieniu oka. Jesteś pewna, że wujowi podwędził?
— Wszystko na to wskazuje.
— Może to wypadek sporadyczny? Taki żarcik rodzinny?
— W odniesieniu do brakteatu Jaksy z Kopanicy tracę poczucie humoru — wyjaśniłam jej grzecznie.
— Czekaj, bo Janusz wysuwa supozycję, że on teraz mieszka po dziewczynach. Wiesz coś o jakiejś aktualnej?

— Właśnie nie, już ze dwa miesiące trwa u niego bezkrólewie. Dlatego pomyślałam o Grażynce.
— To gdzie on mieszka, do licha?
— Może coś wynajmuje? Jeśli ci zależy, popytam po ludziach. Zaraz, telefon... Chociaż nie, dzwoni się do niego na komórkę.
— Na jaki numer?
— Zaraz, sprawdzę. Nie umiem na pamięć. O, mam, 603 630 210. No to może mieszkać wszędzie, nawet w Pcimiu...
— Zależy mi, więc popytaj. Niemożliwe, żeby nikt ze znajomych nie wiedział! Ciekawe, kto będzie szybszy, ty czy gliny...

Szybko nabazgrawszy numer, odłożyłam słuchawkę i z triumfem odwróciłam się do Janusza.

— Mamy drugą komórkę i namiar na Ksawusia. Podobno przez to można się z nim dogadać, kto spróbuje? Ty, ja, gliny, ktoś znajomy, Anita na przykład?

— Gliny — zadecydował Janusz i wziął ode mnie zapisane pół kartki. — Czy to ci nie jest potrzebne? Jeżow, kropka, osiemset czterdzieści siedem, nowa pralnia...

— O, cholera...!

Czym prędzej wydarłam mu te pół kartki z rąk.

— Tym sposobem gubię rozmaite dokumenty — powiedziałam z rozgoryczeniem. — Niejaki Jeżowski ma podobno „Dzieje Anglii" Maurois i może mi odsprzeda, a nowa pralnia jest bezcenna! Czekaj, zapiszę ci na czymś innym.

Zapisałam, oddałam mu drugą kartkę, po czym ruszyło mnie sumienie. Zdecydowałam się przyrządzić jakąś kolację, na wyszukane potrawy nie było czasu, dochodziło wpół do dziewiątej, ale coś szybkiego zawsze mogłam zrobić. Omlet z parmezanem na przykład albo o...! Pierogi. Miałam je w zamrażalniku, tyle że trochę mało, skromna porcja w opakowaniu, zatem jedno i drugie, omlet robi się błyskawicznie, pierogom pół godziny wystarczy, wliczając w to zagotowanie wody, okrasić je można czymkolwiek.

Postawiłam garnek z wodą na dużym gazie, posoliłam, wyjęłam zlodowaciałe pierogi, uwolniłam je z folii i opuściłam kuchnię, bo nie było potrzeby w ten garnek się wpatrywać.

W tym momencie zadzwonił telefon, w chwilę potem zaś moja komórka, telefon był do Janusza, a komórka do mnie. W ciągu następnych dwudziestu minut telekomunikacja w moim domu rozszalała się bez opamiętania, do towarzystwa dobiła komórka Janusza, rozmowa na trzy telefony zrobiła się nieco kłopotliwa. Za to jak niebotycznie interesująca!

— Patryk skontaktował się z policją — syknął do mnie Janusz, zasłaniając membranę.

— Niech pani sobie wyobrazi, wyszło na jaw coś okropnie nieprzyjemnego — powiadomił mnie w słuchawce Ten Pan... a, Lipski! — Okazuje się, że brakteat Jaksy został Pietrzakowi ukradziony, nie chciał tego ujawnić, a teraz odzyskał go, ale chyba jakimiś nielegalnymi sposobami. Nadal nie chce o tym mówić, dowiedziałem się od gosposi dosłownie przed chwilą, chyba tam jakieś rodzinne zamieszanie wybuchło, może pani coś wie?

— Spotkajmy się jutro w tym barku naprzeciwko Grandu — zaproponowałam czym prędzej, żywo poruszona, bo z pewnością na rozmowność pani Natalii miała wpływ moja wizyta. — O dwunastej. Możliwe, że coś wiem, ale to dużo gadania...

Pan Lipski chętnie wyraził zgodę. Ledwo się wyłączył, komórka zabrzęczała, prztyknęłam w zielony guzik. Równocześnie odezwała się komórka Janusza, przeniósł się na nią, porzucając mój telefon, który natychmiast zadzwonił.

— Odnalazł Kubę — zdążył powiedzieć między jednym przyrządem a drugim, Janusz, rzecz jasna, nie telefon.

— Już wiem, gdzie mieszka Kubuś Wichajster — powiedziała Anita w komórce. — Zdopingowałaś mnie, zamiast iść do domu, ruszyłam znajomych. Wyobraź sobie, mieszka u siebie, kupił kawalerkę na Ursynowie...

Słuchawkę telefonu przyłożyłam do drugiego ucha.

— Patryk dzwonił! — jęknęła rozpaczliwie Grażynka. — Słuchaj, nie wiem, co zrobić, on przysięga, że jest niewinny, nie wierzę mu, mówił, że idzie na policję...

— I gdzie mieszka? — spytał Janusz nie wiadomo kogo, rozmówcę czy mnie.

— Zaraz, poczekaj sekundę — powiedziałam do Grażynki. — Masz jego dokładny adres? — powiedziałam do Anity. — Mów natychmiast! Owszem, zgłosił się do nich — powiedziałam do Grażynki.

— Zaczekaj jeszcze chwilę, właśnie się coś wyjaśnia...

— Z kim ty rozmawiasz? — zaniepokoiła się Anita.

— Ze wszystkimi równocześnie. Dawaj ten adres, jeśli masz!

— Czyj adres? — zdenerwowała się Grażynka.

— Złapali tę Woźniak, ciekawe rzeczy mówi — udzielił mi informacji Janusz.

247

— Koncertowa cztery, trzecie piętro, ale numeru mieszkania nie znam — powiedziała Anita. — Ale akurat go tam nie ma, bo jest u takiego jednego Grzesia na brydżu, na Saskiej Kępie, jego adresu nie pamiętam, idę do domu, chcesz, żebym dalej szukała po znajomych? Intryguje mnie to.

— Skoro cię intryguje, szukaj. Możesz z domu, to w ogóle sensacja!

Przerzuciłam się na Grażynkę, komórka zadzwoniła, do Janusza. Teraz on zaczął rozmawiać na oba uszy.

— Albo zwariował, albo jest niewinny — powiedziałam do Grażynki. — To drugie wydaje mi się mało prawdopodobne, więc możliwe, że robi jakieś podstępne sztuki. Ale docieramy do koronnego świadka, będziemy mieli zeznania z pierwszej ręki.

Grażynka jęknęła ponownie.

— Ale słuchaj, on mi kazał zaopiekować się legatem!

— Jakim legatem?

— Tym ukradzionym Weronice! Schował go! Ukrył!

— I tobie w spadku przeznaczył. Gdzie ukrył?

— Nie wiem! Nie słuchałam! Nie chciałam z nim rozmawiać! Mówił coś o tobie!

Zdumiałam się niezmiernie.

— O mnie? A cóż ja w tym robię?

— Nie wiem! To ja mówiłam, co o nim myślę, bo chyba się zdenerwowałam, i że nie jestem hieną cmentarną ani paserem, za to ty jesteś...

Matko jedyna moja... Tego nie było nawet w jej liście!

Janusz uwolnił się od mojej komórki, która brzęczała jak wściekła. Swoją nadal trzymał przy uchu. Odebrałam.

— Chwileczkę — powiedziałam i zorientowałam się, że trzymam ją do góry nogami. Czym prędzej odwróciłam jak trzeba. — Chwileczkę, zaraz. Słuchaj, to jest niemożliwa rzecz — zwróciłam się do Grażynki — nic nie rozumiem, może ty przyjedź po prostu...
— Halo — powiedziała komórka.
— Mówię, że za moment! — wrzasnęłam. — ...jak nie dziś, to jutro, ale wcześnie rano, bo jestem umówiona na mieście.
— Przyjadę zaraz, bo spać bym nie mogła...
Wyłączyła się, telefon zaczął dzwonić natychmiast.
— Tak, słucham — powiedziałam do obu słuchawek równocześnie. — Do ciebie — powiedziałam do Janusza i oddałam mu jedną. — Tak, już słucham — powiedziałam do czekającej posłusznie komórki.
Obcy głos.
— Mam prośbę. Jeżeli znajdzie pani w swoim samochodzie coś, co nie należy do pani, proszę tego nie wyrzucać, nie oglądać i zachować dyskrecję. W interesie ogólnym. Wiem, że pani potrafi.
Rozłączyło się. Na chwilę zapanował spokój, Janusz pozbył się wcześniejszego rozmówcy i trzymał przy uchu już tylko mój telefon. Oglądałam rozłączoną komórkę, zastanawiając się, co właściwie usłyszałam. W trakcie tej kontemplacji komórka zabrzęczała.
— Wariactwo — zaopiniowałam i prztyknęłam włącznikiem.
Jakaś pani z jakiejś redakcji przedstawiła się i powiedziała:
— Malutki wywiadzik, kilka zdań. Można teraz?
Nazwisko tej pani zabrzmiało mi znajomo, ale za skarby świata nie mogłam go dopasować do kon-

kretnej osoby. Nie byłam pewna, czy wybrała najlepszą chwilę na wywiadziki, na wszelki wypadek jednakże postanowiłam jej nie odpędzać.

— A co...? — spytałam ostrożnie.

— Pani zajmuje się filatelistyką. Jak pani ocenia różnicę w zdobywaniu znaczków obecnie i w tych czasach poprzednich? Łatwiej jest teraz czy trudniej?

— Zależy, co pani chce zdobyć. Ogólnie biorąc, o wszystko jest teraz łatwiej, o biurko, szynkę, garnki kuchenne...

Przez garnki kuchenne doznałam gwałtownego skojarzenia, zerwałam się z miejsca i ze słuchawką przy uchu popędziłam do kuchni. Woda kotłowała się, parując na sufit. Przycisnęłam słuchawkę ramieniem, wrzuciłam do garnka pierogi, przykryłam, zmniejszyłam nieco gaz i wróciłam do pokoju.

— Ale znaczki — mówiła ta pani. — Czy są takie rzeczy, których nie można dostać teraz tak samo, jak wtedy?

— Są — powiedziałam z przekonaniem. — Chociażby bułgarski bloczek numer sto pięć. Sama go szukam po trupach...

Ugryzłam się w język.

— Po jakich trupach? — zainteresowała się pani.

— Różnych. Świeżych i takich już mocno przechodzonych.

Pani zachichotała.

— Jak się z panią rozmawia, zawsze jakiś trup wychodzi. To miło. Dziękuję bardzo. Bułgarski bloczek, mówi pani, no, no... W Bułgarii też nie ma?

— Ostatni kraj na świecie, w jakim mógłby się znaleźć, to Bułgaria...

Rozłączyła się wreszcie. Nie zdążyłam złapać oddechu, obie komórki zadzwoniły równocześnie.

— Już wiem — powiedziała Anita. — Uparłam się, mam adres Grzesia, tam, gdzie Kubuś gra w brydża. Chcesz?
— Natychmiast! Jest adres! — syknęłam do Janusza.
Słuchanie na dwie strony musiało już mu wejść w nałóg, bo kiwnął głową.
— Chwileczkę, zaraz będziemy wiedzieli — powiedział do słuchawki.
— Obrońców pięć, mieszkania cztery — powiedziała Anita, co powtórzyłam od razu. — Zdenerwowałam się przez Grażynkę, to istny cud, że nie zetknęłyśmy jej z Kubusiem. Rozumiem, że masz tam w tej chwili jakieś zamieszanie, ale jutro musisz mi dokładnie powiedzieć, co się dzieje.
Obiecałam wszelkie informacje, należały się jej. Janusz przekonywał rozmówcę, że żadna akcja pościgowa nie jest potrzebna, ale człowieka na straży należy postawić, inaczej ci tutaj skompromitują się w oczach tych z Bolesławca. Zadzwonił telefon, co mnie zdziwiło, bo nawet nie zauważyłam, kiedy się rozłączył. Komendant z Bolesławca powiadomił mnie, że właśnie przeglądali depozyt i tych bułgarskich bloczków znaleźli tam dwa. Ja ostatnia grzebałam w klaserach, więc chciałby mnie spytać, co to znaczy i o który bloczek właściwie mi chodzi.
— O ten z ptakami — odparłam, od razu rozzłoszczona.
— Oba są z ptakami.
— Ale na jednym jest jeden, a na drugim sześć. Ja chcę te sześć.
— I oba są w osłonkach, a nie były...
— Widocznie odruchowo zrobiłam co trzeba... — zaczęłam i nagle zrezygnowałam z łgarstwa. — A,

nie. Ten drugi jest mój. Przywiozłam, żeby panom pokazać, jak to powinno być przechowywane, i pan prokurator był uprzejmy wyrwać mi z ręki moją własność. Czy mam przyjechać ponownie, żeby ją odzyskać?

— Jak pani sobie życzy. Można przy okazji. Sporządzimy tu notatkę.

Zgodziłam się na okazję i notatkę. Telefony wreszcie zamilkły. Popatrzyliśmy z Januszem na siebie i wtedy do drzwi zadzwoniła Grażynka. Zrobiła chyba rekord trasy od swojego domu do mnie.

— No i dobrze — powiedziałam, otwierając jej. — Nie będzie trzeba dwa razy powtarzać. Nie wiem, co mówili do Janusza, więc niech on zacznie.

Grażynka nie protestowała, spragniona była pociechy duchowej, a nie spowiedzi własnej, padła na fotel z cichym jękiem, bez słów. Janusz zapomniał o tajemnicach stanu.

— Patryk dzwonił do policji z komórki, więc nie dało się ustalić, gdzie jest — zaczął od razu z troską.

— Powiedział, że szukał Kuby, bo zorientował się, że wszystkie podejrzenia padają na niego, a zna życie i wie doskonale, jak władze śledcze potraktują sprawę. Ucieszą się ze złapania sprawcy i zrezygnują z dalszych wysiłków. Postarał się zatem odwalić za nich całą robotę i proszę bardzo, ten gnój, Kuba, źle się o nim wyrażał, nazywa się Ksawery Przecinak i mieszka na Koncertowej, w kawalerce Jerzego Stępniaka, którego komórką się posługuje. Jeśli policja go dopadnie, on sam też się zgłosi osobiście.

— A jeśli nie dopadnie? — spytałam ostrożnie.

— Nie powiedział, co wtedy będzie. Powiedział za to, że z dwojga złego wolał być złapany w Warszawie niż w Bolesławcu, bo w Bolesławcu nie miał szans.

— Jest w tym chyba trochę racji. A co ta Krystyna Woźniak? Mówiłeś, że mówi?
— Mówi...
— O Patryku? — przerwała Grażynka cichym, ale okropnym głosem.
— Nie, o Kubusiu Przecinaku. Psy na nim wiesza. Miły chłopiec, dobre wrażenie robi i niełatwo się na nim poznać, ona sama dopiero po roku się zorientowała, że ma do czynienia z naciągaczem, oszustem, złodziejem i nieczułym pniem, który bez wyrzutów sumienia głodnemu dziecku z ust by wydarł ostatni kawałek chleba. To jej określenie. Ale jak jest przy forsie, szasta się z takim gestem, że oko bieleje. To też jej. Interesy z nim robić może tylko głupek ostatni, ale, jak wiadomo, głupków nie sieją. Do tego tchórz...
— Jakąś z jedną zaletę posiada? — zainteresowałam się.
— Mnóstwo. Problemy przy nim znikają, życie robi się weselsze, wszystko umie załatwić i tak dalej. Stąd trudności w rozpoznaniu cech negatywnych. Podała kilka nazwisk i adresów jego bliskich znajomych, co okazuje się bardzo cenne, bo u tego Grzesia na Saskiej Kępie wcale go nie ma.
— To gdzie jest, do licha?
— Nadal go szukają, dziko spragnieni jego odcisków palców i butów.
— U Stępniaka na Koncertowej mogą chyba to wszystko znaleźć?
— Jeszcze prokurator nakazu nie wydał. Prokurator też człowiek i o tej porze nie pracuje. Ponadto Patryk wywołał w Bolesławcu niezły popłoch i to całe towarzystwo zaczęło zmieniać zeznania, okazuje się, że więcej wiedzieli o Kubie niż chcieli się

przyznać. Ciągle jeszcze im gęby muruje i albo czegoś się boją, albo mają w planach przyjemny szantażyk.

— Zawracanie głowy — powiedziałam gniewnie.

— Cackają się z nimi jak ze śmierdzącym jajkiem, praworządni się znaleźli, gliny mam na myśli. Pierwszego lepszego włamywacza mogą wziąć, weszliby na Koncertową po te buty i palce...

— I chałę mieliby, a nie dowód, bo nie mogliby się przyznać, że weszli. A świadków listami gończymi jeszcze się nie szuka.

— Zaraz, szantażyk... Czekaj, zgaduję, dlaczego Kubę tak trudno znaleźć! On się nie da złapać, dopóki nie spróbuje poszantażować Patryka, chyba do tego zmierza, a Patryk się ukrywa, więc go nie może znaleźć...

— Bardzo możliwe — przyznał Janusz. — On się da szantażować?

Obydwoje spojrzeliśmy na milczącą i nieruchomą Grażynkę. Przyszło mi na myśl, że wielkiej pociechy chyba jej na razie nie dostarczamy, i poczułam się trochę nieswojo.

— Nie — powiedziała cichutko po dłuższej chwili. — Raczej zabije szantażystę.

— To Kubuś sobie miękko ściele... — mruknął Janusz.

— Ale...! — przypomniało mi się nagle. — Jakiś facet dzwonił, czy to przypadkiem nie Patryk...? Mówiłaś, że coś mówił o mnie, wynikła z tego hiena cmentarna, legatu miałaś pilnować, a ja mam teraz może bombę w samochodzie...?

Grażynka drgnęła silnie, a Janusz się ożywił.

— Nic nie mówiłaś...?

— Nie zdążyłam. Wyleciało mi z głowy. Zaraz po telefonie Grażynki, obcy głos, mam w samochodzie

coś cudzego i nie wolno tego ruszać. Cholera. Wezwać saperów? Sama nie wsiądę!
Janusz zerwał się z kanapy.
— Bombę raczej nie, ale trzeba to zobaczyć! Gdzie masz kluczyki? Idziemy natychmiast!
Zawahałam się. Nie miałam najmniejszej ochoty latać teraz po znienawidzonych schodach, a jeśli cokolwiek znajduje się w moim samochodzie, nie ucieknie przecież, pozostanie tam nadal i równie dobrze możemy to oglądać jutro. Nigdy nie byłam pod tym względem przesadnie nerwowa, uzyskałam już kiedyś informację, że mój zaparkowany bezpiecznie samochód został rozbity przez jakiegoś faceta, który z grzeczności, oraz zapewne pod wpływem świadka-milicjanta, zostawił swoje nazwisko, adres i numer telefonu. Działo się to w niedzielę, nie ruszyłam się zatem z miejsca, wychodząc z założenia, że skoro rozbity, od mojego patrzenia się nie naprawi, a i tak w niedzielę niczego nie załatwię. W czasach współczesnych zadzwoniłabym po prostu do serwisu, na alarmowy numer, każąc zrobić co trzeba, wtedy jednak nie istniały nie tylko alarmowe numery, ale nawet serwisy. Wyłącznie warsztaty, i jeśli ktoś miał zaprzyjaźniony warsztat, mógł się uważać za szczęśliwca. Miałam zaprzyjaźniony warsztat, w niedzielę jednakże nie działał, na plaster zatem było komu moje latanie po piętrach...?

Teraz oceniłam sytuację podobnie, nie wykazując żadnej chęci do ruchu.

— I co nam z tego przyjdzie? — skrzywiłam się. — Powiedział, żeby nie oglądać, nie rozwijać, nie ruszać...

— Masz źle w głowie?

— A co, naprawdę uważasz, że jak poleży dłużej, to wybuchnie? Albo się zaśmiardnie?

— Opamiętaj się! Jeśli to Patryk...
— Nie wiem, czy Patryk! Może ktoś sobie zrobił głupi dowcip. Dla jakiegoś kretyna mam latać po schodach?

I Grażynka, i Janusz mój stosunek do schodów znali doskonale. Popadli w lekkie zakłopotanie, Grażynka poruszyła się niespokojnie.

— Ale może... — wyszeptała żałośnie — jakieś jedno coś... się wyjaśni...

Chciałam sarknąć gniewnie, że co tu jest do wyjaśniania, ale znienacka zaszeleściło mi w duszy papierowym odgłosem. O, niech to piorun spali, było chyba w tym cholernym liście, że jestem dobra tylko wtedy, kiedy mi wygodnie. Ale i tak przeze mnie Grażynka wplątała się w zbrodnię osobiście, może i Patryk mniej by ją dręczył, gdybym jej nie pchała do Bolesławca...

— Żebyście pękli razem z tym telefonicznym idiotą — powiedziałam z całego serca i podniosłam się z fotela.

— Może ja sam pójdę — zaproponował troskliwie Janusz.

— Akurat. Jak mamy ginąć w wybuchu, to razem. Romantyczniej.

Oczywistą jest rzeczą, że nie dla romantyzmu poszłam na dół, a ze zwyczajnej ciekawości. Ponadto właściwie tylko ja jedna mogłam stwierdzić, co w moim samochodzie nie należy do mnie, a woziłam w nim najprzedziwniejsze rzeczy i wcale mi się nie uśmiechało wygarnięcie z niego, na przykład, foliowych toreb na mrożonki, saperki, katalogu paryskich restauracji, gumiaków, siatki na bursztyn, zaległej korespondencji albo psiego żarcia. Albo czegokolwiek, co życzyłam sobie tam mieć. Mamrocząc gniewnie pod nosem, zeszłam ze schodów z nieprzyjemną świadomością, że potem będę musiała na nie wejść.

To coś nie moje rzuciło się w oczy natychmiast po otwarciu bagażnika. Paka rozmiarów dużej walizki, porządnie owinięta grubym papierem i oklejona taśmą we wszystkie strony. Nie, czegoś takiego nie miałam z pewnością, jakiś nowy element.

— Jako bomba, wydaje się to dość przerażające — zauważyłam krytycznie. — Zmiotłaby z powierzchni ziemi całe miasto. I chyba nie cyka?

Zasugerowałam ich i przez chwilę nadsłuchiwaliśmy wszyscy troje. Nie, nie cykało, pakunek milczał kamiennie. Janusz spróbował go unieść.

— Dosyć ciężkie — powiedział. — Ale jakoś dam temu radę.

Powstrzymałam go.

— Ten hipotetyczny Patryk z naciskiem prosił, żeby nie ruszać — przypomniałam. — Nie rozpakowywać i tak dalej. Na moje oko, to jest zbrodniczy łup.

Grażynka się jakoś dziwnie zachłysnęła, Janusz przestał się przymierzać do ciężaru.

— Myślisz...?

— Myślę. Czasem mi się przytrafia. Była mowa o przechowaniu legatu czy nie? I przy tym legacie podobno jakoś tam o mnie. Pomysł niezły, Patryk podwędził kolekcję wuja, musiał się jej pozbyć, nikomu nie wpadłoby do głowy szukać jej w moim samochodzie. Mógł ją tu wepchnąć jeszcze w Bolesławcu, bagażnika w ogóle nie otwierałam, jeździłam z małą walizeczką i z laptopem i wrzucałam je na tylne siedzenie. I nie alarmowałam samochodu,

257

żeby mi nie wył, każdy przeciętnie uzdolniony facet mógł się tam dostać. Osobiście przypuszczam, że są to zbiory nieboszczyka Fiałkowskiego, objętością pasuje, zakładając pieczołowite przechowywanie.

— Sądzisz, że na tych tackach...?

— Alternatywą byłoby wrzucenie do worka i narażenie starych monet na ostateczną utratę wartości. Mnie by rękę sparaliżowało, nie wiem jak Patrykowi. Ale ja też jestem kolekcjonerka.

Janusz trwał nad bagażnikiem w zamyśleniu.

— Bez względu na szacunek dla numizmatów, musiałby całkiem zwariować — zawyrokował wreszcie. — Przecież to jest dowód. I zarazem motyw. Posądzony jest o kradzież połączoną ściśle z zabójstwem. Gdyby nikt nie znalazł przedmiotu kradzieży, a on by się wypierał, pozostałaby uzasadniona wątpliwość, w końcu mogliby go nawet uniewinnić. I co, sam pokazuje, że ukradł? Oddaje to w wasze ręce?

— Och...! — jęknęła Grażynka. — On jest chyba zdolny do wszystkiego...!

— Nie wiem — powiedziałam równocześnie z namysłem. — Może postanowił ocalić kolekcję, chociaż co to za kolekcja, podobno jedno od Sasa, drugie od lasa, ale z drugiej strony jest tam, o ile pamiętam, dwudziestolecie międzywojenne... A wie, że pójdzie na skarb państwa... Więc liczy na to, że zrobimy coś sensownego, dopilnujemy, żeby się nie zmarnowało albo co...

— A na razie w ogóle nie wiemy, co to jest. Snujesz przypuszczenia. Trzeba sprawdzić, zabieram to na górę!

Zaniechałam protestów, bo znajomość życia kazała mi zaniepokoić się, że ktoś ten samochód ukradnie. Razem z pakunkiem, zawsze tak bywa, długo spokój, a w najbardziej nieodpowiedniej chwili wyskakuje pech. Nie, czort bierz saperkę i restauracje francuskie, ale gdyby jakiś pacan rąbnął mi pojazd z tajemniczą zawartością, trafiłby mnie szlag na miejscu.

Weszliśmy do mieszkania i Janusz ulokował bagaż na stole. Nie przyszło mu to łatwo, ze stołu należało przedtem zgarnąć cały balast, jakim był zajęty. Przy pomocy Grażynki, której przedmioty trochę leciały z rąk, wepchnęłam wszystkie papiery pod kanapę, żeby mi z nich nic nie zginęło. Z irytacją, milionowy raz, stwierdziłam, że potwornie brakuje mi w domu płaszczyzn poziomych.

Nie pytając już nas o zdanie, z wielką energią Janusz rozwinął pakę.

Przypuszczenia okazały się trafne. Z tacek na monety nieboszczyka Fiałkowskiego widziałam tylko jedną, ale pozostałe rozpoznałam z łatwością. Ściśle poskładane ze sobą zachowały idealny porządek, nic się tam nie telepało i nie przesuwało, chociaż od razu wpadło mi w oko, że obok przedwojennego bilonu w przegródkach tkwią gdzieniegdzie średniowieczne grosze. Czyli jakieś zamieszanie tu nastąpiło. Ponadto na wierzchu leżał mały klaserek numizmatyczny, wypełniony eksponatami, z czego bystro wywnioskowałam, że kłania się tacka, zgubiona w pustym domu Baranka, czy jak mu tam.

— No tak — powiedział Janusz bardzo odkrywczo.

— Zgadza się — przyświadczyłam smętnie. — I co teraz?

Grażynka milczała, wpatrzona w rozkopany tobół.

— Zdecydowałam się — oznajmiła nagle tonem zarazem rozpaczliwym i zaciętym. — Wpadnę w alkoholizm. Czy masz coś odpowiedniego? Do domu wrócę taksówką.

Chwilowo uznałam, że jest to postanowienie najrozsądniejsze ze wszystkich możliwych, reagować racjonalnie zacznę później. Popędziłam do kuchni po koniak.

W kuchni zastałam zamierzoną kolację. Zawartość garnka po większej części wykipiała, reszta bulgotała blisko dna, przeistoczona w gęstą maź ciastowato-mięsną. Przez chwilę zastanawiałam się, czy nie wylać tego na durszlak i nie potraktować jako mus, nie wiadomo czy smaczny, ale za to pożywny, uznałam, że przez durszlak przeleci, mignęła mi myśl o sitku, potem oceniłam ilość, z pewnością dla trzech osób zbyt nikłą. Zgasiłam gaz, z obrzydzeniem przyjrzałam się zakipionej kuchence, szybko zrezygnowałam z pomysłu zgarnięcia tego na talerz, przypomniałam sobie o omlecie, machnęłam ręką i wyciągnęłam koniak. I kieliszki. Pomyślałam, że jakieś lekarstwo każdemu z nas się przyda.

Janusz zdołał wydusić z Grażynki stwierdzenia dość skąpe, ale mniej naganne.

— Nie, bezmyślny nie jest — mówiła z pozornym spokojem. — Sądzę, że wykombinował jakiś numer, który uważa za drogę ratunku. Możliwe, że chce wprowadzić zamieszanie, a możliwe, że... Nie, nie wiem co. Może ma to być krzyk rozpaczy, a może dowód wyrzutów sumienia. Może w ogóle on ją zabił w afekcie...

Czym prędzej nalałam jej koniaku, już widząc, jak spędza długie lata u bram więzienia, uginając się pod ciężarem paczek, z całym asortymentem nauk moralnych i żarliwych przysiąg, czekając na jego wcześniejsze zwolnienie za dobre sprawowanie.

Czy ten cały Patryk zdolny jest do dobrego sprawowania? Nie wyglądał na to...
— Coś miał na myśli z pewnością — rozważał Janusz. — Świadczy o tym chociażby to uparte poszukiwanie Kuby, ze skutkiem zresztą, a teraz ten zwrot zagrabionego mienia. Nie chcę przesądzać, ale chyba on chce zwalić winę na Przecinaka...
— Och, nie...! — jęknęła znów Grażynka i gwałtownie chwyciła kieliszek.

Też byłam zdania, że wolałabym złoczyńcę szlachetnego niż takie podstępne ścierwo. Kubuś Wichajster podkładał się nieźle, sama opinia o nim już by wystarczyła, a że zetknęli się obaj w domu zbrodni, nie miałam wątpliwości. Co się tam działo, do pioruna...?!

— Jutro dostaniemy faksy z dodatkowymi zeznaniami — ciągnął Janusz. — Podejrzenia zaczęła budzić ta zgwałcona Hania, albo wymyśla nowe łgarstwa, albo jej się prawda wyrywa. W każdym razie wie więcej niż chciała się przyznać, i może się z niej to wydusi.

— Co usiłuje, wiem z pewnością — oświadczyłam stanowczo. — Czy nie jesteście głodni? Mogę usmażyć omlet z serem, bo pierogi rozgotowały się doszczętnie i w dodatku wykipiały, ale omlet pójdzie szybko.

Nie byli głodni, nie chcieli jeść, zążadali za to, żebym powiedziała, co wiem. Chętnie poszłam na tę zamianę.

— Strasznie ta Hania myśli, jak by tu obciążyć Wiesia. Przez zemstę. Odżałować nie może, że stworzyła mu alibi, a wycofać tego nie daje rady. Ale nie jest wykluczone, że latając za Wiesiem, natknęła się na coś interesującego i teraz dziko się stara po-

wiązać to ze zbrodnią. Wierzyć jej nie należy, ale przydusić trzeba.
— Skąd to wiesz?
— Głupie pytanie. Widziałam ją, przy mnie składała donos, znam takie twarde, zacięte dziewuchy. Rękę sobie odetną, żeby faceta wrobić! Albo zaszantażować.
— Milczy z nadzieją, że on się ugnie?
— Coś w tym rodzaju. A on się trzyma. Więc zostaje jej tylko zemsta, której się nie wyrzeknie. Nie popuści.
— Może masz rację...
Staliśmy nad tobołem, możliwe, że coś myśląc, ale z pewnością nie wiedząc, co zrobić. Myśli Janusza mniej więcej odgadywałam.
— No i proszę — powiedziałam gniewnie. — I po cholerę to było wyciągać i rozkopywać? Moglibyśmy się nie przyznać, że w ogóle cokolwiek o tym wiemy, a teraz co? Pakujemy z powrotem i pchamy do samochodu? Ciągle się boję, że ktoś go ukradnie.
— Och...! — powiedziała Grażynka, wyraźnie popadająca w monotonię.
Janusz pokręcił głową, łypnął okiem na mnie, na znękaną Grażynkę, i wrócił wzrokiem do bilonu.
— Trzeba o tym powiedzieć — mruknął.
— Którym? Tym tutaj czy tamtym tam?
Zastanawiał się jeszcze przez chwilę.
— Załatwię to po kumotersku. I tak oficjalnie nas w tej sprawie nie ma. Ani ciebie, ani mnie, ani nawet Grażynki, oczyszczonej z podejrzeń. W każdym razie zwrot mienia będzie świadczył na korzyść sprawcy.
— Wielka mi pociecha...
Usiadłam wreszcie, bo ile czasu można myśleć na stojąco. Nogi drętwieją i umysł wysiada. Z produk-

cji pożywienia zrezygnowałam całkowicie, przypomniawszy sobie, że niedobrze jest najadać się na noc. Po naradzie, zgłupiawszy z tego wszystkiego doszczętnie, zdecydowaliśmy się odłożyć całą sprawę do jutra. Grażynka, wzmocniona nieco na duchu, odjechała taksówką.

☆ ☆ ☆

— Okropnie nieprzyjemna sprawa — powiedział w barku na Kruczej wielce przejęty Ten Pan Lipski. — Pani Natalia, gosposia Pietrzaka, zwierzyła mi się, bo nie miała komu, a znamy się już tyle lat... Nie wiem, co zrobić, i nie jestem pewien, czy powinienem zatrzymać to przy sobie, a pani, o ile się orientuję, ma z tą sprawą coś wspólnego. Rozmawiamy prywatnie i nie zrobi mi pani przecież jakiegoś pryszcza?

— Bóg raczy wiedzieć — odparłam uczciwie.

Pan Lipski westchnął.

— No, w każdym razie nie bez potrzeby — pocieszył sam siebie. — Otóż okazuje się, że ten nieboszczyk, Fiałkowski, pertraktował z Pietrzakiem o brakteat Jaksy z Kopanicy. Chciał kupić, ale Pietrzak wcale nie chciał sprzedać. Pani rozumie, że ja to wnioskuję z opowieści pani Natalii, bo ona tyle wie, co jej w ucho wpadło. No, wpadało jej dosyć dużo... Pietrzak się denerwował, a ona o niego dba i denerwowała się jego denerwowaniem, więc przynajmniej starała się być *au courant*, a o temacie ogólnie ma pojęcie. Fiałkowski proponował coraz to wyższą cenę... W rezultacie brakteat zginął.

Uszy urosły mi natychmiast do nadnaturalnych rozmiarów i zaczęłam mieć kłopot z wyrazem twarzy. Nie wpatrywać się w rozmówcę wzrokiem przesadnie dzikim! Bo mogę go spłoszyć...

— Ukradziony — ciągnął z niesmakiem pan Lipski. — Pani Natalia dość łatwo wydedukowała... moim zdaniem podsłuchała, ale to nie ma znaczenia... że ukradł go siostrzeniec Pietrzaka, jedyny krewny, zdaje się, ona go określa imieniem Ksawuś. Dziwne imię...

— Zdrobnienie od Ksawerego — podsunęłam uczynnie.

— A, to pani wie...? Mówiłem, że pani jest wplątana! No i ten Ksawuś sprzedał go Fiałkowskiemu, rzecz jasna, kiedy Fiałkowski jeszcze żył. Ale jakoś krótko potem umarł. Tymczasem tutaj wszystko się wykryło, Pietrzak szału dostał, chciał na policję zgłaszać, ale pani Natalia go ubłagała, żeby nie. Ona tego Ksawusia chyba jakoś tam kocha od urodzenia czy coś w tym rodzaju, no i Pietrzak uległ, ostatecznie syn jedynej siostry, rodzina... Jednakże pod warunkiem, że brakteat do niego wróci. Niech sobie Ksawuś robi, co chce, niech odkupi, przepłaci, ukradnie ponownie, obojętne, ma go odzyskać i koniec! Przeszło rok to trwało, awantury były okropne, wreszcie Ksawuś brakteat przywiózł.

Wyrwało mi się syczące pufnięcie prosto w popielniczkę. Na szczęście jej zawartość poszła obok, a nie na pana Lipskiego.

Pan Lipski okazał mi pełne zrozumienie i strzepnął ze stolika trochę popiołu.

— No właśnie — kontynuował, coraz bardziej zatroskany, co mnie nieco dziwiło, bo z całą aferą nie miał wszak osobiście nic wspólnego. — I teraz pani Natalia ma dwa ciężkie zmartwienia. Jedno, to to, że Pietrzak się uparł i zakazał siostrzeńcowi wstępu do domu, szczególnie, jeśli go nie ma. Nie wpuścić i mowy nie ma inaczej! A drugie, bardziej delikatne, mianowicie ona się zastanawia, jak on ten brakteat odzyskał. Nie dał wyższej ceny, bo ciągle nie ma pieniędzy, więc czy on przypadkiem Fiałkowskiej, siostry nieboszczyka, nie oszukał. To jest jej największa zgryzota, bo przecież przez ten ostatni rok z siostrą pertraktował, a może ona się nie znała? I Ksawuś ją nieprzyzwoicie wykołował. A może nawet rzeczywiście ukradł monetę...?

Coś mi w środku zaczęło nagle strasznie zgrzytać. Przez moment zastanawiałam się, czy pan Lipski w ogóle pamięta o zbrodni, czy pani Natalia o niej słyszała i dlaczego, na litość boską, ten, bądź co bądź, niepokojący fakt nie wchodzi w skład jej zgryzoty? Co, u diabła, Ksawuś jej powiedział?

— A pani Natalia rozmawiała na ten temat z Ksawusiem? — spytałam możliwie subtelnie.

— Rozmawiała. Tak ogródkami. Ale Ksawuś tylko się śmiał i żartował. Ją to jednak ciągle gryzie i postanowiła mnie się poradzić, no, a ja pani. Czy pani coś o tym wie?

Sama przestałam wiedzieć, czy cokolwiek o tym wiem. Dopiero po chwili, w błysku jasnowidzenia, ugruntowało się we mnie przekonanie, że Ksawuś podwędził brakteat, korzystając ze sprzyjającej okazji. Trup nie interesował go w najmniejszym stopniu, sto trupów mogło leżeć, on się rwał do brakteatu, do rehabilitacji w oczach wuja, którego spadkobiercą był z całą pewnością. Dziw brał tylko, że nie podwędził całej kolekcji, a, prawda, Patryk mógł mu przeszkodzić... Ale, jeśli przeszkodził, to co z brakteatem? Uzgodnili pomiędzy sobą podział łupów...? Czy może pobili się i brakteat został przy Ksawusiu...?

— Wie pan, wydaje mi się to dość skomplikowane — wyznałam z zakłopotaniem. — Też się nad tym zastanawiam. Zaraz, jedno pytanie. Nie orientuje się pan przypadkiem, czy Ksawuś jest spadkobiercą wuja?

Pan Lipski musiał już wcześniej kwestię przemyśleć albo omówił ją z panią Natalią, bo nie zastanawiał się ani chwili.

— Tak, i to podwójnie. Jako siostrzeniec jest spadkobiercą naturalnym, a oprócz tego istnieje testament na jego korzyść. Z tym, że nie jest potomkiem w pierwszym stopniu pokrewieństwa, więc może zostać wydziedziczony i żaden zachowek mu się nie należy. Szczególnie, gdyby został wydziedziczony z uzasadnieniem, więc łatwo zgadnąć, że woli pozostawać z wujem w dobrych stosunkach. A w ogóle, aż do tej afery z brakteatem, Pietrzak wspomagał go finansowo, potem przestał, bardzo twardo się postawił, co panią Natalię też gnębi.

— Mogłaby ta pani Natalia się zdecydować, o którego z nich więcej dba — mruknęłam. — Ja się panu Pietrzakowi nie dziwię.

— Niech pani nie wymaga za wiele od skołowanej, dobrej kobiety. Jej marzeniem jest wilk syty i koza w całości. To myśli pani, że jak ten Ksawuś odzyskał brakteat? Uczciwie czy wręcz przeciwnie?

— Wręcz przeciwnie, ale wątpię, czy ktoś go oskarży.

— To znaczy, że co? — docisnął pan Lipski.

Zawahałam się, wciąż niepewna, ile mogę powiedzieć.

— Wedle mojego rozeznania skorzystał z okazji. Tam wybuchło duże zamieszanie i Ksawuś przy nim swoją pieczeń upiekł. Podwędził numizmat zwyczajnie i cześć. Ale pani Natalia może być spokojna, bo sprawiedliwości stało się zadość, brakteat wrócił do prawnego właściciela, a jeśli nawet nieboszczyk Fiałkowski za niego zapłacił...

Przypomniałam sobie nagle babcię Madzi, krytykującą skąpstwo Henia.

— ...a Ksawuś tę forsę przepuścił, to pewnie i tak poszło poniżej wartości, jak zwykle kradzione. I trudno ocenić, na ile skrzywdził spadkobiercę...

Cokolwiek mnie zadławiło.

— ...bo sam pan wie, że wszystko zależy od ewentualnej aukcji. Ceny są wahliwe...

To akurat pan Lipski rozumiał doskonale. Odetchnęłam z odrobiną ulgi, uznawszy, że wspięłam się na szczyty dyplomacji.

Pan Lipski jednakże przytłamsił mnie znowu.

— A kto właściwie jest tam spadkobiercą? — spytał z nagłym zainteresowaniem.

Zatchnęło mnie doszczętnie, Patryk za skarby świata nie chciał mi przejść przez gardło. Skarb państwa tym bardziej.

— No właśnie... Nie wiem...

— Niemożliwe, żeby pani nie wiedziała. Przecież ja wiem, że tam w masie spadkowej jest ten bułgarski bloczek numer sto pięć. Już co, jak co, ale jestem pewien, że to pani trzyma z ręką na pulsie.

Doprawdy nie przypuszczałam, że upragniony bułgarski bloczek przyczyni mi dodatkowej zgryzoty!

— No, owszem. W pewnym stopniu... Jest tam jakiś siostrzeniec...

— Taki urodzaj na siostrzeńców? — zdziwił się pan Lipski. — I co? Można by się jakoś z nim zetknąć?

Tego pytania mogłam oczekiwać bez pudła.
— Na razie nie, nie ma go. Ale ma pan rację, o bułgarski bloczek zadbałam, jest w policyjnym depozycie. I tyle im tam na ten temat natrułam, że nie ma prawa zginąć, leży im na honorze. Reszta chwilowo w lesie, ale mam wrażenie, że ten cały Ksawuś powinien wiedzieć więcej, był tam przecież w czasie najgorszego zamieszania i możliwe, że zna spadkobiercę. Nic pani Natalii nie mówił? Albo może panu Pietrzakowi?
— Nie. Ani słowa. Z tego co pani Natalia wie, przyszedł z brakteatem rozpromieniony, położył go wujowi na biurku i na tym koniec. Pietrzak nie pytał, a Ksawuś dalej udawał skowronka. No nic, pomyślę nad tym, co pani mówi, i może zdołam ją jakoś uspokoić...

Więcej się dowiedzieć nie zdołałam.

☆ ☆ ☆

Wczesny wieczór zaczął się sensacyjnie.

Pamiętna wczorajszego błędu spożywczego i doceniając zasługi Janusza, zdecydowałam się potraktować sprawę posiłku poważnie i wróciłam z miasta z zakupami. Już na pierwszym piętrze przeklęłam własną decyzję w żywe kamienie, bo idiotyczne zakupy nie chciały same wejść po schodach, kazały się wnieść. Trwał ten transport do uśmiechniętej śmierci, wnosiłam je po kawałku, po ćwierć piętra, odpoczywając co pięć do sześciu stopni, pełna obrzydzenia do wszystkiego ze sobą na czele. Kiedy wreszcie dotarłam do mieszkania, uświadomiłam sobie, że w samochodzie została jeszcze jedna torba, zawierająca chrzan, tartą bułkę i kwaśną śmietanę. Zatem nie mogłam przyrządzić ani nadzienia do kurczaka, ani potrawki w koperkowym sosie, ani białej kiełbasy z chrzanem, do każdej z tych potraw czegoś mi brakowało.

Ponowne pokonywanie pięter nie wchodziło w rachubę, zdenerwowałam się i postanowiłam upiec kurczaka z jabłkami, bez nadzienia, a kiełbasę ugotować i zostawić własnemu losowi. Można ją jeść z musztardą albo z majonezem, ewentualnie poczekać do jutra, kiedy chrzan jakimkolwiek sposobem przyjdzie na górę.

Nie te drobiazgi oczywiście stanowiły sensację, przytrafiały mi się tak często, że właściwie nie zasługiwały na żadną uwagę. Wstawiłam kurczaka do piecyka, kiełbasę postawiłam na małym gazie i wtedy przyleciał Janusz.

— Dopadli Przecinaka — oznajmił już w progu.

Pochwaliłam się w głębi duszy za te zabiegi spożywcze. Nie on wprawdzie własnymi rękami łapał Ksawusia, ale o informacje starał się rzetelnie i dostarczał ich na bieżąco, ponadto umiał pielęgnować źródła, które ich dostarczały, a to już była duża sztuka. Żadna policja świata nie rozgłasza swoich poczynań, a tu proszę, prowadzili dochodzenie bez mała w moim domu! Posiłek mu się naprawdę należał.

— I co? — spytałam zachłannie. — Mogę ci dać grzaneczkę z serkiem, reszta dojdzie później. I co?

— Grzaneczkę z serkiem? To nie jest zła myśl. Jaka reszta?

— Pożywienie. Kiełbasa, kurczak pieczony... I co?!

— Kurczak pieczony to jeszcze lepsza myśl...

— I CO...?!!! — ryknęłam potężnie.

— I zjemy go, jak sądzę... Dobrze, już mówię! Wrobił Patryka do reszty. Nie mam nagrania, ale słuchałem. Przyznał się do brakteatu, do pobytu w Bolesławcu i do imienia...

Do imienia Ksawery Przecinak przyznał się zupełnie beztrosko, informując, że nie jest drobiazgowy i używa najrozmaitszych odmian, jak komu wygodnie, tak go nazywa. Pobyty w Bolesławcu rozpoczął od przyznania się do jednego, po czym rozmnożyły mu się i doszły do sześciu albo siedmiu. Owszem, mieszkał u Antoniego Gabrysia, zaprzyjaźnił się z nim, więc dlaczego nie? Przy brakteacie wykazał głęboką skruchę, przypominając zarazem delikatnie, że szkodę w łonie rodziny ściga się tylko na skargę tejże rodziny, jeśli rodzina nie składa doniesienia, nie ma sprawy. O ile wie, wuj nie złożył, zatem jest to drobna kontrowersja prywatna.

No owszem, przeprowadził transakcję tak trochę może natrętnie. Wuj pertraktował z tym Fiałkowskim, nie mógł się zdecydować, prezentował wahanie zgoła nieznośne, widać było, że trzeba mu pomóc, zatem pomógł. Wziął monetę od wuja i zawiózł Fiałkowskiemu, właściwie dla pokazania, Fiałkowski koniecznie chciał obejrzeć, obejrzał i takiej chcicy dostał, że nie było na niego siły. Jakby zwariował, a Ksawuś wariatów się boi. Uparł się, że nie odda, kupuje, pieniądze pchał mu do ręki przemocą, no to co miał zrobić? Wziął te trzy tysiące...

— Ile? — spytałam z niedowierzaniem i zatrzymałam się z patelnią w ręku.

— Powiedział, że trzy tysiące.

— Zwariował? To powinno kosztować trzydzieści! Widziałam ten brakteat, jest w bardzo dobrym stanie! Trzydzieści tysięcy, jak w pysk dał! Ksawuś łże jak dzika świnia!

— Jak oswojona — poprawił Janusz. — Co do tego, że łże, nikt nie ma wątpliwości. Mam wrażenie, że to się przypala.

Wyrzuciłam grzanki na talerz i wetknęłam patelnię pod kran.
— No dobrze, mów dalej.
W tym momencie brzęknął dzwonek u drzwi i pojawiła się Grażynka. Stanęła w progu kuchni.
— Przyjechałam po samochód i pomyślałam, że wpadnę na chwilę. Nie przeszkadzam?
Przyjrzałam się jej podejrzliwie, Janusz zatrzymał widelec nad talerzem z grzaneczkami i też popatrzył. Coś tu nie grało, rozpaczliwe wysiłki, żeby symulować pogodę ducha i radosny nastrój, wyłaziły z niej przez skórę, chwilami przywoływała na twarz wyraz kamiennej obojętności, usta zaczynały się jej lekko krzywić, próbowała zatem miło się uśmiechać i chociaż trochę promienieć. Ponadto makijaż na jednym oku miała odrobinę rozmazany, co było niezwykłością absolutną, zgrozę budzącą.

Owe zmiany oblicza i nastroju następowały w takim tempie, że pomiędzy drzwiami wejściowymi a kuchnią przeleciały po niej ze trzy razy. Mój przedpokój był wprawdzie dosyć długi, ale drzwi do kuchni znajdowały się w połowie drogi do pokoju. Przestraszyłam się i przez chwilę nie wiedziałam, co robić.

— Napij się kawy — zaproponowałam niepewnie.
— Wcale nie przeszkadzasz, przeciwnie. Janusz ma nowe wiadomości, przesłuchali Kubę.

Pogoda ducha Grażynki przeistaczała się właśnie w kamienną obojętność i tak już jej zostało.
— Tak...? — rzekła grzecznie i bez emocji.
— Chętnie posłucham.

W spłoszonym pośpiechu przenieśliśmy się do pokoju, Janusz z talerzem grzanek, ja z kawą dla Grażynki, Grażynka z naszą herbatą, po którą uczynnie sięgnęła. Nadal czułam się mocno zaniepokojona.

— Mów, mów — zachęciłam Janusza. — Stanęliśmy na zełganych trzech tysiącach. Jedna dziesiąta wartości.

— Jesteś pewna, że to powinno kosztować trzydzieści?

— Tyle dali na aukcji za podobny egzemplarz ładne parę lat temu, więc możliwe, że teraz nawet trochę więcej. Co tam dalej to bydlę nałgało?

Dalej Ksawuś ze smutkiem wyznał, że trzy tysiące jakoś mu się szybko rozeszły. Zamierzał oddać je wujowi, ale wuj od razu zrobił taką piekielną awanturę, że już nie ośmielił się nawet odezwać. Pieniądze go nie obchodziły, żądał zwrotu monety, groził sprawą sądową przeciwko Fiałkowskiemu, okropne rzeczy wyczyniał, zapowiadał, że zaraz trupem padnie i będzie straszył po śmierci, siostrzeńca w ogóle wyklnie i za próg domu nie wpuści, i nie wiadomo co tam jeszcze. Ksawuś wuja bardzo kocha, więc się zdenerwował i podjął starania, żeby ten parszywy brakteat odzyskać.

Niestety, była to tylko relacja z przesłuchania, nie mogłam zatem uzyskiwać dodatkowej wiedzy ani o wyrazie twarzy koronnego świadka, ani o krześle, które miało prawo niekiedy uwierać go w odwłok, ani o chrząkaniu, jąkaniu i ewentualnym dławieniu. Brakowało mi tych okoliczności towarzyszących, wyraziłam żal.

— Sądząc z efektów akustycznych na taśmie, dławić go zaczęło wszystko, zaraz po tym gorliwym wstępie — powiedział w zadumie Janusz. — Zdaje się, że jeszcze nie wymyślił, jak się wyłgać z ukrywania zbrodni. Bo to mu można zarzucić...

— Dlaczego, do licha, nie przyniosłeś taśmy?
— Nie miałem szans na zrobienie kopii. Chcesz dalej?

Chciałam, oczywiście. Janusz usilnie starał się możliwie mało streszczać i możliwie dużo powtarzać dosłownie, ale w pełni roli Ksawusia odegrać nie zdołał. Skrucha z tej taśmy podobno ciekła tak obficie, że się kałuże na podłodze robiły, a u mnie pod stołem jednak było sucho.

Biedny Ksawuś dopiero teraz zdał sobie sprawę, że się chyba wygłupił, zlekceważył powagę sytuacji i niezmiernie mu przykro, powinien zostać ukarany, sam to rozumie, ale tylko tego wuja z jego numizmatem miał w głowie i całą resztę zaniedbał.

Poproszono go o tę resztę. Szczegółowo i po kolei.

No właśnie. Jeździł tam, do tego Fiałkowskiego, i jeździł, strasznie długo...

Na podchwytliwe pytanie zmieszał się nieco i przypomniał sobie, że właściwie nie, nie tak bardzo długo, raczej krótko, ściśle biorąc, był u niego dwa razy, bo Fiałkowski złośliwie umarł. Została siostra, Weronika, więc strasznie długo jeździł do Weroniki, która była nieużyta i o spadku po bracie nie chciała rozmawiać. Myślał i myślał, co by tu zrobić, bo wuj naciskał...

Poproszono go, żeby powiedział, co zrobił, a nie, co myślał.

No właśnie, pomyślał w końcu, że nie ma wyjścia, ten brakteat jej po prostu ukradnie i zostawi w zamian właściwą sumę, te trzy tysiące, które za niego dostał. Nie upiera się, że to było właściwe prawnie rozwiązanie, ale jako kradzież chyba nietypowe...?
Nie zamierzał jej skrzywdzić, chciał tylko odzyskać

swoje bez szkody dla nikogo. Antoniemu Gabrysiowi nic o tym nie mówił, to znaczy owszem, mówił, że ma taki dziwny i trudny interes do Weroniki, ale w detale się nie wdawał, tyle że go poprosił o drobną pomoc. Antoni Gabryś miejscowy, łatwo mu było przeprowadzić rozpoznanie, a chodziło o zwyczaje Weroniki, o sprawdzenie, kiedy jej nie ma w domu i tak dalej. Plotki...? A tak, krążyły jakieś głupie plotki o jej bogactwie, ale nie brał ich poważnie, był tam przecież, widział ten dom, gdzie mu było do bogactwa, ludzie zawsze takie różne brednie wygadują. Nic o tym nie wie, żeby Antoni Gabryś chciał ją okradać, jakie okradać, z czego? Pierzynę miał jej podwędzić czy wazonik na kwiaty...?

Numizmaty...? A skąd, kogo tam te numizmaty Fiałkowskiego obchodziły, każdy na złoto leci, a nie na takie struple. No, poza spadkobiercą oczywiście...

Zdaniem Janusza, w tym miejscu głos Ksawusia przybrał tony wysoce dyplomatyczne, kąśliwość skryła się pod życzliwą i współczującą niewinnością, istne arcydzieło. Przesłuchujący jednakże nie dał się wziąć na lep wygodnych skrótów, dążył do celu wedle własnego planu, krok po kroku.

Jak to tam zatem było owego dramatycznego wieczoru?

No, nieprzyjemnie było, to Ksawuś musi przyznać. Wiedział już, że Weronika wieczorami do restauracji chodzi, posiłek sobie przynosi, o właściwej porze... Tak, już wyjaśnia, koło ósmej wieczorem Antoniego Gabrysia się pozbył, po prostu wyszedł od niego i udał się do domu Fiałkowskich. Od tyłu poszedł, bo skoro zdecydował się kraść, co uczciwie wyznaje, od tyłu wydawało mu się bezpieczniej.

I akurat zobaczył, że Weronika wychodzi, też od tyłu, przez ogródek, i dokądś tam idzie, z pewnością do tej knajpy. Nie włamywał się na chama, cóż znowu, miał wytrychy, bardzo liczne i rozmaite, nie wiedział, co mu się przyda, mało ma doświadczenia w dziedzinie włamań, więc wziął, co mu w rękę wpadło. Wśród rupieci szukał, po straganach na bazarze kupował, na Bagnie, gdzie się dało. Tam dwa zamknięcia były, jedno na zwyczajny klucz, a drugie kłódka, pomęczył się trochę, aż otworzył. I wszedł.

Na pytanie, co dalej, Ksawuś napił się wody, poprosił o pozwolenie na papierosa, zapalił, pokręcił się na krześle i westchnął ciężko kilka razy.

No wszedł. Kot siedział i patrzył na niego, ale słowem się nie odezwał. Ksawuś znał dom, od razu udał się do gabinetu Fiałkowskiego, bo wiedział, że tam on trzyma swoją kolekcję...

W tym miejscu padło znienacka pytanie dodatkowe, łagodne i niewinne. Mianowicie: po co otwierał drzwi frontowe?

Zaskoczenie zadziałało bez pudła. Ksawuś był tak nastawiony na ukrywanie swoich poczynań nagannych i szukanie dla siebie usprawiedliwień, że czynność, bądź co bądź, zwykła i zazwyczaj nie uważana za karalną, umknęła jego uwadze. Odpowiedział odruchowo.

A bo chciał wyjrzeć, czy nikogo... czy jest spokój... Zaraz...

Zreflektował się, zmieszał, zakłopotał, gwałtownie zebrał myśli i przypomniał sobie, że chwileczkę, o co chodzi, on żadnych drzwi frontowych nie otwierał, na co mu były drzwi frontowe, wszedł przecież od tyłu!

Może chciał sprawdzić, czy zamknięte, czy mu nikt nie przeszkodzi, Weronika mogła przecież zapomnieć o zamykaniu, każdemu się zdarza...?

A rzeczywiście, możliwe, nie będzie się upierał, że nie, ale było to tak mało ważne, że nie pamięta...

— Niech pęknę i pleśnią porosnę, jeśli nie otworzył Antosiowi — zaopiniowałam z energią. — Dla Ksawusia numizmaty, dla Antosia reszta, wspólnie postanowili obrabować Weronikę. I w te wytrychy nie wierzę, Ksawuś tam bywał, skąd wiesz, czy nie podwędził drugiego kompletu kluczy, we dwoje tam mieszkali, Henio i Weronika, po śmierci Henia drugi komplet został, Weronika nie nosiła przecież na sobie pęku żelastwa! Gdzieś to wisiało albo leżało, babcia Madzi może wiedzieć... Nie, babcia Madzi nie, Grażynka...!

Patrzyli na mnie obydwoje, Janusz z wielkim zainteresowaniem, Grażynka niczym rzeźba kamienna. Opamiętałam się, zostawiłam ją na później.

— No! — pogoniłam niecierpliwie.

Janusz też zostawił kwestię kluczy na później.

Ksawuś pochrząkał, pokasłał i wyjawił, że teraz mu przykro wprost niemożliwie, ale wszedł do gabinetu. Od razu stwierdził, że jakieś zmiany nastąpiły, coś tam inaczej leży, te pudła Fiałkowskiego, w których swoją kolekcję trzymał, upchnięte są tak trochę za biurkiem, bardziej w kącie, i trudniej się do nich dostać. Przedtem miał nadzieję, że po prostu otworzy każde, popatrzy, znajdzie znajomy brakteat wśród innych monet średniowiecznych, oczywiście polskich, Fiałkowski miał to zestawione krajami, zabierze monetę, zostawi na jej miejscu trzy tysiące i cześć. Krótko to potrwa, zdąży załatwić sprawę przed powrotem Weroniki. Tymczasem okazało się, że nic z tego, zasapał się, wyciągając to żelastwo, może też zbyt długo grzebał się z wytrychami, dość, że niczego nie zdążył znaleźć, jak usłyszał, że ktoś wchodzi. Od tyłu, więc myślał, że Weronika wraca i zdrętwiał całkiem, bo był pewien, że baba natychmiast rabanu narobi na całe miasto. To znaczy... bardzo przeprasza... świętej pamięci pani nieboszczka...

Napił się wody, przełykanie na taśmie, zdaniem Janusza, było słyszalne, policja dostała widocznie nieco lepszy sprzęt. Kontynuował z wyraźnym wysiłkiem.

Zgasił latarkę, schował się i siedział jak mysz pod miotłą, a ten ktoś, hipotetyczna Weronika, chodził po całym domu, jakieś brzęki było słychać, nawet drzwi do gabinetu otworzył i możliwe, że zajrzał, ale nie wszedł. A potem wszedł ktoś drugi. Też od tyłu. Ktoś pierwszy przycichł, po domu chodził ktoś drugi, czasu Ksawuś ocenić nie potrafi, wydawało mu się, że trwa to już z tydzień albo i rok, potem znów się rozległy podwójne hałasy i nawet ludzki głos usłyszał. Wydawało mu się, że pani Weronika krzyknęła: „A to co...?", znów brzęki i hurgoty, i charkot, coś runęło, coś szurało, a on siedział i potem opływał. Drzwi się otwierały z impetem i trzaskiem, wreszcie w gabinecie zapłonęło światło...

Światło... A, tak. W domu w jakimś momencie też się zapalało światło, przez szparę było widać. Wydaje mu się, że w kuchni, może i w przedpokoju, tam słabe żarówki, więc pewien nie jest. W każdym razie w gabinecie się zapaliło i wtedy ujrzał straszną rzecz. Pani Weronika leżała w progu z rozbitą głową, a za nią ujrzał Patryka, tego siostrzeńca... no tak, oczywiście, światło w przedpokoju musiało się palić, inaczej by go nie rozpoznał. Ów Patryk nie wszedł, cofnął się, coś tam gdzieś w domu robił i wówczas Ksawuś postąpił rzeczywiście nagannie, zachował się skandalicznie, jak świnia, ale to ze zdenerwowania. Szoku doznał. Ten brakteat miał w głowie i nic innego, zamiast panią Weronikę ratować... chociaż widać było, że tu już z ratunkami nie ma co się wygłupiać... na kolekcję się rzucił. Łapać brakteat i w nogi. I przyznaje, że bał się śmiertelnie, jakże, był świadkiem zbrodni, ten zabójca jeszcze i jego trzaśnie, ale coś mu się stało takiego, że bez brakteatu nie śmiał uciekać. Zaćmienie umysłowe. Do przeglądania miał już niedużo, tak cichutko się starał, chociaż ręce mu się trzęsły, znalazł monetę, sama mu wpadła w oczy, chwycił i w tym momencie pojawił się Patryk. I zobaczył go.

Zeznanie brzmiało tak dramatycznie, że właściwie Ksawuś powinien był składać je zza grobu. Złoczyńca miał wręcz obowiązek pozbawić go życia na poczekaniu i zdumiewające było, że tego nie uczynił. Sam Ksawuś nie umiał wyjaśnić jego powściągliwości, bąkał coś na temat rozładowania stresu, działania w afekcie i obrony koniecznej, ale wychodziło mu to jakoś niemrawo i nie bardzo naukowo. Patryk okazał się po prostu osobnikiem niepoczytalnym i nieprzewidywalnym, nowa energia zaś wybuchła w nim dopiero po chwili.

Rzucił się na Ksawusia niczym szaleniec, wydzierając mu z rąk żelazne pudła oraz ich zawartość, pobiliby się, gdyby nie uległość Ksawusia, który dla ratowania życia godził się na wszystko. Patryk zmusił go do zabrania tego całego naboju, samych tacek z monetami, rzecz jasna, nie pudeł, pogonił go i zawlókł do takiego pustego domu niedaleko, a tak, owszem, Ksawuś znał ten dom, był tam raz, Antoni Gabryś miał dostęp do nieruchomości i coś w rodzaju przyjemnej meliny w kuchni sobie zrobił. W tym domu jeszcze Patryk go szarpał, monety się trochę rozsypały, kazał mu zbierać, zabrał wszystko i uciekł. Brakteat został, Ksawuś zdążył to małe świństwo schować. Po czym też uciekł, bo niby co miał zrobić innego?

Czy Patryk coś mówił... No pewnie, że mówił. Głównie groźby wygłaszał, że jeśli Ksawuś słowo piśnie, marny jego los. Kazał mu wynosić się z Bolesławca i więcej się tam nie pokazywać, a o nim samym zapomnieć na wieki. Co jeszcze...? Pytał, z kim Ksawuś był, Ksawuś, w obawie o Antosia, poprzysiągł, że z nikim, sam działał. I znów mu groził. Mamrotał pod nosem niewyraźnie, więc spłoszony Ksawuś nie zrozumiał, wściekał się i bluzgał, no i tyle. Uciekł. Ksawuś też.

Dlaczego nie poszedł na policję, też pytanie! Bo się bał tego Patryka śmiertelnie. Ogłuszony był w ogóle doszczętnie, zgłupiał z tego wszystkiego i tylko chciał życie ocalić. A nazajutrz i później...? Nazajutrz wyjechał czym prędzej i wcale nie przestał się bać, a jak wreszcie oprzytomniał i trochę przyszedł do siebie, zaczął dla odmiany bać się policji. I wuja. Policja mogłaby mieć pretensje, że nie zgłosił się od razu, a co do wuja, to oddał mu brakteat i bał się, że smród pójdzie, całe piekło wybuchnie, kompromitacja rodzinna i w ogóle. Wuj by mu tego nie darował. I teraz też bardzo prosi, żeby aby przypadkiem wuja w tę balangę nie włączać...

Ukrywał się...? Kto powiedział, że się ukrywał? Wcale nie, żadne takie!

A, nie. To znaczy, tak. To znaczy, nie wie, czy Gabrysiowie znają jego personalia, zdawało mu się, że tak, przecież nie ukrywał nazwiska, podawał je w hotelu! I normalny tryb życia prowadził, a co do tych meldunków, to możliwe, że nie nadążył, dziewczyny mu się tak jakoś szybko zmieniały, on zaś jest uczuciowy i, jeśli się zakocha, zabiegi administracyjne wylatują mu z głowy. Ale już teraz wszystko uporządkuje, najmocniej przeprasza...

— Rany boskie...! — powiedziałam ze zgrozą, bo Januszowi zaschło w gardle i przerwał relację.

Trzeba przyznać, że przekazywał ją bardzo porządnie, starając się wiernie oddać charakter wypowiedzi Ksawusia. Miał je świeżutko w pamięci, a na sklerozę nie cierpiał, prawie jakbym taśmę słyszała. Zasługiwał na nową herbatę, piwa ani wina nie chciał, wybierał się jeszcze po kolejne wieści.

Grażynka odkaszlnęła dyskretnie.

— To wszystko? — spytała drewnianym głosem.

— A skąd! Teraz dopiero ruszyli nieścisłości.

— Nieścisłości to ja tam widzę cztery miliony — zauważyłam krytycznie. — Mam nadzieję, że dostrzegali je na bieżąco? Mieli przy sobie wyniki badań?

— Mieli, mieli, pozbądź się obaw. Cierpliwie wysłuchali wszystkiego, po czym przypomnieli Ksawusiowi, że przed sądem zeznaje się pod przysięgą, a za fałszywe zeznania grozi kara do lat pięciu. Co prawda, nie było jeszcze u nas sprawy o fałszywe zeznania, ale zawsze jakieś wrażenie to robi. Wówczas z wielkim wysiłkiem zaczął korygować szczegóły.

— No...?

— To nie teraz. Korekta wypadła obficie, a ja powinienem już jechać, jeśli mam dostać faksy z Bolesławca. Zwracam ci uwagę, że wszystko dają nam nielegalnie, ciekawe, kogo w końcu za to przymkną...

Wypił herbatę i wybiegł. Grażynka nadal występowała w charakterze pnia.

— To ja chyba też już pójdę — rzekła wytwornie. — Nie będę wam dłużej przeszkadzać.

— Zgłupiałaś? — zgorszyłam się, zanim zdążyłam na nią spojrzeć. — Teraz, w kulminacyjnym momencie...?!

Już w trakcie wypowiadania tych słów zorientowałam się nagle, że podniesienie się z fotela sprawia jej dziwną trudność. Jakby zesztywniała całkowicie i nie mogła teraz uruchomić stawów. Uczyniła próbę, która wypadła niepomyślnie, ponowiła ją, bez skutku.

Mogłabym zrozumieć zjawisko, gdyby była na bani, ale nie, przyjechała trzeźwa jak świnia i nie piła nic, poza herbatą. Można podobno upoić się szczęściem, o herbacie jednakże nic takiego nie słyszałam, ponadto opowieść Janusza powodów do szczęścia raczej nie dostarczała. Przyjrzałam się jej uważniej. Lilia złamana, psiakrew. Wstrząsu doznała i w depresję anatomiczną wpadła, paraliż ją tknął... Należałoby zastosować jakąś terapię, bo wyjdzie i wpadnie pod samochód. Albo sama kogoś przejedzie, nie wiadomo co gorsze.

Zaczęłam, zdawało mi się, delikatnie.

— Rozumiem, że zbrodni potrzeba, żeby wzbudzić w tobie wyraźne uczucia? Może jednak powinnaś się poradzić psychologa albo nawet psychiatry, mam tu gdzieś telefon jednego...

— Gówno!!! — wrzasnęła Grażynka okropnie, zrywając się nagle z fotela z największą łatwością.

— W dupie mam psychiatrę!!! Psychologa też!!! I psychoanalityka!!! Sama sobie dam radę!!!

Ruszyła w dziki marsz po moim mieszkaniu, które wprawdzie było ogólnie beznadziejne, ale za to

281

długie, od frontowego okna do tylnego miało trzynaście i pół metra. W poprzek zaledwie trzy i pół, więc biegi można było uprawiać tylko wzdłuż, co było o tyle uciążliwe, że, kiedy znajdowała się przy balkonie, niedokładnie słyszałam, co wykrzykuje. Latać za nią nie miałam zamiaru.

— Sama spróbuj!!! — proponowała mi wielkim krzykiem. — Jak nie plazma, to zbrodniarz! A namawiała mnie ciotka, żeby iść do klasztoru! Do końca miałam nadzieję, do końca...!!!

— Nieprawda — zaprzeczyłam zimno. — Odsądzałaś go od czci i wiary. Nie chciałaś go, uciekałaś, samych udręk ci przysparzał, teraz wreszcie masz z głowy...

— Głupia jesteś!!! Ja go kochałam!!! Ja tylko chciałam, żeby był trochę inny...!!!

— No to okazał się inny całkiem...

— Ja już się prawie na niego zdecydowałam! Teraz widzę! A to jest wstrętne, wstrętne! Nie zniosę tego! I po co ja tak...! Po co mi ten Umberto Eco!!!

Odgadłam, że czknęło jej się wymaganiami w kwestii niedostatecznego wykształcenia Patryka.

— Nie wiem, sama ci się dziwię. Stroiłaś fochy, bo był, a teraz, jak go nie ma...

— I może to moja wina... — zajęczała Grażynka, popędziła na drugi koniec mieszkania i gwałtownie otworzyła drzwi balkonowe.

Zaniepokoiłam się.

— Nie skacz, proszę! Znów cieciowa powie, że coś z mojego okna leci i każe mi sprzątać!

W Grażynce pękło dokładnie. Dowiedziałam się, że ma dosyć panowania nad sobą i tej całej kultury. Dosyć wytykań, wypominań, krytyki i dobrych rad. Nie chce żadnych piguł trujących, chce zapomnieć o Patryku, chce cofnąć czas! Niech on nie zabija ciotki, a ona pofolguje w grymasach, podejmie męską decyzję, poślubi go! I co ja sobie wyobrażam, że jej tak łatwo to wszystko znieść, a od początku miała złe przeczucia, teraz widzi, że się miotała uczuciowo i na co jej to było, i co ona ma zrobić, bo sumienie ją szarpie i gryzie, ile tych gniotów z każdej strony...?!!!

Sama zaczęłam odczuwać gnioty, jeśli nie z każdej strony, to przynajmniej z niektórych. Odbiło mi się jej listem, a zaraz potem bułgarskim bloczkiem numer 105. Po choleręja ją wypychałam po ten bloczek, gdyby nie siedziała w Bolesławcu, może i Patryka też by tam nie było, ganiałby za nią po Dreźnie i nie ruszał ciotki. Diabli nadali, to nie ona jest winna zbrodni, tylko ja!

Zmęczyła się tym lataniem, padła na fotel i odwalała nadal ekspiację, przeplataną wieszaniem psów na Patryku. Dołączyła do niego Weronikę, która była niedobra, gdyby nie była niedobra i patologicznie skąpa, nikt by jej nie zabijał. Poszłam zamknąć balkon, bo z tej strony okno stało otworem i zrobił się przeciąg, bałam się, że wywieje mi na ulicę jakieś potrzebne papiery.

— Po co on tam poszedł? — spytała znienacka, kiedy wróciłam.

— Kto i dokąd? — spytałam wzajemnie, nieco zdezorientowana.

— Janusz. Gdzieś tam.

— Dokąd dokładnie, nie wiem. A po co... zaraz. A...! Po zeznania zgwałconej Hani.

— I do czego komu ta Hania? Sprawa jest jasna, gdzie sens tę dziewczynę przyduszać, co ona może powiedzieć nowego?!

— Nikt jej nie przydusza, ona sama chciała...
Grażynka nie tyle się uspokoiła, ile raczej oklapła. Bez wielkiego ognia, ale za to z rozgoryczeniem, rozpoczęła przemówienie na temat głupoty dziewczyn, po czym nagle przeskoczyła na głupotę starszych pań. Niepewna, kogo ma na myśli, mnie czy Weronikę, nie słuchałam dokładnie, o sobie wiedziałam, co sądzić i bez opinii Grażynki, a Weronika już mi nosem wychodziła, wolałam się zająć czymś innym. Mianowicie zeznaniami Ksawusia.

Przesłuchiwali tego koronnego świadka zupełnie idiotycznie. Siedział, słyszał, chował się, ofiara i zbrodniarz przyszli, bzdet i szkliwo. Co z kolacją Weroniki? Zjadła ją przecież, to ile czasu on się tam chował? Czy może kolację zeżarł Patryk? Do spółki z kotem? Gospodarstwem domowym się zajął, do garnków przekładał...?

Nie grało mi to wszystko w czasie, bo gdzież miejsce dla Antosia? Chyba że kotłowali się tam równocześnie, Antoś robił bałagan, a Ksawuś szukał brakteatu. I co, w tak licznej asyście Patryk walił ciocię tasakiem po głowie? I kiedyż to Ksawuś wizytował łazienkę i macał papier toaletowy, po zbrodni czy przed? Harmonogram ich poczynań należałoby sporządzić wedle tych wszystkich zeznań!

Grażynka uporczywie i wciąż niemrawo wyrzucała z siebie stres. Zorientowałam się nagle, że ciężar doznań przerzuciła z Patryka na swoją ciotkę i zaczęła się skarżyć na nią. Całą tę aferę musi przed nią ukrywać, bo dociekliwymi pytaniami i dobrymi radami zatrułaby jej życie do reszty, musi udawać doskonałe samopoczucie i szampański humor, żeby nie nasuwać jej żadnych podejrzeń, a dodatkowe nieszczęście w tym, że właśnie teraz Grażynka coś tam dla niej robi i widuje ją codziennie. Nie może się od niej odseparować i nawet nie chce, ostatnia osoba z rodziny, która jej została, więcej nie ma nikogo, ogólnie biorąc to jest świetna facetka, ale męcząca. I nie potrafi, albo może nie chce, zrozumieć, że uczucia baby do chłopa i chłopa do baby istnieją na całym świecie, ludzka rzecz, dla niej nie do pojęcia, na co komu facet, kto by się przejmował, takie zbakierowanie umysłowe. Grażynka histeryzuje, ciotka się z niej natrząsa, a Grażynka akurat jest mało odporna na rozmaite ironie i drwiny. Więc niech ja sobie nie myślę, pokazuje mi tu różne sztuki nie tylko przez Patryka, także przez ciotkę, która pozbawia ją każdej odrobiny równowagi, z takim wysiłkiem odzyskiwanej!

Zaczęłam słuchać nieco uważniej, bo bardzo mi ta ciotka przypominała jedną moją przyjaciółkę, równie impregnowaną sercowo, z tym że przyjaciółka człowiekowi nawet dobrze robiła, przywracała poczucie proporcji. Zdaje się, że ciotka niekoniecznie. Nic na to nie mogłam poradzić, wolałam zatem wrócić do tematów zbrodniczych.

Po jaką cholerę, tak naprawdę, oni polecieli do pustego domu Baranka, czy jak mu tam...?

Po jaką cholerę, tak naprawdę, Patryk wynosił numizmaty, które i tak miały do niego należeć?

Po jaką cholerę, tak naprawdę, z takim wściekłym uporem szukał Kuby, jedynego świadka jego zbrodni? Chciał go zabić? To dlaczego nie zabił, tylko podsunął glinom na lśniącej patelni...?

Grażynka wyrzuciła z siebie duszne turbulencje i zamilkła, doszczętnie wyczerpana. Nie wlewałam w nią żadnych wzmacniających napojów, bo przyjechała wszak po samochód, którym zamierzała odjechać, chociaż, szczerze mówiąc, mignęła mi myśl, że ten samochód jeszcze trochę poparkuje przed moim domem. Zaniepokoiłam się zbyt długą nieobecnością Janusza, bo, na węch sądząc, kurczak w piecyku już dochodził. Na stole ciągle leżał numizmatyczny chłam po Fiałkowskim i nadal nie wiedziałam, co z nim zrobić. Stan oczekiwania, w jakim się znalazłam, bardzo szybko stawał się nie do zniesienia.

Na szczęście Janusz wrócił, zanim zdążyłam cokolwiek głupiego wymyślić.

Powęszył od progu.

— O...! — powiedział z żywą nadzieją i od razu dodał: — Mam faksy.

Zerwałam się z fotela już na dźwięk klucza w drzwiach.

— Przynieś trzecie krzesło do kuchni — zarządziłam. — Stół zostanie, jak jest, nie będziemy jedli na zabytkowych walorach.

— Ja nie będę jadła — oznajmiła niemrawo Grażynka.

— Nie, to nie, nikt cię nie zmusza. Możesz posiedzieć i popatrzeć.

Wiedziałam, co mówię. Już po paru chwilach patrzenia, w smudze woni pieczonego drobiu, w Grażynce odezwał się zdrowy instynkt. Złamało ją.

— Może ten taki mały kawałeczek...

Niewiele zostało z kurczaka, pierwotnie całkiem okazałego, kiedy wreszcie przystąpiliśmy do deseru w postaci zeznań panienek z Bolesławca. Janusz z góry uprzedził, że zgwałcona Hania jest mało ważna, bo głupot naględziła straszliwych, ale przy okazji udało jej się wrobić rywalkę. Dotychczasowe łgarstwa Marlenki biły pod niebiosa, teraz z wielką niechęcią i pod silnym przymusem zaczęła je prostować.

No dobrze, możliwe, że z tą zmarnowaną Alką nie cały wieczór przesiedziały w domu, możliwe, że wyszły trochę na świeże powietrze. Czy ona musi tak wszystko pamiętać? Zdenerwowana była i coś tam mogło jej się pomieszać. Możliwe, że ją ta głupia strzyga, Zawadzka, widziała, a jęzor ma taki, że do księżyca sięgnie, może jej kto wreszcie kiedyś przydepnie. No dobrze, możliwe, że jej trochę w ucho wpadło, jak się Kuba z Antosiem umawiał, ale nie słuchała i nie zwracała uwagi, to jej mogło z głowy wylecieć, nie?

No jak to, dokąd poszła, a dokąd miała iść, jak nie tam, gdzie i Wiesiek miał się pokazać! O żelastwach nieboszczki Fiałkowskiej słyszała, no i co z tego? Niewyraźnie słyszała i niedokładnie, swoje interesy oni załatwiają między sobą, ona się nie wtrąca, ale co jej szkodziło, tak na wszelki wypadek, polecieć tam i popatrzeć?

O której...? A czy ona wie, o której, nie zegarek miała w głowie. No, po ósmej na pewno, możliwe, że blisko dziewiątej, możliwe, że i przed, i po. Jak długo tam siedziała? Wcale nie siedziała, pospacerowała sobie, tak różnie, trochę od frontu, trochę od tyłu...

Co widziała? A co mogła widzieć w tych ciemnościach! O, rzeczywiście, pół godziny po zachodzie, nie pół, tylko najmarniej godzinę albo i półtorej, a to już ciemno prawie całkiem. E tam, latarnie, tyle świecą co kot napłakał... To po co tam chodziła i patrzyła? No, bo miała nadzieję, że Wieśka zobaczy. Wcale nie kręci, mówi, jak było...

Z szalonym oporem i pod wpływem przypomnienia, że za fałszywe zeznania i tak dalej, Marlenka wydusiła wreszcie z siebie, że owszem, coś widziała. Od tyłu. Człowiek jakiś wyszedł z domu Fiałkowskich... Nie, wchodzącego nie widziała, to potem dopiero... Wracającej do domu Weroniki też nie widziała, wie, że podobno wróciła po ósmej, ale nie widziała i już. Możliwe, że przyszła tam później, a możliwe, że Weronika wróciła od tyłu, jak ona spacerowała od frontu. Widziała, jak człowiek wyszedł, niósł coś, śpieszył się, poleciał do domu tego Baranka, czy jak mu tam, a potem wrócił do Fiałkowskich, no i owszem, wtedy widziała, że wszedł. A tuż przedtem widziała, że przylazł drugi, też wszedł, zaraz potem wyleciał pierwszy i znów coś niósł, a drugi wyleciał za nim i obaj polecieli do Baranka, czy jak mu tam. Nawet poszła kawałek za nimi, ale bała się, że Wieśka przeoczy, więc wróciła, bo co ją ci inni obchodzili.

O nie, nie pchała się tam, wcale nie chciała nikomu włazić w oczy. Dlaczego? Bo nie i już! No dobrze, powie, bo Wiesiek nie lubi, jak się tak za nim łazi, to co się miała narażać, wolała, żeby jej nikt nie widział.

I co tam było w domu Baranka, czy jak mu tam, nie ma pojęcia. Słyszeć owszem, słyszała, jakieś huki, brzęki, hurgoty, trzaski... Zadyma. Ale krzyków nie było słychać, nie na gębę się przekomarzali, tylko chyba odręcznie. Nie, kto to był, ci dwaj, przysięgać nie będzie, w ciemnościach i tak trochę z daleka naprawdę źle widać, zgadywać może, proszę bardzo, nawet dosyć łatwo jej przyjdzie... Bo co? Bo ma oczy w głowie i co widzi, to widzi. Kuba po mordzie dostał.

Na drugi dzień rano go obejrzała, wieczorem był w porządku, a rano już taki udekorowany, to gdzie i kiedy miał po ryju zarobić, jak nie wtedy i tam? Później od niego do domu wróciła, on już był, nawet o tym nie wiedziała, bo siedział w drugim pokoju jak mysz pod miotłą, spać się położyła, ale słyszała, jak Antoś wrócił i obaj coś tam do siebie gadali. Nie, Wieśka się nie doczekała, Antoś ją spod domu Fiałkowskich wygonił, zagroził, że Wieśkowi doniesie, więc poszła sobie.

Co Antoś tam robił? No jak to co, na te żelastwa był umówiony. Przykazał jej trzymać gębę na kłódkę, więc trzymała, ciągle ze strachu przed Wieśkiem. Nie wie, kiedy tamci z domu Baranka, czy jak mu tam, wyszli i co robili, bo nie ich pilnowała, przed frontem była, jak ją Antoś dostrzegł i do widzenia. Od razu się wściekł. A skoro poszła, jasne jest, że nie widziała nic więcej, a że Wieśka tam nie było, to pewne, i niech ta zdzira nikomu kitu nie wciska.

Kitem okazała się wysoce kłamliwa zmiana pierwotnych zeznań zgwałconej Hani, która całkowicie wycofała się z gwałtu i jęła deklarować płomienną miłość do eksgwałciciela. Podobno spędzili ów wieczór w najdoskonalszej zgodzie uczuciowej, tyle że trwał on krócej, znacznie wcześniej wyszli, pożegnali się i Wiesiek poleciał do domu Fiałkowskich. Hania to wie, bo sekretnie poleciała za nim dla sprawdzenia, czy nie spotka się teraz z obrzydłą suką, Marlenką. Nie spotkał się, ale za to wszedł do domu i przez nie zasłonięte okna było widać, że coś się tam działo, jakieś machanie rękami, możliwe nawet, że błysnął tasak, więc sprawcą zbrodni jest Kopeć Wiesław i ona to może zaświadczyć przed sądem.

Sensu to nie miało za grosz, bo i godziny się Hani trochę myliły, i świadkowie uparcie zeznawali swoje, i w rezultacie jedynym pozytywnym skutkiem zmienionego zeznania był gwałtowny wybuch szczerości Marlenki, zażarcie broniącej narzeczonego. Wybuch, można powiedzieć, rewelacyjny.

— Rany boskie! — jęknęłam ze zgrozą. — Wszyscy łżą, aż wióry lecą. Jak oni z tego wydłubią jakąś prawdę?

— Zważywszy, iż chłopiec sąsiadów, dziecko niewinne i bezstronne, podglądał ekscesy Wiesia i Hani prawie do dziesiątej, nie mogło żadne z nich znajdować się przed dziewiątą w domu zbrodni — odparł spokojnie Janusz. — Natomiast Zawadzka rzeczywiście widziała Marlenkę w pobliżu Fiałkowskich i następnego dnia rano powiadomiła o tym Hanię. Hania zmianę zeznań wymyśliła we własnym zakresie, nie zdążyła wtajemniczyć przyjaciółki w ten cudowny pomysł i ponownie przesłuchana Zawadzka podtrzymała pierwszą wersję. Widziała ich tam o wpół do dziewiątej i widziała po dziesiątej...

— Rozdwoiła się? Tu Marlenka, a tam Hania z Wiesiem...

— Odeszła na trochę, żeby się nasycić zemstą. Popatrzeć, jak Marlenka w nerwach lata i szuka Wiesia. Ponapawała się widokiem i wróciła na przedstawienie piwniczne. Zastana sytuacja w najmniejszym stopniu nie wskazywała na jakąkolwiek przerwę w igraszkach.

— No dobrze. W jakim zakresie to rozbija zeznania Ksawusia? Można przyjąć, że towarzyszył mu Patryk, ale który tam leciał pierwszy, a który drugi?

— Tego ona nie rozstrzygnie, bo tam rzeczywiście jest ciemno, a jej to było obojętne. Stwierdziła tylko, że nie Wiesio i nie jej brat, Antosia odróżnić byłoby dość łatwo, jest wyraźnie niższy, zaś pozostałych Marlenka miała w nosie.

— Najwięcej powinien wiedzieć Antoś — orzekłam stanowczo. — Bardzo długo sterczał tam na świecy i wszystko widział.

— Toteż Antoś właśnie jest przesłuchiwany. Mają go pod ręką, bardzo zadowoleni, że siedzi. Za to nasi tutaj wypuścili Przecinaka i teraz plują sobie w brodę, mieli do dyspozycji chociaż te czterdzieści osiem godzin, nie skorzystali i teraz znów go będą szukać do uśmiechniętej śmierci. A do Patryka aż im się ręce trzęsą.

— A, właśnie! — przypomniałam sobie nagle. — A co z tym...?

Janusz popatrzył na zbiór numizmatyczny, jakby go pierwszy raz w życiu widział na oczy. Zakłopotał się.

— Do licha! Zapomniałem im o tym powiedzieć.

Wyraźnie poczułam, że powinnam go nie tylko kochać, ale zdecydowanie lepiej karmić. Że też nie spotkałam go o ileś tam lat wcześniej!

— Czy to... — zakwiliła słabiutko Grażynka. — Czy to... Jakoś coś tam zmienia...? Nie, chyba oszalałam, nie będę nabierała nadziei!

Prawie zapomniałam, że ona tu siedzi i słucha, i teraz kolnęły mnie wyrzuty sumienia. Ksawuś w swoich zeznaniach nakręcił wprawdzie, ile tylko zdołał, ale wyraźnie było widać, że czynił to w obronie własnej. Prawda wyglądała gorzej dla niego bez względu na to, czy leciał za Patrykiem, czy przed, jakiś współudział w zbrodni dawało mu się przypisać śpiewająco. Zeznania Patryka stawały się już elementem, warunkującym istnienie wszechświata, zaś ich brak wszelką nadzieję mordował bezlitośnie. Jak on się będzie bronił? Czy może nie będzie się bronił wcale...?

Zważywszy, iż przy okazji Janusz zdobył i przyniósł kopię całego przesłuchania Ksawusia, dużą część nocy mieliśmy z głowy.

☆ ☆ ☆

Patryk zgłosił się do glin nazajutrz rano całkowicie dobrowolnie.

Zostaliśmy o tym powiadomieni od razu, ściśle biorąc powiadomiony został Janusz, ale to już nie miało znaczenia. Co jakiś czas uzyskiwał kolejne informacje z placu boju, dzięki czemu rychło dowiedziałam się, że w pierwszym rzucie Patryk wystawił Ksawusia. Gwałtownie, od wczorajszego wieczoru, poszukiwany Ksawuś, rzecz jasna, nie nocował w domu, tylko u jakiejś panienki, Patryk wykrył panienkę i Ksawusia zgarnięto o dziewiątej trzydzieści rano, kiedy właśnie opuszczał bezpieczne lokum.

Zdecydowałam się na kaczkę z jabłkami, bo jednak pieczony drób zawsze mi najlepiej wychodził.

Cudem chyba tej kaczki nie spaliłam na węgiel, komplet wieści dotarł do nas bowiem dopiero późnym wieczorem. Zeznania Antosia, skorygowane zeznania Ksawusia i obszerne zeznanie Patryka, przy czym Janusz wspiął się na szczyty i przyniósł nawet kopię taśmy z Patrykiem. Osobiście wolałam teksty pisane, bo nigdy nie miałam słuchu, za to pamięć wzrokową owszem.

Grażynka przyjechała o szóstej po południu i trochę mi przeszkadzała w zabiegach kulinarnych, ponieważ upierała się przy pracy zawodowej. Miało to oznaczać, że jest zupełnie spokojna i żadne zadrażnienia sercowe, nawet związek uczuciowy z mordercą, nie mają wpływu na jej samopoczucie i egzystencję. Nad umysłem i obowiązkami panuje w pełni.

Dopiero kiedy wyszło na jaw, że w środku mojego tekstu tkwi u niej strona ze środka umowy o wywóz śmieci, ona zaś próbuje uporządkować w tych śmieciach znaki przestankowe, załamała się i zaniechała symulacji. Pozwoliła mi zająć się bez reszty gospodarstwem domowym.

Spodziewając się dużej ilości papieru, usunęłam wreszcie ze stołu zbiór numizmatyczny i po powrocie Janusza było gdzie te papiery położyć, a nawet udało się wśród nich postawić talerze. Dziko i zachłannie rzuciłam się na świeże informacje, sama nie wiedząc, od kogo zaczynać.

Konkurencję wygrał Patryk.

Nie, nie przyznaje się do zabójstwa Weroniki Fiałkowskiej. Nie, Weronika Fiałkowska nie była jego rodzoną ciotką, była cioteczną babką, ciotką jego matki. Zaś Henryk Fiałkowski był wujem w identycznym stopniu pokrewieństwa. Nie zabił ani Henryka, ani Weroniki, nigdzie nie jest powiedziane, że ciotecznych dziadków trzeba usuwać z tego świata własnoręcznie.

Owszem, utrzymywał z nimi kontakty, rzadkie i dosyć sztywne. Jak rzadkie? Przeciętnie wypadało raz na półtora roku. Z grzeczności te kontakty utrzymywał, spełniał prośbę nieżyjącej już rodzonej babki, ich siostry, obiecał jej na łożu śmierci, że nie zerwie definitywnie z tymi resztkami rodziny, bywał zatem niekiedy. Nie kochali się wzajemnie, z wujem Henrykiem miał jeszcze jakiś wspólny język, z Weroniką nie, nie cierpiał tej baby, a ona na jego widok zaciskała zęby i parskała prawie nienawiścią. Mimo to jej nie zabił.

Owszem, od początku wiedział, że jest ostatnim spadkobiercą i Weronika na majątku brata ma właściwie dożywocie. Tyle tego majątku co kot napłakał, on zaś nie tonie w nędzy i nie musiał czatować na spadek, pomijając już to, że zabójca po ofierze nie dziedziczy, trzeba zatem upaść na głowę, żeby mordować spadkodawcę...

W tym miejscu nagle mnie podrzuciło. Zaraz, ale przecież spadkodawcą był Henryk, nie Weronika, a Henryka Patryk z całą pewnością nie kropnął! Wobec tego dziedziczy po nim, choćby zabił Weronikę dwadzieścia razy! Dziedziczy, a więc, nawet skazany na dożywocie, może mi sprzedać bułgarski bloczek numer 105...! Natychmiast adwokata...!!!

Słów brak na opisanie wzroku, jakim popatrzyli na mnie obydwoje, i Grażynka, i Janusz. Opamiętałam się. Cholera. Grażynka powinna uzupełnić swój list...

— W zasadzie masz rację, ale może najpierw doczytaj te zeznania do końca — zaproponował Janusz bardzo łagodnie i uprzejmie.

Przyjęłam propozycję czym prędzej.

Owszem, w Bolesławcu bywał częściej z różnych przyczyn, ale nie składał wizyt Fiałkowskim za każdym pobytem, ani on nie miał na to chęci, ani oni. Ostatnią wizytę może opisać z detalami, proszę bardzo, po to się właśnie zgłosił.

Nie, nie zamierza niczego sugerować ani na nikogo rzucać podejrzeń. Zamierza podać suche fakty, pomijając doznania i poglądy własne, bez żadnych wniosków, od wyciągania wniosków są władze śledcze. Na wszelkie dodatkowe pytania chętnie odpowie.

Owego krytycznego dnia, jedenastego maja, przyjechał do Bolesławca wczesnym popołudniem i od razu umówił się z panią Birczycką. Przez telefon się umówił, dzwonił do niej na komórkę, w tym celu w ogóle przyjechał, żeby się z nią zobaczyć. Wiedział, że pani Birczycka siedzi u Weroniki, znał sprawę znaczków, był tam zresztą, pod domem Fiałkowskich, i widział przez okno panią Birczycką w gabinecie Henryka. Nie wchodził do środka, wcale się nie pokazał Weronice, nie było potrzeby, czekał na wyjście pani Birczyckiej, bo nakłonił ją do wspólnego spożycia posiłku. Pani Birczycka wyszła, razem zjedli szybki obiad, pani Birczycka, jak się okazało, miała malutki kłopot...

Ma mówić o sobie, a nie o pani Birczyckiej? Przecież mówi, bo kłopot pani Birczyckiej stał się natychmiast jego kłopotem i prawdopodobnie miał wpływ na następne wydarzenia. Pani Birczyckiej skończył się właśnie film w aparacie fotograficznym, zdjęcia z tego filmu chciała zawieźć do Drezna, odbitki oczywiście, zależało jej, wyjął zatem zużyty film i obiecał przed wieczorem załatwić sprawę. Należało jeszcze włożyć do aparatu nową rolkę, ale pani Birczycka zapasu nie miała, więc musiał kupić. I tu zaczęły się schody.

Wyłączyłam magnetofon, oderwałam się od lektury, bo słuchałam i czytałam równocześnie, i z ciężkim zgorszeniem popatrzyłam na Grażynkę.

— No wiesz...! I ani jednego słowa o tym nie powiedziałaś!

— A czy to ważne? — zdenerwowała się Grażynka. — Dyrdymały bez znaczenia! Aparat, nie aparat, co za różnica...

— Ale chciałaś mieć odbitki? Zależało ci?

— No pewnie, że mi zależało, specjalnie dla Lidii te zdjęcia były robione, chciałam jej zawieźć!

— I ani słowa...!

— To tak właśnie wygląda, jak człowiek prosi świadka, żeby nie oceniał wagi szczegółów, tylko podawał wszystkie — wytknął z wyrzutem Janusz. — Każdy dyrdymał może okazać się istotny. Cholerny świat!

— Ciekawe, co jeszcze ukryłaś...

— O Boże! — jęknęła Grażynka i rzuciła się na dalszy ciąg zeznań.

Podejrzany znał Bolesławiec, ale nie był zaprzyjaźniony z całym miastem. Nie spodziewał się trudności fotograficznych i, być może, zlekceważył trochę sprawę. W jednym punkcie usługowym nieszczęśliwym przypadkiem filmu do aparatu pani Birczyckiej nie mieli, drugi fotograf był zamknięty na skutek jakiejś awarii, bardzo przepraszali. Podejrzany znalazł trzeciego, kiedy zaczęło mu się już robić ciasno w czasie, i musiał zużyć dużo wysiłku, żeby wykonali te zdjęcia na poczekaniu. Umówiony był z panią Birczycką na wpół do ósmej, poczekanie trochę za długo potrwało i na spotkanie się spóźnił.

Wiedział, gdzie pani Birczycka mieszka, znał adres jej kuzynki, postanowił tam pojechać, ale po drodze zajrzał jeszcze do Fiałkowskich. Która to była godzina? Dochodziła ósma. Przelotnie zastanowił go widok Antoniego Gabrysia pod domem wujostwa, do kuzynki pani Birczyckiej jednakże pojechał i tam się zawahał...

Oczywiście, że znał Antoniego Gabrysia, może nie osobiście, ale z widzenia i ze słyszenia. Mieszkał przecież w Bolesławcu w dzieciństwie, niezbyt długo, mniej niż rok, ale, jak normalne dziecko, znajomości ponawiązywał, przed ośmioma laty bywał tam częściej i zostawał dłużej...

Dlaczego, dlaczego! Miał tam dziewczynę, która już dawno nie żyje, przykre sprawy, nie będzie się nad nimi rozwodził, bo dla niektórych przyzwoitych osób są nieprzyjemne i nie zamierza ich rozgłaszać. Proszę bardzo, może podać nazwisko matki tej nieżyjącej dziewczyny i ona sama, jeśli zechce, niech wyjawi szczegóły, ze śmiercią Weroniki nie ma to nic wspólnego, ale każdy rozumie, że policja musi sprawdzić. Niech sprawdza u źródła, bez niego.

Owszem, bardzo chętnie wróci do tematu i chronologii, to nie on uczynił dygresję. Stanął na tym, że zawahał się przed wizytą u kuzynki pani Birczyckiej. Dlaczego się zawahał? Miał relacjonować fakty, a nie doznania i uczucia, faktem jest, że się zawahał, a przyczyny należą do sfery uczuć, jego uczucia do pani Birczyckiej nikogo nie muszą obchodzić. Być może, nie chciał być natrętny, a być może, głupio się czuł przez to spóźnienie i nie miał ochoty tłumaczyć się przy ludziach.

Jak długo tak się wahał? Na zegarek nie patrzył, ale co najmniej pół godziny. Potem przypomniał mu się nagle ten Antoni Gabryś pod domem Fiałkowskich i zaciekawiło go, czy jeszcze tam się pęta. Może i tknął go jakiś niepokój, ale nie będzie się teraz wdawał w metafizykę, dość, że dał spokój wahaniom, zrezygnował z wizyty u obcych ludzi i wrócił pod dom ciotki.

Gabryś tam był, owszem, mignął mu raz i drugi, wyglądało to tak, jakby oblatywał dom dookoła. Zainteresowały go te osobliwe poczynania. Nie parkował przed samym wejściem, skąd, nadal nie chciał pokazywać się Weronice, zatrzymał samochód w pewnym oddaleniu i podszedł piechotą. Poczekał trochę, za przykładem Gabrysia obszedł dom dookoła trzy razy i za trzecim razem ujrzał, jak od tyłu jakiś gość wychodzi i coś niesie. Śpieszył się ten gość. Po chwili wrócił i wszedł do domu. Ciotki podejrzany nie widział i nie słyszał, to noszenie wydało mu się dziwne, znał przecież Weronikę, nie pasowało do niej. Wszedł zatem również, a działo się to wszystko od tyłu, nietypowo, Weronika wszystkich zawsze wpuszczała od frontu, tylna strona domu stanowiła jej prywatną własność. Wszedł i ujrzał jakiegoś obcego faceta, właśnie zmierzającego długim korytarzem do wyjścia z całym nabojem w objęciach. W naboju od pierwszego rzutu oka rozpoznał kolekcję numizmatyczną wuja, którą znał doskonale, bo kilka razy w życiu ją oglądał. Wuj mu sam pokazywał.

Tu musi wyjaśnić. Wuj cały swój zbiór monet trzymał nie w klaserach numizmatycznych, tylko na specjalnych tackach z wgłębieniami, używanych w zasadzie przy ekspozycjach muzealnych. Tacki, poukładane jedna na drugiej, leżały w pudłach żelaznych, wielkich i ciężkich jak piorun, bo tak wujowi wydawało się bezpieczniej. Sam mu to powiedział. W razie czego ogień tak zaraz nie weźmie, ponadto każde pudło zamknięte na kluczyk, ponadto utrudnienie dla ewentualnego złodzieja, bo ani szybko otworzyć, ani łatwo wynieść. Cytuje opinię wuja. No, a ten facet niósł samą zawartość, to znaczy tacki, bez pudeł.

Przekonanie, że facet kradnie, trudno nawet zaliczyć do uczuć czy wniosków. Sytuacja, atmosfera, zachowanie gościa, wszystko na to wskazywało. Podejrzany od razu zorientował się, że wynoszona jest właśnie druga połowa, pierwszą widział przed paroma minutami, nie zamierzał pogodzić się z kradzieżą. Nie wiedział, gdzie jest Weronika, nie zastanawiał się nad tym. Zareagował racjonalnie.

Dokładnie, proszę bardzo, może być dokładnie. Stał trochę z boku. Wszedł i zatrzymał się, coś usłyszał, uczynił krok pod ścianę, w tym momencie zobaczył faceta. W korytarzu było dość ciemno, tam wszędzie było ciemno, Weronika dla oszczędności używała żarówek najsłabszych, jakie istniały. Facet go chyba nie dostrzegł, a może dostrzegł, przeraził się, w każdym razie wyleciał jak z pieprzem. Podejrzany ruszył za nim, a wszystko to odbyło się w błyskawicznym tempie.

Nie, nie widział zwłok Weroniki, w tym momencie nie widział, chwileczkę, zeznaje w porządku chronologicznym. Niczego w korytarzu nie widział, poza otwartymi w głębi drzwiami do gabinetu, stamtąd padało nieco porządniejsze światło. Nie przyglądał się, z miejsca ruszył za złodziejem, bo go nagła cholera trzasnęła.

Wyjaśnia dodatkowo. Rzecz w tym, że zbiór numizmatyczny miał być dla niego i prawdę mówiąc, była to jedyna rzecz, na której mu zależało. I jedyna, na której Weronika nie miała dożywocia, nie wie, czy panowie śledczy dokładnie przeczytali testament Henryka, ale wedle tego testamentu zbiór powinien był od razu przejść na niego. Wuj miał obawy, że Weronika go nie uszanuje, zlekceważy, pogubi, sprzeda... Owszem, upomniał się o niego raz, krótko po pogrzebie...

Nie, nie był na pogrzebie wuja, w ogóle nie wiedział, że umarł, w owym czasie znajdował się w Wiedniu i o jego śmierci dowiedział się dopiero po powrocie, w jakieś dwa albo trzy tygodnie później. Ciotka odmówiła wydania legatu, chyba nawet lekka awantura wybuchła, wyrzuciła go z domu i dlatego tak długo się tam nie pokazywał. Nie upominał się więcej, dał spokój, bo wyraźnie było widoczne, że musiałby to załatwiać przez sąd, jakąś drogą urzędową, ale ogólnie z tego spadku nie zrezygnował, miał nadzieję, że ocaleje. Orientował się mniej więcej w poczynaniach Weroniki, w tych wyprzedażach mebli i różnych rzeczy po Henryku, i widział, że ani monet, ani znaczków, ani fachowych książek nie rusza. Zapewne bała się tego tknąć.

Jak się orientował? Trochę podglądając osobiście, a trochę podpytując ludzi, między innymi Wiesława Kopcia, który mnóstwo szmelcu od Weroniki wyniósł. Wśród tego szmelcu, na przykład, srebrne szczypce kominkowe, mocno pogięte i sczerniałe, poinformował nawet Kopcia o cennym kruszcu, dzięki czemu zachowali przyjazne stosunki.

A Weroniki nie. Nie poinformował. Miał zamiar powiedzieć jej o tym i zaproponować, żeby się zastanowiła, co robi, ale zatrzasnęła mu drzwi przed nosem i w ogóle go do domu nie wpuściła. Nie jest aniołem z nieba, zatem uznał, że dobrze jej tak i więcej prób porozumienia nie czynił. Mordowanie jej do głowy mu nie przyszło.

Nie, nie czaił się na ten zbiór numizmatyczny i wcale nie chciał go kraść. Żył bez niego tyle lat, mógł pożyć i dłużej. Co nie znaczy, że bez oporu pogodziłby się z rozproszeniem czy zaginięciem, życzył sobie go ocalić, zgodnie zresztą z wolą wuja. I dlatego bez namysłu poleciał za złodziejem.

Wpadł za nim do pustego domu. Wiedział, oczywiście, o pustym domu tego jakiegoś Baranka, czy jak mu tam, teren dookoła był mu znany. Obcy facet, mocno spłoszony, usiłował wytrząsać monety z tacek do foliowej torby, przeszkodził mu w tym. Jak...? Co za pytanie, zwyczajnie, dał mu po mordzie. Chciał się dowiedzieć, kim ten złodziej jest, wydrzeć mu jakiś dowód albo coś w tym rodzaju, poszarpali się trochę, facet wymknął mu się z rąk i uciekł. Już go nie gonił, w monetach zrobił się bałagan, wolał je pozbierać i posprzątać, część tacek związał razem paskiem od spodni, resztę jakoś zgromadził do kupy i wyniósł. Światło...? Było tam jakieś, nie zwrócił uwagi, ale wydaje mu się, że u sufitu świeciła nędzna żaróweczka, w każdym razie widoczność istniała. Nie gasił niczego, wyszedł z odzyskanym ciężarem.

Jak to dokąd, do domu Fiałkowskich, rzecz jasna. Przecież mówi, że kradzieży w planach nie miał, chciał za to przeżyć satysfakcję, dowodnie pokazać Weronice, jak doskonale pilnuje swojego mienia. Na własne oczy chciał widzieć, jak ją diabli biorą. Miał też nadzieję, że w takiej sytuacji zdoła jej ten swój legat odebrać.

Wszedł od tyłu z tym całym nabojem w rękach i kilka metrów przeszedł w głąb korytarza, kiedy wreszcie zobaczył Weronikę. Leżała w progu gabinetu z rozbitą głową. Nie zemdlał ani niczego nie upuścił, ale trochę się poczuł wstrząśnięty, odłożył tacki na podłogę i sprawdził stan ciotki. Dotknął jej, poszukał pulsu, chociaż widać było, że tam nie ma co szukać...

Zapewne teraz zostanie zapytany, dlaczego uciekł, zamiast zadzwonić do pogotowia i policji. Został...? Proszę bardzo, odpowiada.

Pogotowie fatygowałoby się zupełnie niepotrzebnie, a co do policji... Stojąc nad zwłokami ciotki, zdążył pomyśleć, co następuje:

Będzie pierwszym podejrzanym, to ma jak w banku. Jest spadkobiercą, zbiór numizmatyczny upstrzony został obficie jego odciskami palców. O złych stosunkach ciotki i siostrzeńca wszyscy wiedzą. Brakuje mu alibi. Gadać sobie może, co chce, nikt mu nie uwierzy, policja palcem o palec nie stuknie, sprawcę dostaje na patelni. Jeśli sam nie znajdzie tego palanta, który był tu przed nim, jeśli sam nie przydusi Gabrysia, plączącego się wokół domu, jeśli w ogóle sam tu czegoś nie rozwikła, leży martwym bykiem. I jeśli go teraz zamkną, a zamkną, jak Bóg na niebie, sam by się zamknął... traci wszelkie szanse. Zbiór po wuju przepadnie, wygląda w tej chwili jak śmietnik, zostanie zlekceważony, no dobrze, więc niech chociaż to ocaleje!

Pod wpływem tej całej eksplozji myśli uciekł, zabierając legat. To wszystko.

Na taśmie nagle zapanował rejwach i została wyłączona, protokół również zawierał lukę. Najwyraźniej w świecie w przesłuchaniu brało udział kilka osób i wszystkie równocześnie usiłowały zadać jakieś pytania. Na ich miejscu również miałabym liczne pytania.

— Co było wcześniej? — brzmiało moje pierwsze. — Patryk czy korekta Ksawusia?

— Prawie równocześnie — odparł Janusz. — Tam jest więcej niż jedno pomieszczenie. Ale z Patrykiem to jeszcze nie koniec.

— Domyślam się. Dużo brakuje. Całość brzmi nieźle, ale popełnił błąd, zwlekając tak długo, zostawił sobie czas na składne ułożenie całej historyjki. Nikt mu nie uwierzy.

— Ja jestem pierwsza — powiedziała z zaciętością Grażynka. — Nie mogę żyć na huśtawce. Uwierzyłam w każde słowo, bo wszystko do niego pasuje, a teraz widzę co będzie, jak się okaże, że wszystko zełgał. Nie chcę wierzyć. Mogłabym się zdenerwować.

No rzeczywiście, a teraz wcale nie była zdenerwowana, tylko spokojna niczym płyta nagrobna. Z wysiłkiem powstrzymałam się od tej uwagi.

— Osobiście wyrobiłem już sobie jakieś zdanie — oznajmił Janusz cierpliwie. — Ale znam całość. Doczytajcie może te zeznania do końca, mam wrażenie, że warto.

— No dobrze, dawaj dalszy ciąg Patryka...

Zadali mu w końcu te swoje pytania. Podejrzany bez oporu wyjaśnił, że zaraz następnego dnia pojechał za panią Birczycką do Drezna, tam się z nią spotkał i oddał jej zdjęcia...

— Oddał? — spytałam podejrzliwie Grażynkę.
— No owszem, oddał...
— O Boże! Jako świadek, jesteś potworna!

Tkwił w tym Dreźnie ze względu na nią, widywali się, na ślubie przyjaciółki był, ale na wesele nie poszedł. Zbiór numizmatyczny wuja cały czas woził ze sobą w bagażniku. Wrócił prawie równocześnie z panią Birczycką, przez cały ten czas zdążył oprzytomnieć, zorientował się, że pani Birczycka jest podejrzana o zamordowanie Weroniki i postanowił nie uciekać. Dopiero po pierwszym przesłuchaniu zaniepokoił się na nowo, wydało mu się, za co najmocniej przeprasza, że policja sprawę trochę lekceważy, wolał zatem zejść władzy z oczu. Ów palant, którego zastał w domu wujostwa, okazał się postacią mityczną, nikomu nie znaną, więc nie widział innego wyjścia, jak tylko znaleźć go osobiście. Owszem, przyznaje, że starał się robić jak najgorsze wrażenie, straszył wszystkich, stosował różne podstępy i groźby karalne, ale rezultat osiągnął. Palanta znalazł i zawiadomił o nim panów śledczych. Zbiór numizmatyczny zabezpieczył, ma nadzieję, że skutecznie, i teraz, proszę bardzo, służy wszelkimi zeznaniami.

Rozszalały się detale. Ile kroków postąpił w głąb korytarza za pierwszym razem? Gdzie był Antoni Gabryś, kiedy przyszedł tam drugi raz? Po co wchodził do gabinetu? Czym wyjechał z Bolesławca, skoro zostawił samochód? Gdzie mieszkał w Warszawie, skoro do własnego domu wcale nie wracał? I tak dalej, i dalej.

Na wszystkie pytania podejrzany odpowiadał bez namysłu, nie gubiąc się i nie plącząc. Odmówił odpowiedzi tylko na jedno, mianowicie, jak zabezpieczył zbiór i gdzie on się obecnie znajduje.

— Nie powiedział także o klamerce od paska — przypomniałam, smętnie patrząc na legat po Henryku, elegancko i pieczołowicie ułożony pod moim biurkiem. — Mam nadzieję, że już nie powie. Brzmi to całe zeznanie dosyć sensownie. Może to jednak, mimo wszystko, nie on...?

— Teraz już w nic nie wierzę — zakomunikowała Grażynka rozpaczliwie.

— Od razu powiem, żeby nie zapomnieć — zwrócił się do mnie z naciskiem Janusz. — Do twojego bagażnika zajrzeliśmy dopiero dziś wieczorem, a może nawet jutro rano. Bądźcie uprzejme to zapamiętać.

— Zdecydujmy się, dziś czy jutro, bo potem nam się pomyli. Jutro... Nie, dziś, Grażynka była przy tym, dziś jest, a jutro rano nie wiem, gdzie będzie.
— W porządku, dziś. Ale jeszcze nie teraz, trochę później. Czytacie resztę czy nadal zamierzacie tkwić w niepewności?
— A co, zyskamy jakąś pewność? — ożywiłam się i z kolei chwyciłam skorygowane zeznania Ksawusia, już na piśmie.

Jak to tam właściwie było z tym chodzeniem po domu? Tak, jak mówił... Dlaczego nie? Bo Weronika jadła kolację? A, rzeczywiście, możliwe, że przez chwilę był spokój, pewnie wtedy siedziała i jadła, ale dosyć krótko jadła, więc przeoczył tę czynność.
Co robił w łazience? A co się robi w łazience, przecież nie mył wanny! No, poszedł do łazienki, bo z tego całego zdenerwowania musiał, a kiedy...? Jakoś tak na początku... o! Jak zobaczył, że pudła upchane w kącie, zdenerwował się i tego...
Skąd ma wiedzieć, po co go ten cały Patryk wlókł do domu Baranka, czy jak mu tam, z szału jakiegoś chyba, któż odgadnie szaleńca? Razem wyjmowali tacki z pudeł, Ksawuś pod presją... Nie, nie wie, co ten zbrodniarz robił po zabiciu ciotki, latał po całym domu... Nie narobił śladów? Dziwne. To może mało latał, Ksawuś tylko słyszał jakieś odgłosy, ale nie widział niczego. Antoniego Gabrysia też nie widział, cokolwiek Antoś robił, Ksawuś tego nie wie, bo w ogóle na temat zbrodni nie rozmawiali. Nawet nie było kiedy, Ksawuś czuł się roztrzęsiony, a zaraz nazajutrz wyjechał i tyle.
A że mimo roztrzęsienia brakteat wypatrzył i schował, pod okiem złowrogiego Patryka... Jak mu

się udało? No jakoś, chyba cudem. Jeszcze w gabinecie czy już w domu Baranka? No właśnie, sam nie wie i sam się dziwi, chyba w gabinecie go wypatrzył, a w domu Baranka złapał...

— Od tego miejsca dołączyli zeznania Patryka i zaczęli konfrontować jedno z drugim — poinformował sucho Janusz.

Ksawuś latał do domu Baranka dwa razy? Kto tak powiedział? Świadek go widział? Jaki znowu świadek, żywego ducha nie było! A, zaraz, możliwe, że go Patryk przegonił dwa razy, ten cały zbiór na tackach to duży nabój, trzeba ostrożnie nieść, żeby nie pogubić. Sam niósł...? A pewnie, ten łobuz mu kazał i patrzył z daleka, a Ksawuś bał się go panicznie. Ciemno było tak średnio, nie całkiem, gdyby uciekał od razu, tamten mógł go dogonić i udusić. No jasne, że miał ślady na twarzy, przecież mówi, objawiła się ta presja fizyczna...
Weronika wróciła wcześniej i to ona latała po domu, a nie Patryk? Możliwe. Wydawało mu się, że Patryk... O rany, w nerwach był, może i coś pokręcił, ale jedno drugiemu nie przeszkadza, Patryk przyszedł później, złapał tasak... Patryk nie wchodził do kuchni? A skąd wiadomo... a, ślady. No to może Weronika usłyszała, że ktoś jest, złapała tasak, a on jej go wyrwał... Od której strony walił? Ksawuś nie wie, samego walenia nie widział, może od tyłu... Ślady wskazują, że od przodu? Niech będzie, może w drzwiach od kuchni... Nie leżałaby wtedy w gabinecie? Też możliwe. Nie, nie wlókł jej chyba, o wleczeniu Ksawuś nic nie wie... Ślady wskazują, że dostała od przodu i napastnik był wtedy w gabi-

necie, a ona w korytarzu? A czy te ślady nie mogą być trochę pokiełbaszone? Zresztą, kto ich tam wie, może i wywinęli w drzwiach jakiś taki kontredans... No pewnie, że tego nie widział, siedział schowany wśród pudeł za biurkiem i sufit widział, a co niżej, to już nie bardzo...

Zniecierpliwiłam się okropnie.

— Nie wytrzymam dłużej tych bredni! Widziałam ten gabinet, cóż to ma być, komnata tronowa?! To kretyn, gdyby chociaż powiedział, że ze strachu zamknął oczy...!

— Przyszło mu to do głowy dopiero później. Trochę się pogubił, bo go zaskoczył nadmiar śladów, ale, ogólnie biorąc, utrzymuje się w konwencji zastrachanej i skruszonej ofiary. Jednakże Antoś go wrobił ostatecznie.

— No właśnie. Jest coś od Antosia...?

Antoś się złamał. Współudział w zabójstwie nie spodobał mu się okropnie, z dwojga złego wolał przyznać się do kradzieży, licząc przy tym na łagodne potraktowanie za szczerość. Ponadto, nieźle już poznawszy Ksawusia, nie był pewien, co też kochany kumpel może mu przyłożyć.

No dobrze, stał na świecy, przyzna się, widział wracającą Weronikę i wystraszył się nieco, bo wiedział przecież, że Ksawuś jest w środku. Pojęcia nie miał, co o tym myśleć, odczekiwał w nerwach, wreszcie stracił cierpliwość. Ostrożniutko, delikatniutko, wlazł do Fiałkowskich.

Z drzwiami od tyłu nie miał problemu, Weronika, wchodząc, nie zamknęła ich na klucz, ręce miała zajęte, to widział, więc pewnie odstawiała rzeczy i chwilowo zapomniała. Niewątpliwie zamknęłaby później.

Wlazł bezszmerowo... Dlaczego nie wlazł od frontu, skoro Ksawuś mu otworzył? No owszem, zgadza się, otworzył i nawet tak ruszył drzwiami, żeby pokazać, że otwarte, tak się umówili, ale nastąpiło to później niż Antoś się spodziewał i w dodatku zdawało mu się, że jacyś ludzie chodzą, bał się, że ktoś go zobaczy. Wolał od tyłu, z ostrożności.

No więc wlazł. Nikłe dźwięki dobiegały z wnętrza mieszkania. Poczekał trochę w ciemnym kącie i już zamierzał wyjść, bo nie mógł przecież przeszukiwać sypialni w obecności pani domu, kiedy coś tam się zaczęło. Dalej, w końcu korytarza. Weronika się ruszyła, nie wie, co robiła, ciemno było, aż wreszcie zapaliła tę parszywą, nędzną żaróweczkę i wtedy zobaczył, niewyraźnie, bo niewyraźnie, ale zobaczył, że wyszła z kuchni i otworzyła drzwi do gabinetu. Zabłysło tam lepsze światło, krótkie krzyki się rozległy i rumor, „a to co...?" to chyba ona krzyknęła, więcej się nie dało rozróżnić, kotłowanina jakaś była, też krótka, i coś runęło. No dobrze, nie coś, tylko ktoś, wydawało mu się, że Weronika, ale nie był pewien. No jak mógł widzieć dokładnie, skoro i z daleka, i w ciemnościach, i więcej się tego działo w gabinecie niż w korytarzu, dopiero później stwierdził, że owszem, Weronika. W pierwszej chwili uciekł, na wszelki wypadek.

Znów obleciał posiadłość dookoła i nadział się na tę idiotkę, swoją siostrę. Ostro przegonił ją do domu, bo akurat była mu tu potrzebna jak dziura w moście. Nie wytrzymał, wlazł ponownie...

Czy siostra rzeczywiście poszła do domu? A co, nie? Myślał, że poszła, zdrowo jej kota popędził, ale cholera ją wie, to uparta gangrena, mogła się tam jeszcze gdzie pętać. Niech sama powie, teraz już nie ma powodu głupot wymyślać, on się do wszystkiego przyzna sam z siebie i dobrowolnie, i bardzo prosi, żeby to tam gdzieś zostało zapisane...

Nie, nie tak zaraz wlazł ponownie, jeszcze trochę pokikował, aż zobaczył, że Kuba leci i coś niesie do domu Baranka, czy jak mu tam. Wtedy prędko skorzystał z wolnej drogi i wlazł z ciekawości, chciał się wreszcie połapać, co się tam stało. No i zobaczył Weronikę, nieżywa była całkiem, no to, już raz się przecież przyznał do tego, namyślił się drobne przeszukanko wykonać...

A właściwie to okoliczności go zmusiły. Jeszcze nie zaczął, jak coś usłyszał, ktoś szedł, więc się schował, a najbliżej miał drzwi do sypialni. Podglądał. Kuba wracał, Antoś rozpoznał go, czekał dalej...

Jak to na co, czekał, aż Kuba wyjdzie! Nie zamieszka tam przecież razem ze zwłokami! A już się rozpędził, akurat teraz mu się pokazywać, kumpel w dużych nerwach, może być niezadowolony ze świadka i kropnąć go na poczekaniu, to głupi musiałby być. I dobrze zrobił, bo za chwilę znów ktoś wszedł, przy samych drzwiach się zatrzymał, teraz wie i zgaduje... Ma nie zgadywać? No dobrze, to nie widział go, tego, co wszedł, tam się drzwi od sypialni tak otwierają, że tych wyjściowych od tyłu nie widać, tylko kawałek korytarza. Pewnie, że gdyby je całkiem otworzyć... Ale przecież nie otwierał, uchylone zostawił i nawet nie drgnął. Obaj w końcu wylecieli, Kuba i ten drugi. Wtedy, co tu ukrywać, zyskał wolną drogę, a już był w sypialni, więc to chyba przeznaczenie...

Nie doniósł, bo się bał. Już mówił przecież i jest to sama święta prawda. Szantaż...? Jaki szantaż, śmichy-chichy, pic na wodę, wolne żarty się panów śledczych trzymają. Już on dobrze wie, co czeka takiego szantażystę, w życiu by się tak nie wygłupił! I jeszcze kogo miał szantażować? Kubę? A co on, amerykański milioner? Lepiej siedzieć cicho i udawać, że się o niczym nie wie. I tak zrobił...

— Będzie wizja lokalna — powiedział beznamiętnie Janusz po długiej chwili doskonałego milczenia. Odblokowało mnie.
— Niech ja w domu nie nocuję i pierzem porosnę... W Bolesławcu...?! Jadę tam! Czy od razu pozwolą mu sprzedać mi bułgarski bloczek...?

☆ ☆ ☆

Ksawuś się nie ugiął i nie popuścił. Bronił każdego szczegółu pazurami i zębami, bił w szok psychiczny, w trwały afekt, nieszczęsny pan Pietrzak, człowiek łagodny i kulturalny, zaczął występować w charakterze potwora o siedmiu łbach, plujących jadem. Dusił go, gniótł i wreszcie wpędził w schizofrenię, biedny Ksawuś sam już nie wiedział, co robi. Najzacieklej walczył o pobyt w łazience i chyba słusznie, bo tam usuwał ślady czynu. Prysnęło na niego z tej Weroniki, więc musiał się umyć, koszulę uprał własnoręcznie, marynarkę specjalnie zalał czerwonym winem i do pralni oddał, i dziwi się bardzo, skąd ślady i jakim cudem panowie śledczy je wypatrzyli. Takie były mikroskopijne...

W rezultacie jedyne, co mu się udało uzyskać, to zabójstwo przypadkowe, bez premedytacji, bo to jednak Weronika chwyciła tasak i ruszyła z nim na wroga. Ksawuś wyrwał jej ten tasak z ręki w obronie własnej i walił nim tylko po to, żeby odpędzić od siebie straszliwą megierę. Wcale nie chciał jej zabić, jakoś samo tak wyszło, całkiem bez sensu...

☆ ☆ ☆

— Dobry obrońca znajdzie stu świadków na potwierdzenie charakteru Weroniki — powiedziała w zadumie Grażynka. — Zgromadzi okoliczności łagodzące. I niech zgromadzi, ja właściwie temu Ksawusiowi całkiem dobrze życzę.

Obie z Anitą popatrzyłyśmy na siebie. Siedziałyśmy wszystkie trzy w silnie zakamuflowanej i szaleńczo wytwornej restauracji przy Belwederskiej, przy grzankach z móżdżkiem, popijanych czerwonym winem. Komunikację miałyśmy zapewnioną, poświęcił się mój siostrzeniec, zawodowy kierowca, zaś miejsce wymyśliła Anita, z nadzieją, że nikt ze współpracowników jej tu nie znajdzie. A należało wszak uczcić zakończenie okropnej sprawy.

— Osobiście nie mam do niego serca, ale na twoim miejscu zapewne też bym go lubiła — przyznała Anita grzecznie. — Ogólnie Kubuś Wichajster budzi więcej sympatii niż zastrzeżeń, a tu jeszcze wziął na siebie... jak by tu powiedzieć... zdjął ciężar...

— Na moje oko, zdjął kilka ciężarów — poprawiłam. — Chociaż chyba niepotrzebnie, Patryk oddałby ten brakteat panu Pietrzakowi dobrowolnie. No, tyle że nie tak zaraz, musiałby przedtem wydrzeć legat Weronice. Powiedzmy, Ksawuś podgonił wydarzenia.

Rzecz jasna, zdążyłam wcześniej zawiadomić wszystkich o wszystkim, zarówno Anita, jak i Ten Pan Lipski zyskali pełnię wiedzy, co ich całkowicie usatysfakcjonowało, pan Pietrzak miał zaledwie lekkie wyrzuty sumienia, a z panią Natalią wolałam nie kontaktować się bezpośrednio, odwdzięczyłam się tylko sąsiadce. Grażynka zaczęła rozmawiać jak człowiek dopiero teraz, przy tych grzankach z móżdżkiem.

— Wygłupiłam się — podjęła jakimś skomplikowanym tonem, zarazem buntowniczo i ze skruchą.
— Nie należało... Ale przecież człowiek boi się mieć nadzieję, a wszystko na niego wskazywało, a jeszcze dobijała mnie Seweryna... Ja chyba nie jestem takie bydlę uczuciowe...?

Popatrzyła na nas tak błagalnie, że czym prędzej przyświadczyłyśmy, że skąd, oczywiście nie jest, broń Boże!

— I dlaczego on nic nie mówi?! Po co mu te tajemnice? Dlaczego on tak milczy o sobie...?!
— Bo się ciebie boi — wyjaśniłam bezlitośnie.
— W obawie, żeby nie okazać się zbyt miękka i uległa, przesadzasz w drugą stronę. Tak jak przy tej klamerce od paska. Powiedziałaś chociaż słowo? Zadałaś bodaj jedno pytanie? Niech mi łeb odpadnie i tu się poturla...

— Daj spokój, co za kłopot dla restauracji — wtrąciła pośpiesznie Anita.

— ...jeśli nie promieniowałaś wyłącznie milczącym potępieniem! Normalnego człowieka zatyka i dławi, a jeszcze zakochanego faceta...?

— A czy on jest rzeczywiście we mnie zakochany?
— Nie, nie jest. Te wszystkie numery wywija tak sobie, z łaski na uciechę. Bo pewnie nie ma co robić.

Grażynka zaczęła nabierać na twarzy odrobiny różu indyjskiego.

— No dobrze, przyznam się wam. Ja w gruncie rzeczy naprawdę jestem w sobie miękka i tak się boję dominacji... Czyjejś. Prawie dziesięć lat walczyłam, żeby żyć sobą, a nie kimś... I co, znów mam się poddać?

— Mogłabyś wreszcie uwierzyć w siebie i dać sobie trochę luzu. Poza tym, o, proszę, teraz mi to przychodzi do głowy, to chyba ten móżdżek... Czy przypadkiem Patryk nie ma dokładnie tych samych obaw? Zdaje się, że miał skomplikowane dzieciństwo i młodość, a wnioskując z charakteru rodziny, chociażby na podstawie Weroniki, mógł z dużym trudem wyłazić z przydeptania. Na wszelki wypadek weź to pod uwagę.

Anita z aprobatą kiwała głową.

— Na ile zrozumiałam, rodziców stracił w dzieciństwie? Matka umarła, bo Fiałkowscy nie chcieli pożyczyć pieniędzy na operację, i wychowywała go babcia, rodzona siostra Weroniki? Podobna zapewne?

— Na to wygląda. I długo żyła...

— Czekaj, jeszcze drobiazg, bo ja lubię mieć poukładane. Wszyscy u Baranka, czy jak mu tam... Kubuś i Patryk załatwieni, a ci dwaj następni? Gubię się trochę w składanych Barankowi wizytach.

— O, prosta sprawa. Antoś twardo szukał tego złota Fiałkowskich, aż go wreszcie znalazł tam Wiesio-złomowiec i prawie siłą wyciągnął kumpla razem z pudłami. Ksawusia u Baranka, czy jak mu tam, już nie zastali, ale nie spędzało im to snu z powiek.

— A dlaczego właściwie Wiesio nie zabrał swojego żelastwa od razu, tylko z takim opóźnieniem?

— Ze strachu. Wolał przeczekać. Fatalna sytuacja się wytworzyła, nikt u nas nie wierzy w sprawiedliwość, winni rozzuchwaleni, a niewinni się boją. A i to później nie sam poszedł, tylko mamusię wysłał. Istny cud, że się wreszcie złapali za te mikroślady.

Posiłek nam się skończył, spełniłyśmy toast, podali kawę.

W tym momencie do restauracji wszedł Patryk i widać było, że świat i ludzkość składają się dla niego z jednej Grażynki. Gdybyśmy obie z Anitą miały na głowie pióropusze indiańskie albo zgoła słoniowe trąby na twarzy, w ogóle by tego nie zauważył. Znów popatrzyłyśmy na siebie, zostawiłyśmy w diabły tę kawę, podniosłyśmy się od stolika i opuściłyśmy lokal, nie zwracając na siebie najmniejszej uwagi. Grażynka wpatrzona była w Patryka, a Patryk w Grażynkę.

— Mam nadzieję, że zdołają zapłacić? — powiedziała niespokojnie Anita. — Zaprosiłam was, a to cholernie droga knajpa.

— Żadne z nich w nędzy nie żyje, a Grażynka ma przy sobie karty kredytowe — pocieszyłam ją. — Poza tym dwie butelki wina, nawet Château Neuf du Pape, to jeszcze nie bankructwo.

— Czym jedziemy?

— Poczekamy chwilę. Zadzwonię do mojego siostrzeńca, zaraz przyjedzie.

— Dobra, to dzwoń.

Zadzwoniłam. Anita westchnęła.

— Może się wreszcie skojarzą. Nie ma tego złego, co by na dobre nie wyszło, okazuje się, że nawet zbrodnia jest przydatna. Chociaż, między nami mówiąc, nie przepowiadam im łatwego życia.

— A która z nas ma łatwe życie? Z dwojga złego już lepiej, żeby mieli trudne życie na wolności niż za kratami. Ona by z nim wzięła ślub w więzieniu, jestem pewna.

— Ja też...

— To już sama nie wiem, robić sobie wyrzuty czy nie?

— Jakie wyrzuty? — zdziwiła się nagle Anita po chwili milczenia. — Oszalałaś? Przecież gdyby nie ty...

— Gdyby nie ja, ani Grażynki, ani Patryka w Bolesławcu by nie było! To przez mój bułgarski bloczek tam pojechali, jedno za drugim!

— Ale coś ty, masz źle w głowie! Kubuś podwędził brakteat niezależnie od twojego bloczka! Byłoby wszystko to samo, tyle że bez ciebie, padłoby na Patryka, spadkobiercę, skąd możemy wiedzieć, gdzie by się znajdował w zasadniczej chwili? Pewnie właśnie w Bolesławcu, bo przecież Grażynka jechała do Drezna! Puknij się, to przez ciebie gliny się tak sprężyły, inaczej nikt by się nie czepiał tych mikrośladów, poszliby po linii najmniejszego oporu! Zdenerwowałaś ich, i słusznie!

— No to łaska boska, że nie przyhamował mnie ten list — powiedziałam z ulgą. — Chociaż, z drugiej strony, list mnie zdopingował.

— Co...?

— List. Ten list Grażynki o mnie.

Spacerowałyśmy tam i z powrotem na małym odcinku ulicy. Anita się nagle zatrzymała.

— O rany boskie, jeszcze ci tego nie powiedziałam? O, cholera...! No, ale w obliczu takich wydarzeń... To wcale nie był list o tobie!

— Co...?

— On nie był o tobie, mówię!

Prawie osłupiałam.

— Nie o mnie? To o kim, na litość boską?!

— O Sewerynie! O jej ciotce! Nie znasz tej baby, jest urocza i nieznośna. Wychowywała Grażynkę na obraz i podobieństwo swoje, bezwiednie robiła z niej niewolnicę, stąd teraz te starania Grażynki, żeby stwardnieć, nadal robi to samo, ciotka, mam na myśli, Grażynka odwala jej całą księgowość, administrację, menedżerstwo! Baba jak brzytwa, jak iskra, naprawdę czarująca i nie do wytrzymania, a Grażynka nie może się wyzwolić z więzów wdzięczności, to fakt, bez ciotki by zdechła, ostatnia osoba z rodziny, ale wcale nie miała obowiązku się nią zajmować. Poszła na całość, dalej naciska, a Grażynka się miota. Ty przy niej... to anioł!

Określenie spodobało mi się nadzwyczajnie, ale nie popadłam w natychmiastową megalomanię. Może, powiedzmy, anioł wybrakowany...

Musiałam odetchnąć kilka razy.

— A ja się tak męczyłam...! Niech to piorun strzeli, to co, myślisz, że nie muszę poprawiać sobie charakteru?

Anita przyjrzała mi się krytycznie.

— Jeśli masz takie zamiary, nie będę cię zniechęcać. Szczerze mówiąc, do Seweryny trochę przystajesz... Ale rozumiem z tego, że niewiele brakowało, a robiłabyś za ten płatek lilii, subtelny, taktowny i na uboczu...? No to łaska boska, że ci wszedł w paradę bułgarski bloczek! Masz go chociaż?

— A skąd! Przed nami całe postępowanie spadkowe. A ukraść go teraz już nie da rady...

Podjechał mój siostrzeniec.

K o n i e c

Bibliografia dotychczasowej twórczości Joanny Chmielewskiej

Klin   1964

Wszyscy jesteśmy podejrzani   1966

Krokodyl z Kraju Karoliny   1969

Całe zdanie nieboszczyka   1972

Lesio   1973

Zwyczajne życie   1974

Wszystko czerwone   1974

Romans wszechczasów   1975

Większy kawałek świata   1976

Boczne drogi   1976

Upiorny legat   1977

Studnie przodków   1979

Nawiedzony dom   1979

Wielkie zasługi   1981

Skarby   1988

Szajka bez końca 1990

2/3 sukcesu 1991

Dzikie białko 1992

Wyścigi 1992

Ślepe szczęście 1992

Tajemnica 1993

Wszelki wypadek 1993

Florencja, córka Diabła 1993

Drugi wątek 1993

Zbieg okoliczności 1993

Jeden kierunek ruchu 1994

Autobiografia 1994

Pafnucy 1994

Lądowanie w Garwolinie 1995

Duża polka 1995

Dwie głowy i jedna noga 1996

Jak wytrzymać z mężczyzną 1996

Jak wytrzymać ze współczesną kobietą   1996

☆

Wielki Diament t. I/II   1996

☆

Krowa niebiańska   1997

☆

Hazard   1997

☆

Harpie   1998

☆

Złota mucha   1998

☆

Najstarsza prawnuczka   1999

☆

Depozyt   1999

☆

Przeklęta bariera   2000

☆

Książka poniekąd kucharska   2000

☆

Trudny trup   2001

☆

Jak wytrzymać ze sobą nawzajem   2001

☆

(Nie)Boszczyk mąż   2002

☆

Pech   2002

☆

Babski motyw   2003

☆

Bułgarski bloczek   2003